80歳、まだ走れる

リチャード・アスクウィズ
栗木さつき 訳

青土社

目次

＊本文中〔　〕で囲んだ部分と傍注は訳者による注である。

80歳、まだ走れる

第1章

ガレ場*の下り

朝食を食べすぎた。湖水地方にくると、つい食べすぎてしまう。めずらしく何キロも上《のぼ》りつづけたせいで太腿とふくらはぎが震え、おまけに六月の朝は蒸し暑かった。高地にいるとはいえ、それにしても酸素が足りないように思えたし、あたりにはこの地方の名物である豚肉ソーセージの匂いが漂っていた。

ボウフェル山の頂上に近づくと勾配がなだらかになり、私たちはまた気を立て直し、リズムよく走りはじめた。このときのようすを見ている人がいたら、あれはフェルランナー**だと察しがつくかもしれないが、そのペースからは確信がもてないかもしれない。なにしろ、切り立った岩のあいだのルートを慎重に選びながら進んでいて、前方を歩いている人たちとの距離はいっこうに縮まらなかったから。それでも、気持ちのうえでは懸命に走っていたのだ。

二五年前なら、話は違った。当時の私たちを見てほしかった。この程度の岩場の上りならスピードをほとんど落とさなかったし、落とすとしても、それは次の勾配の急な下りでスピードを上げられるようエネルギーを溜めておくためだった。カンブリア州の丘陵地帯はよく走っていたので岩場には慣れていたし、意識しなくても安全な足場をすんなりと選べていた。自信満々に走っていた当時の私たちを見た人は、あれは地元の人たちだろうと勘違いしたかもしれない。あの頃は、ペースを落とさずに何時間でも走ることができた。必要とあれば、丸一日、走りつづけることだってできたし、実際、よくそうしていた。

だが、いまは……とてもじゃないが、レースをしているとは言えない。いいタイムを絞りだそうと必死になっているわけではないのだ。大好きなルートでほんの数時間、ただ景色を眺め、仲間とすごす時間を堪能し、自分には「まだできる」ことを証明したいだけだった。ところが、問題がひとつあった——「まだできる」のかどうか、確信がもてなかったのだ。

一緒に走っている私たち四人は、運に恵まれているほうだった。どうにか健康を保てていたからだ。この週末をすごす当初の計画では、チーム二〇人全員で集まる予定だった。全員がイングランド南部在住で、一九九〇年代には信じられないほどのエネルギーと時間をフェルランニングに注ぎ込み、丘陵縦走という挑戦を続けていたものだ。しかし、いまは厄介な中年期の現実が私たちの足枷《あしかせ》となっていた。海外の仕事に対する責任、両側の人工股関節置換手術、病気や肉親との死別という中年ならではの予期せぬ問題。じつは、二年前に再集結する日を決めていたのだが、私たちの指導者が緊急のがん治療を受けることになり、開催を延期した。その一年後、こんどは新型コロナウイルス感染症の流行により、外出や行動が制限された。そしていま、私たちは全員、当時より二歳、老けている。ときの流れのなんと速いことか。

結局、メンバーのうち一二人がボローデールに集まり、なかには苦楽を共にしてきたパートナーを連れてきた者もいた。チーム全員の体調が回復し、レースに参加できるようになるのを待っていたら、二度と

＊岩石が転がっている足元が不安定な場所。
＊＊フェルランニング（オフロードで高地を走り、勾配によって難易度が変わる競技）を走るランナー。

集まることなどできなかっただろう。実際、集結した「ランナー」のうち八人は、もうハイキングをするのがせいぜいだと明言した。だが、そんなことはどうでもよかった。仲間たちと山を歩き、山腹でピクニックをして、ビールを飲みながら陽気に思い出話に花を咲かせる長い夜があるからこそ、週末を満喫できるのだから。六月のこの週末は晴天に恵まれ、忘れかけていた山々の美しさを思い起こすこともできた。それに、こうして年齢を重ねてようやく照れながらも認められるようになったのだが、私たちは互いのことが大好きだった。

だが問題は、走ること。厄介なのは、そこだ。私は六〇代前半で、同行しているチャールズ、セアラ、ティッチは五〇代半ばだった。ケガのせいで休まなければならない期間（私の場合はよくあった）を除けば、私たちは昔と同様、ランニングの習慣をほとんど変えていなかったが、取りつかれたように夢中になって走ることは自然となくなっていた。体力には自信があったものの、久しぶりにこうして高地で自分を試してみると、今回の試練は予想外に厳しく感じられた。

もしかすると、山々の標高が高くなったのかも。さもなければ。地球の引力が強くなったのかも。あるいは、脚のどこかに悪いところがあるのかも。筋肉が弱くなったように思えただけではなく、すでにエネルギーがなくなってしまったような気がした（朝食をもっと食べるべきだったのか？）。一日はまだ始まったばかりで、複数の山頂を経由して出発地点に戻ってくるコースの先は長い。だからネガティブな考えを払いのけ、とにかく前進を続けた。いったんフェルランニングの習慣を身につけた人間は、そうするしかないのだ。私たちはエスク・パイクとグレート・エンドを経由し、スコーフェル山塊のふもとを足早に抜け、大きく迂回してスコーフェル・パイクをめざした。快晴が広がる朝、これほどの高所を歩けることが嬉しくてならなかったが、それでも繰り返し、身体の不調に気をとられた。私はすでにへばっていたが、同時に、とてつもない解放感を味わっていた。陽光あふれる空に近づくにつれ、鬱々とした思いは下界に遠ざかっていく。雄大でどっしりしていて、人間が感嘆の目を向ける前からそこに存在していた山々がどこまでも続く景色を眺めていると、永劫《えいごう》や悠久といったものが伝わってきて、畏敬の念を覚えた。いま、この瞬間だけは、人生の荒波に揉まれて変わってしまったことなど忘れ、二五年前の自分たちに戻ったような気がした――向こう見ずで、無頓着で、気ままな若者がよみがえってきたようだ。

だが、肉体があげる抗議の声をいつまでも無視はできない。筋肉にはまだ力が入らず、ふらついてばかりで、スコーフェル・パイクの山頂をめざす途中、私は何度もつまずいた。というより、崩れかけた道を歩くたび靴底で砂や小石が滑っては、ざらざらと散らばっていくのを感じていると、自分がほかの三人よりも弱々しく、身体が重いように感じられた。とにかく歩いていること自体がますますつらくなり、何度も奮起して、みんなに追いつこうとした。だが、いかんせん靴底が滑り、この緩い足元には難儀させられた。

昔は、このルートを力強く駆けあがっていったのに、いまは歩いて上るのがやっとじゃないか。そう考えると気が滅入るので、不快感についていては気にしないようにした。とにかく前へ、上へ。「疲れた」なんて観光客が吐くセリフだ。

ようやく、私たちは山頂に到達した。予想より時間がかかったけれど、それでもついに登頂したのだ。あたりには絶景が広がっていた。ここに来られたんだから、おれたちはラッキーだよな、と私たちは声をかけあった。イングランド最高峰に登頂できるだけの体力があって、山頂に向けてペースを上げるだけの体力もあって、運がよかった。またここに来たいと、ずっと願っていたのだから。それに、次の山頂に向かう最善のルートもわかっていたし、仲間のあとについていくだけの足も残っている（と思いたい）。そして、私はこう考えた。こんな体験がもうできなくなったところを想像してみろ。もっと悪いことに、ランニングそのものをいっさい楽しめなくなる場合だってあるんだから。いま、ここにいられることに感謝しろ。そう、自分に言い聞かせた。そして、私は感謝した。

それからグレート・ゲーブルをめざして出発した。これからはしばらく下りが続くと思うと、つかの間、気が楽になった。しばらくするとスコーフェル・パイクの北西側の斜面に出て、私たちは広大な灰色のガレ場を慎重に下りていった。まだ、いい気分が続いていた。

以前は、この下りが大好きだった。少々手を焼かされるが、見た目ほどには難易度が高くなく、集中すればペースを上げられたのだ。ところが今回、私の足元はふらついていた。以前に比べると、スピードも遅くなっていた――脳からの信号に脚が反応するのが遅いのだ。その結果、足の置き場を間違え、二度、ふくらはぎがつった。そのせいで気が散り、当初の計画よりだいぶ下りてしまったので、ぜいぜい喘《あえ》ぎながらまた斜面を上り、足場のしっかりしたコリドー・ルートに戻った。またもや、仲間たちよりだいぶ遅れをとった。そこでふたたび、上りでスピードを上げようとしたが、頑張れば頑張るほど浮き石に足をとられ、ふらついた。石が音を立てて転げ落ちていく。

ふいに、怖くてたまらなくなった。運悪く、大きな地すべりが起こって、なす術もなく、急斜面をずるずると落ちていくことになったら？　私は足を止め、もっと慎重に斜めに歩きはじめ、やがて元のルートに戻った。足元はまだおぼつかなかったが、それでもゆっくり走りはじめた。

分岐点のスタイ・ヘッドで、私たちは小休止した。ランニングをしない仲間たちは、この地点でピクニックをしようと歩いて上がってくることになっていたので、そこでしばらく待ち、合流した。こうして休憩はしたものの、それほど体力が回復しないまま、私たちはグレート・ゲーブルに向けて出発した。ルートの石段は乾いていて、午後の陽射しを浴び、このあたりではよくあることだが、照り返しのせいで暑かった。私は若かった頃の思い出に浸り、気をまぎらわそうとした。当時、フェルランニングは私の人生において大きな役割を果たしていたし、生きがいだった。そこで私は、フェルランニングをテーマにした初の著書『空高く走る（Feet in the Clouds）』（未訳）を執筆した。成人になってからの私の人生は、フェルランニングとの出会いがなければ、まったく違うものになっていただろう。フェルランニングのおかげで夢ができたうえ、勇気が湧いてきたのだから。だから、フェルランニングに目覚めさせてくれた友人たちには感謝してもしきれないほどだ。

そうした助言者のひとりであるチャーリー（前述のチャールズとは別人）は、このとき、まだスタイ・ヘッドでピクニックを楽しんでいた。彼は体力を消耗する化学療法を何度も受けてきたため、息を切らしながら坂道をのろのろと進むのが精一杯な時期もあった。それでも、数十年前に彼を手強いフェルランナーたらしめた陽気さと忍耐力、さらにとんでもない不屈の精神をもって、治療に臨んできた。そんな彼のことを思うと、力が湧いてきた。彼にできるのなら、私もそうすべきだ。険しい上りが延々と続くように思えても、グレート・ゲーブルに負けるわけにはいかない。

例に漏れず、一時間以上に思えた道のりのあと、ようやく次の山頂にたどり着いた。私たちはまた喜びを分かちあい、こんどは遠くに見える巨石が連なる険しい道に向かって、よたよたと下りはじめた。そのあとは、ウィンディ・ギャップからグリーン・ゲーブルに向かう崩れかけた小道をできるだけ速く上がった。気づいたときには、私はまた遅れをとっていた。そこでまた懸命にペースを上げたものの、ピンク色の浮き石でまた足を滑らせてしまった。自分が情けない。そして、ふつうの状況ならこれほど馬鹿げたことは考えないのだが、どうして自分にだけ強い重力が襲いかかってくるのだろうといぶかった。昔はこんなことはなかったのに——それとも、都合の悪い記憶は消し去っているのだろうか？

空を背景にした稜線に、すらりとしたシルエットが見えて、私は思考を中断した。その人影はどこからともなく現れたかと思うと、こちらに向かって斜面を駆けおりてきた。ランナーだとわかった頃にはもう、すぐそばまで近づいていた。彼はあっという間に私たちの横を通りすぎ、小道の端の草を軽やかに踏みつけ、眼下へと遠ざかり、見えなくなった。赤と白のノースリーブのシャツを着ていたような気がするが、確かめる余裕もなかった。しばらくすると、もうひとりランナーがやってきて、またもうひとり、やってきた。やがて、ランナーの一団が列をなしてやってきた。こちらに向かってものすごいスピードで駆けおりてくるので、一人ひとりの特徴を見わける余裕はなかった。散らばった丸い水銀の粒《つぶ》のようでもあり、身を隠していた石をもちあげられて慌てて逃げだした昆虫のようでもあった。

感嘆すると同時に、不安も覚えた。古代の戦士たちの幽霊が山で待ち伏せ攻撃を仕掛けてきたような気がしたのだ。彼らは縦の列をなし、とどまることを知らないスピードで、まるで体重などないように、ガレ場を軽々と跳ぶように走っていく。三〇人ほど数えたところで、私はもう人数を数えられなくなった。私たちが標高を上げるにつれ、後続の数十人とすれ違うようになったからだ。しかし、三〇人ものランナーがいれば、圧倒的な力を見せつけるには十分だ。これこそ本物のランニングで、私たち中年のおぼつかない足取りとはまったくの別物だった。ノースリーブのシャツと短パン姿で走る、はつらつとした若いランナーたち。正真正銘のアスリートだ。背筋はまっすぐに伸び、腕は筋骨隆々としていて、歩幅《ストライド》が大きい。下りのときにも大きく足を振りだしていて、小股になっていない。弾むような足取りには活力がみなぎっている。フィニッシュ付近では、当然、険しい表情を浮かべる者も出てくるだろうが、レースのこの段階では、誰もスピード以外のことは気にしていないようだった。

その光景に高揚感を覚えずにはいられなかった。これぞ、詩心をくすぐるフェルランニング。いっぽう私たちの走りは、中年の散文にすぎない。そのとき、もっと痛切な思いも湧きあがってきた。おれたちだって、昔はああだったのに。私たちだって、かつてはランナーだった。本物のランナーだったのだ。山腹を跳ぶようにして走り、ざっと目を走らせるだけで山頂の数がわかった。きょうのようなレース（おそらく「エンナーデイル・ホースシュー」だろう）のために、私たちは身体を絞り、鍛えていたものだ。チャールズならきっと先頭集団にいただろうし、私だってそれほど遅れをとってはいなかっただろう。だが、いまは――以前の自分たちの亡霊を見ているような気がした。

亡霊たちが駆け抜けていった。そして、私たちは重い足取りの前進を再開した。どういうわけか、いっそう弱々しくなったような気がした。陽射しが強く照りつけ、暑くなり、私たちは雑談も交わさなくなった。これから先にまだ残る山頂（ブランドレス、グレイ・ノッツ、デイル・ヘッド）のために体力を残しておかなければならなかったし、これ以上、息をあげるわけにはいかない。いま、頭のなかにあるのは、自分に課したフィニッシュを達成することだけ。だが、細々と燃えていた楽観主義の炎も消えてしまった。私たちはなんとか諦めずに踏ん張ってはいたが、もはや、かつてのようなランナーではなかったのだ。

しかし、ついに出発地点の谷間に戻ってきたときには、そんな暗いムードは吹き飛んでいた。私たちは痛めた脚をいたわりながら荷物を下ろすことができたし、その気になれば川で泳いでさっぱりすることもできた。そして、ふたたび、世界でいちばん幸運な人間になったような気がした。そのあとの週末は、ずっとぬくもりと喜びが満ちていて、間を置かずにまたフェルランニングを計画しようと約束したが、また時間を割いて集まるようなことは当分ないだろうと、私は考えていた。

ところが、ノーサンプトンシャー州の低地にある自宅に戻り、しばらくたつと、あのガレ場のことを思い出した。懸命に走って上ろうとしているのに、足の下でずるずると滑り落ちていく小石の感触を。そして、こう考えた。あれにもう一度挑戦したら、私はまだ走っている幸運な人間のひとりでいられるだろうか？　それとも、やはりあれが最後だったのだろうか？

第2章 スクラップの山

このザマを見ろ。生白い皮膚が薄く伸び、使い古したビニールのように擦り傷だらけでしぼんでいる。生気のない目、筋肉のわりに大きく浮き出た骨、額にまばらにかかる髪、薄い唇、痩せた歯茎。はるか昔にぶつけたせいで片方に曲がったままの鼻。歯もご同様。いつも下がっている片方の肩――そちら側の手でいつもマウスを使っているせいだ。そして、わずかに内側を向いている片方の足――理由はわからない。

バスルームの鏡に映る自分の姿をちらりと目にして、気分が上がった時期もあった。昔から、少なくとも暴飲暴食をするような真似はしていなかった。いまでもその習慣は変わらないが、食事を節制したところでもうあまり役には立たない。そしてきょう、鏡はこちらを嘲笑している。残念だな、相棒。もうそろそろ、潮時《しおどき》じゃないか。

私の裸の上半身は、いろいろな基準から見てもスリムだ。おおむね、ぶよぶよはしていない。だが、まるで乾燥したマジパンのように、皮膚はひからび、たるんでいる。かつては当たり前にあった健康的な輝きは失われ、バッテリー交換が必要であるかのように弱々しく消えようとしている。もっと目をこらすと、小さなしみが空き地のように散らばっている。ほかにも、いつできたのかわからない引っかき傷、治りの遅い傷跡、でこぼこと変色した斑点、そして妙な場所に白髪交じりで生えている太いむだ毛が見えた。

でも、あなただって、自分のことはそれほどしげしげとは観察していないのでは？　そこが問題なのだ。

私の問題については見当がつくだろう。だから、あらかじめ、はっきり言っておこう。私は年老いた。

よし。口に出したら、気分がましになった。まだ年寄りの範疇には入らないかもしれないが、じきに元雇用主になる人物からは、以前、「もうきみは、五〇のあっち側」だと言われたことがあった。それがいまでは「六〇のあっち側」の年齢になったのだ。

老い――それは、あなたがかなり前に生まれたという厳然たる事実以上のものを含んだ偏見が込められた、人をひるませるレッテルだ。とりわけ、人生の重要な部分はとっくに終わってしまったという見当違いの考えが含まれているのだ。「年寄りにもまだ伸びしろがある」などと考える者はいない。時間をかけて伸ばすべき技術や力や個人の資質があるとは思わないのだ。あなたの物語は過去にあり、未来にはない。潜在的な能力に期待して、あなたをまた雇用しようとは、誰も思わないだろう。もちろん、美しい宵に見知らぬ人と目を合わせて、一瞬にして恋に落ちるという可能性もなくはないが、現実を直視すれば、そんなことはまず起こらない。

ここで指した「あなた」とは、「私たち」を意味する。年齢は私たち全員に罠をかける。さらに、万人に共通とは言えなくても、帰属意識を失わせる。マイノリティと同じくらい排斥されるわけではないにせよ、年寄りはこころよく歓迎されなくなるのだ。二一世紀のイギリスにおいて、年老いるということは、漠然とではあるものの、厭《いと》わしい堕落に等しい罪である。弱々しく《フレイル》、新鮮味《ステイル》がないだけでなく（さらに私の場合、白人《ペイル》の男性《メイル》だ）、ほとんど気味の悪い存在なのだ。いまだに思い出すたびに恥ずかしさのあまり身をすくめたくなるのだが、一、二年前、スーパーマーケットのレジに並んでいたとき、ひとりの女の子――いや、失礼、若い女性――にうっかり微笑みかけてしまったときのことといったら……。

だが、笑顔が加齢とともに汚くなり、ゆがんでしまうのは、私だけではない。数百万もの人たちが、加齢による屈辱を受けている――男であろうが、女であろうが、ハムであろうが、羊肉であろうが、例外はない。世界は必要とするものを私たちから奪う。そして年齢を重ねるにつれ、私たちは魅力的な存在ではなくなる。「どういう人を望みますか？」と尋ねるまでもなく、私たちが選ばれないことはわかりきっている。年寄りは盛り上がっている場所で水を差す存在であり、職場のお荷物であり、前進を妨げる邪魔者であり、医療費がかかりそうな厄介者なのだ。私たちの生年月日は、心身の能力が衰えていく犠牲者であることを示す証明書だ。さらに（その皮肉さに腹が立つが）私たちは犠牲者であると同時に、加害者でもある。もっと価値のある人生を送っている若者たちの足手まといになっているのだから。

もちろん、こうした見解に不服を申し立てることはできないし、あとは自分を慰めるしかない。年寄りを責める若者たちの身にも、いずれは同じことが起こるのだ、と。年齢差別《エイジズム》という偏見は不公平ではあるものの、そこにはいくばくかの真実が含まれている。事実、歳月によって、若いときの輝きは褪せていくのだ。肉体は衰える。そしておおむね、頭脳も衰えていく。私たちの多くはとっくに「賞味期限」をすぎているのだ。

おめでたいことに、この事実に気づかずに、同じことを続けている人もいる。それでも、年齢を重ねるにつれ変化が生じるという事実は揺るがない。そしてついに、なんらかの事件が起こり、私たちに警報を鳴らす。たいていそれは、リストラ、孫の誕生、肉親との死別、離婚といった人生における大きな出来事だ。さもなければ、健康を損ねたり、自信を打ち砕かれるような侮辱を受けたりすることがきっかけになるかもしれない。とにかく、ある時点で、厳然たる事実を痛感することになる。自分はいま、まぎれもなく高齢者の仲間入りをしているのだ、と。

これがひどくこたえるのは、とくに私のようなランナーだ。ナルシストのように思うかもしれないが、ランナーとはそういうものだ。愚かな自己憐憫に浸るのは、ランナーの得意技だ。だが、ランナーは自分を哀れに思うだけではない。公平に見れば、ランニングというスポーツには「自分」に対するもっとポジティブな考え方が欠かせない――自分を信頼し、自分の能力を高め、自分をよく知るのだ（この四〇年、ランニングを習慣にしていなかったら、私自身はポジティブ思考をすることなどなかっただろうと思うことがある）。ところが、ほどほどに熱心なランナーとして長時間すごしていると、自己認識が特殊なかたちで強くなる。いわゆる「身体の声に耳を傾ける」という行動を、ほぼ毎日、とってしまうのだ。いま、具合が悪い？　それとも疲れているだけ？　この不調を放っておくとケガにつながる？　それとも、ただの筋肉痛？　そしてなにより考えるのは、あとどのくらい耐えられるか、だ。このような自己検証は不可欠であり、その判断をくだすのは自分自身だ。だから勇敢になろうとするし、困難に直面しても立ち直ろうとする。だが、かえってくよくよと考えすぎて、過敏になってしまうこともめずらしくない。

身体が思うように動かなくなると、ランナーは大半の人より早く気がつく。そして、深刻に悩む。自分が健康かどうかという基準は、走れるかどうかという問題と直結しているからだ。なかには、ちょっとした筋肉のこわばりを生死にかかわる問題のようにとらえる人もいるだろう。

まさに、私自身がそうだった。中年になってもランニングの習慣を細々と続けていたところ、肋骨に鋭い痛みを覚えたのだ。またランニングを中断しなければならない。そう思うと、ぞっとした（肋軟骨炎にはたいてい四～五週間の安静が必要と言われる）。当時、私はまだ六〇歳になっていなかったが、明確な原因がわからないケガで休養を余儀なくされたのは、それまでの六年間で五回目のことだった。前の四回（ふくらはぎ、鼠径部、肩、アキレス腱の痛み）ではそのたびに、異なる医師がほぼ同じ説明をした。「あなたの筋肉や腱は、以前のようには強くはないのです」という表現は、ふくらはぎの肉離れの治療に当たってくれた理学療法士の言葉と同じことを意味している。「明確な原因はありません。ただの老化です」

不調で休養するたびに、結局は回復し、私はまた奮起した。そして、またランニングを再開する前に、身体が自力で回復できるよう、辛抱強く努力した。でも、今回は……突然、不安でたまらなくなった。またあれをやり抜くだけの気概が、自分のなかに残っているだろうか？　ずいぶん大袈裟な物言いに聞こえるかもしれないが、本当にそう感じたのだ。衰弱という出口のない悪循環に入り込んでしまったような気がした。そして不調に見舞われるたびに、私は弱くなった――以前より少しだけ体力が落ち、以前より少しだけ自信を失い、以前より少しだけケガをしやすくなってきたのだ。なのに、どうして今回がこれまでとは違うといえるだろう？

一連の故障を経験したからといって、もっと幅広い意味での人生の下降をすんなりと受け入れることはできなかった。たとえば、長期契約の仕事がなくなってしまったのは、それほど前の話ではなかった（私の仕事だけではなく、新聞二紙が廃刊したのだ）。私は五〇代後半になってから新たな雇用主を探していたのだが、職探しは難航していた。これは想定外ではなかった。五〇歳以上の人間は仕事のスピードが遅くなり、信用が置けず、そのわりに高い料金を要求してくるというエビデンスのない思い込みが集団的にまかりとおっていると、かなり前から言われていた。影響力のある職場調査の報告によれば、「訓練したり叱責したりするには、歳をとりすぎている」のだ。しかし、なによりショックだったのは、連絡をとったリクルーターの多くが、私をただ無視したことだった。面接もしてくれない。返信さえ寄こさない。あげくのはてに、こう助言された。あなたが履歴書に誇らしげに書いた実績の数々が逆効果なんですよ、と。将来有望な若者には四〇年の職歴などない。ある企業の人事担当者からは、率直にこう言われた。「じつのところ、こちらはもっと若い人材を求めているんです」。私は彼女の（法に抵触する）正直な物言いには感謝しているが、当時は、そのメッセージがえらくこたえた。

似たような話はさまざまな業界で耳にしてきた。企業の人事担当者だけではなく、保険会社、医療関係、金融機関などの人たちから、そう言われたのだ。私の生年月日は警告標識と化していたのだ。同じ頃、私は補聴器や地元の老人ホームのネット広告につきまとわれていることに気づいた。そこで、グーグルの「この広告について」という機能で調べたところ、こう知らされた。「この広告は、以下の情報に基づいています――時間帯や位置情報……年齢、つまりあなたの年齢と関心に基づいてのグーグルの推定です」。

グーグルの推定は当たっているのかもしれない。そう思うと、やりきれなかった。もしかすると、私はもうスクラップの山の一部になっているのかもしれない。同じ頃、新型コロナウイルス感染症が世界的に大流行し、私が置かれた状況はいっそう不安定になった。奇妙なことに、私はおもに六〇歳以上の男性の命を奪っているウイルスそのものの危険についてよりも、高齢者たちが着せられていたそれに付随する汚名――きわめてか弱い存在であるという――のほうに、より悩まされていた。こうなれば、もう強い自信をもつのはむずかしくなる。こちらは生命をおびやかすパンデミックに対抗すべくワクチン接種を受けたばかりなのに、子どもたちは受けていないのだから。

私はできるだけ気にしないようにした。大半の基準から見て、自分には感謝すべき点が多々あることを自覚していたからだ。いずれにせよ——と自分に言い聞かせた——もっと悪いことが自分の身に起こったとしてもおかしくない。だが、問題はまさにそこだった。近い将来、そうなるかもしれない。老いるとは、そういうことだ。老いは私に襲いかかってきて、私の人生の残りの一日一日は、衰弱によって質が落ちていくのだろう。関節が痛み、髪の生え際が後退し、膀胱が弱くなり、老眼鏡を捜しまわり、もう一度言ってくれないかと頼む。そして、物忘れがひどくなったらどうしよう、動きがさらに鈍くなったらどうしようと心配する。つまり、かつての自分だった男の影になるのだ。あしたが待ち遠しくて仕方がないときの気分を思い出そうとしたが、無理だった。忸怩《じくじ》たる後悔があるのみ。もう、私の出番は終わった。こんどは、ほかの誰かの出番なのだ。白髪がまじりはじめたって、気にするな。私の夢も色あせてしまっているのだから。

あなたの考えていることはよくわかる。老化は仕方がないことだろう？　乗り越えろ。私も以前はそう思っていた。実際、乗り越えたこともあった。とりわけ気分が落ち込んだときにいつもの救済策であるランニングで避けることができた。しかしその選択肢を維持することはむずかしかった。肋骨の痛みがぶりかえしてから数カ月後、こんどはまた膝の側面に激痛が走った。そのたびに回復の時間を設け、しぶしぶ理学療法を受け、ほかの健康維持法を模索し、やがてランニングを再開した。よろよろとしか走れなかったが、いつかよくなるだろうという望みにしがみついた。ときには、だいぶ体力が戻ってきたように思えたし、数週間、ときには数カ月間、なにも問題が発生しない時期もあった。前章で触れた、あの湖水地方での幸せな再会は、たまたまそうした時期に当たったからこそ実現したのである。でも、いい時期は長くは続かない――せいぜい三カ月が限度だ。いっぽう、蓄積した心理的なダメージは、回復するのにいっそう時間がかかった。

そして、ついに理解した。自分が衰弱しつつあるという感覚が、日に日に強くなっていることを。朝のランニングは日課だと長年考えてきたのだが、それが不安の種となり、ときには怖くてたまらなくなることもあった。もしかすると、いま走るのは懸命ではないのかも。自分の肉体はもう耐えられないのかも。いずれにしろ、まだあたりは暗いじゃないか？　寒すぎるし。いや、もう走るには時間が遅すぎるよな？どうにかこうにか、重い身体を引きずるようにしてドアの外に出たとしても、こんどはちょっとした痛みやこわばりに自信をむしばまれた。また体調を崩してしまうのでは？　ペースの遅さに思い悩むこともあった。なんだって、これほどのろまになったんだ？

ときには、気を立て直した。ネガティブ思考を封じ込め、分別のある活力を取り戻し、脚を大きく前に出した。すると、走るたびに自分は少し強くなっているんだという感覚がよみがえった。ところが、自分をまた信じられるようになった頃、またほかの問題が起こるのだ……。

ある親戚がよかれと思って、こんな助言をくれたことがある。「もう、歳《とし》なのよ」と、彼女は言った。「あなたのランニングの日々は終わった。それをただ受け入れるべきじゃないかしら」

第3章
パークランを楽しむ人たち

とある九月の土曜日、曇天の朝、世界でもっとも有名なパークランが八四一回目の開催を迎えようとしていた。さまざまな体型や体格の数百人のランナーが、ロンドン郊外のテディトンにあるブッシー公園の南端に集まっていた。午前九時のスタートが近づくにつれ、陽気な雰囲気のなか、いつものように期待に満ちた緊張感が漂いはじめた。

そこから一分ほどジョギングしたところにあるダイアナ噴水のそばの駐車場では、緊張感などどこへやら、じつに楽しそうな雰囲気が広がっていた。もっと正確に言えば、棒に貼りつけた厚紙に「八〇歳以上、ここに集合！」と書かれた目印のそばにいる人たちのあいだでは、だ。

「本当に八〇歳？　そうは見えないなあ」と、ジョージ・フログリーが、けさでもう数回目になる言葉をかけ、彼が掲げる厚紙めざしてやってきた白髪まじりの新たな参加者を出迎えている。その数メートル先では、八〇代の人たちが群れをなし、はしゃいだ子どものように談笑している。「おれ、なにしにここに来たんだっけ？」と、哀れっぽい声でジョークを飛ばす人もいる。係員が男子トイレの鍵を置き忘れてきたらしく、簡易トイレが使えないという話も聞こえてくる。レース前にトイレに行けないのは「年配の紳士にとっては大問題」だ、とぼやく人もいる。幸い、鹿が棲みついているこの公園には、十分に成長した樹木が点在している。

実年齢は八六歳だが、がっしりとした体格で六〇代に見えるフログリーは、周囲の人に声をかけるのに忙しく、そうした長話に加わることはない。とはいえ、当人の話によれば、フログリーはこの集まりの仕掛人ではない。もともと、セブノークス在住の八七歳の元整体師リチャード・ピトケイン・ノウルズが始めたのだが、もう彼は表立った活動をしていないという。「ほんの数年前に始まったんだ」と、フログリーは説明する。「ジョギングに行かないかって、リチャードから声をかけられてね。そこから人数が増えていった」。そして二〇一七年、一緒にパークランに参加しようと、八〇歳以上の一八人に声をかけた。そして走りはじめたところ、パークランの特徴がみんなの性《しょう》にあった。二〇一八年にはメンバーが三八人に増え、二〇一九年には四八人になった。ただ全員で集まって、明るく声をかけあいながら一緒に五キロを走ったあと、祝杯をあげ、来年もまた集まろうと約束するだけなのだ。新型コロナウイルス感染症の流行が拡大すると、さすがに参加者は減ったものの、今年はまずまずの人数が集まるのではないかと期待されていた。

やる気満々の八〇代ランナーのなかには群れたがらない人もいるので、正確な人数を把握するのはむずかしいが、少なくとも四〇人はいるだろう。なかには、手書きの「80＋」というラベルを安全ピンで留めてもらうと、そそくさとほかのランナーたちに紛れ込む人もいる。だが、ほかの人たちは再会を喜んで近況報告をしあったり、木陰からあわてて戻ってきたりしている。しばらくすると、八〇歳以上のランナーが年に一度、パークランに集う会が第四回を迎えたことを、スタート係が紹介したので、いっせいに拍手が起こった。そして、数分後、いよいよ五キロのレースが始まる。

一二七五人の参加者がいっせいに、リズムよく楽しそうに走りだす。子どもたちがダッシュして先頭になり、顔を輝かせる。だがすぐに、タイムを競う真剣なランナーの一団にトップの座を奪われる。高齢のランナーたちは前を進む集団があげる地響きのような元気のいい足音に包まれ、黄金色に渦巻く土埃《つちぼこり》をまといながら進んでいる。私はほぼ最後尾からついていくが、高齢者たちの姿をずっと視界におさめることはできない。大半ができるだけ速いペースで走っているので、彼らより若いランナーとほとんど区別がつかないのだ。そこで私はほかの参加者たちと同じように、そばにいるランナーとお喋りを楽しみ、励ましあいながら、パークランの信じがたい起源について思いを馳せた。二〇〇四年に「ブッシー公園タイムトライアル」という名称で始まったイベントが定着し、成長し、花開き、自己増殖して、欧米でもっとも急成長した大衆参加型のスポーツイベントになると、当時、誰が予想しただろう？ 参加者の人生を豊かにし、変化を遂げていく力のある、この慣習をつくりあげたのが当時、中年期の挫折に苦しんでいたポール・シントン＝ヒューイットという男性だと、誰が想像できただろう？ そのとき、彼は仕事をクビになり、ガールフレンドにフラれたうえ、身体を壊してランニングができずにいたのである。

世の中に対する彼の勇敢で寛容な貢献と、自分が人生のスクラップ場にいることを察した私の長い愚痴との違いは指摘されるまでもない。それでも、こうしてパークラン発祥の地でつらつら考えていると、自分が恥ずかしくなるし、謙虚な気持ちになる。そして、シントン＝ヒューイットはこれだけのことを達成する力を、どうやって自分のなかに見いだしたのだろうと、また不思議に思った。子どもの頃、彼は病弱で、母親に捨てられ、学校ではいじめられ、暴力を振るわれた。その後は何度もうつ病に苦しみ、一度は起き上がれないほど症状を悪化させたこともあった。それでも、成人になってからいちばん落ち込んだ時期にさえ、彼は断固として絶望に背を向け、なにかしら前向きな行動をとった。そして、友人たちのために五キロのタイムトライアルをおこない、個人のタイムを競ったところ、いつしかそれが毎週の恒例イベントとして定着し、やがてはこのランニングイベントの方式が世界各地に広がっていった。そしていまでは、このイベントをきっかけにして、数百万もの人たちが以前より強い自分を発見するようになっている。シントン＝ヒューイット自身は過酷な環境で育ち、数々の試練を味わされたにもかかわらず、どうしてこれほどのことができたのだろう？　それとも、挫折を重ねてきたからこそ、すべての人を愛嬌よく仲間にできる方式を思いついたのだろうか？

　こんなふうに頭に浮かんでくる思いに気をとられずに、長時間、走りつづけるのはむずかしい。私が考えにふけっているあいだにも、前方の集団は地響きを立てつつ、大きな8の字を描くようにして、草地や砂利道、むきだしの地面の上をそれぞれのペースで進んでいく。スタートから数分がすぎると、お喋りは聞こえなくなり、開けた場所にでた。公園の奥のほうから、人々のにぎわいが聞こえてくる。棒を放り投げ、犬を走らせている散歩中の人、甲高い声をあげている子どもたち、草サッカーに興じする人たち。どこに目をやっても、楽しそうにすごしている人がいて、この世界がぬくもりのある場所に思えてくる。そして、二人一組の笑顔のボランティアたちが進むべき方向を指し示すと、次から次へとやってくるランナーが息を切らしながら「ありがとう」と言う。そんな光景を眺めていると、つい考えてしまう。のちに「パークラン」と呼ばれるようになった、このランニングイベントが世界各地へと広がるようになると、いったい誰が想像しただろう？　それに、誰もが参加できる思いやりのある集まりであることを、いまでも最優先にしていると？

とにかく、現実に、そうなったのだ。パークランでは誰もが歓迎される――シニアも若者も、経験者も初心者も、ゆっくり走る人も、座りがちな生活を送っている人も、内気な人も、誰もが自己ベストを狙う熱心なランナーと同様に受け入れられる。シントン＝ヒューイットには、過酷な人生を寡黙に生き抜いてきたという自負がある。だから彼は、もっと商業的なモデルに移行すべきだという圧力をかけられても、当初の運営方式を死守した。パークランはレースではない。よいスピードもなければ、悪いスピードもない。完走できた人は、全員が勝者だ。この揺るぎないモットーがあるからこそ、この朝の群衆のなかで、数十人の八〇代の参加者が一キロ五分半程度からその倍まで、さまざまなペースで足を引きずり、よたよたと前進していても、とくに目立たないのかもしれない。誰もがパークランナーであり、世界に数百あるパークラン支部のネットワークの一部なのだ。さらに、すべての支部が土曜の朝に開催するという運営方式に従っている。いまでは、この現象はしっかりと根づいており、世界二三カ国で約七〇〇万もの人々がパークランイベントに登録し、毎週、約三五万人が実際に参加している（うちイギリス国内では一四万人）。そのすべてがコース脇を彩《いろど》るオークの古木やライムやトチの木の並木道のように自然で、いつもそこにあるのが当たり前のように思える。それでも、そうした心やすらぐ自然を愛でるために、公園であろうとパークランであろうと足を止め、わざわざ感謝の気持ちを伝えることはめったにないはずだ。

でも、今日は公園内に感謝の気持ちが満ちている――八〇代の参加者がひとり、あるいは集団で、やっとの思いでゴールにたどり着いたときにはとくに、だ。苦痛に顔をゆがめながらも完走したランナーもいるので、たまたまこの光景を目にした人は、土埃にまみれて重い足取りで進む疲弊しきった老人の群れにぎょっとするかもしれない。腰も背中も曲がり、足を引きずり、包帯を巻いている彼らからは疲労と諦観がにじみでていて、敗残兵さながらだ。インスタ映えするまぶしいまでの若々しさとは、なにもかもが正反対。だが、それは敗北の正反対でもある。彼らが必死で踏みだす一歩からは気迫が伝わってくるし、疲れ切った顔には勝利の笑みが浮かんでいる。ベイジングストーク近郊のオークリー在住の強健なリチャード・メリッシュ（八一歳）は、ゴールしたあと息をととのえてから、こう言った。「こうやって健康でいられて、おまけに走れるんだから、私たちは本当に幸運だよ」

ゴール付近には、汗にまみれながらも輝くような笑みを浮かべた八〇代の参加者たちが集まり、お喋りに花を咲かせている。そのなかには驚異的なペースで走った参加者もいた。たとえばランニングクラブ〈テインブリッジ・トロッターズ〉に所属しているグレアム・ベイカーはいちばん速く、二八分をわずかに超えるタイムで五キロを走りきった。チェルムスフォード在住のジョン・ホランドとハリッジ在住のエイモス・セドンは、それから三〇秒ほど遅れてゴールし、ワイモンダム在住のデニス・カーターとイヴァ・オズボーンはともに三〇分を切った。イヴァのタイムは彼の年齢区分の新記録で、レディング在住の八五歳のトム・ハリソンは三一分〇八秒で走り、やはり自身の年齢区分の記録を塗り替えた。

どのランナーも、走り終えたあとは、へばっているようには見えない。それどころか「オールディーズ」——八〇歳のヒラリー・ブラットがそう命名した——がゴールにやってくるたびに、元気よく拍手を送っている。イースト・グリンステッド在住で、雪のように白い髪の持ち主のヨギ・アレンは、ランニングクラブ〈ハッシュ・ハウス・ハリヤー〉のメンバーで、自分よりはるかに若い仲間たちの声援を受けながら、辛抱強く、軽やかにゆっくりと進んでいく。そのあとに続くランナーは、たいてい足を引きずっていて、いかにも苦しそうではあるが、依然として高い士気にあふれている。ゴールをめざすランナーのなかには、まだ中年の人たちもいて、高齢者たちを励まし、エールを送っていたが、時間が経過するにつれ、高齢ランナーの数が圧倒的に多くなる。とはいえ、高齢者といっても、彼らをひとくくりにすることはできない。たとえば八〇歳以上のランナーは「80＋」というラベルを付けているが、それ以外には明確な共通点がほとんどない。頭髪が薄い人、禿げ頭を黄金色に日焼けさせている人、白髪がふさふさとしている人。長身の人、小柄な人、痩せている人、太っている人と多種多様だ。でも、ひとつだけ、確実な共通点がある。全員、無邪気な子供のような笑みを浮かべているのだ。

ブッシー公園の常連ダーモット・リンチと、ディドコット在住のジェフ・ジャクソンは二人とも九〇歳で、五キロを五〇分台前半で完走し、いまは至福の笑みを浮かべている。そして、誰より嬉しそうだった完走者は、八九歳のアルバート・イー（オリンピックでトライアスロン銀メダルに輝いたアレックス・イーの祖父）かもしれない。二本のウォーキングポールを使いつつ、たっぷり一時間以上をかけて誇らしげにフィニッシュしたのである。前回、二年前に参加したときより三〇分近く遅いタイムだったが、彼はのちにこう語った。「手術を受けてね。振り出しに戻っていたんだ」。だからきょうは、すごろくの駒をひとつ進めたことになる。

最終的に、五キロを完走した八〇歳以上のランナーは四二人だった。その合計年齢、三五〇〇歳。平均タイムは、私がざっと計算したところでは、女性（合計八人）が約四三分、男性が約四〇分三〇秒。しかし、ここで重要なのはタイムではない――というより、パークランではタイムを重視しないのだ。

「楽しんでいること、それが大切なんだよ」と、エセックスから妻と車でやってきた、温厚そうなジョン・ホランド（八一歳）が言う。関節炎を起こしていた膝もなんとか踏ん張ってくれたし、これ以上、どこも傷めずに完走できたことに満足している、と。「ここのところ、ずっと調子がよくなくてね」と、彼は付け加えた（それでもタイムは二八分三七秒。私には、このタイムで五キロを走れれば大満足するであろう四〇歳の知人がいる）。「でも、楽しかった。ただ、ゆっくり走っているだけでもね」

リチャード・ピトケイン・ノウルズは、長身で、猫背で、いつもどこか愉快そうな、それでいて当惑したような表情を浮かべている。彼にとって大切なのは「いまという瞬間をつかめるかどうか」だと言う。彼がランニングを始めたのは四〇代になってからだった。「ロンドンマラソンを初めて見たとき、『なにがなんでも、これをやらなきゃ』と思ってね」。そして六〇代を迎える頃には、自分の年齢区分で世界有数のクロスカントリーのランナーになっていた。八〇代後半となったいまでも、彼は闘いを続けている。そして、どうやら今日のタイムには失望しているようだ。「ロックダウンが始まる前は、三九分くらいで走れていたのに」と、悔しそうに言う。「なのに、今日は四六分近くかかった。歩いている人たちに抜かれはじめたよ」。でも、諦めるつもりはない――そうせざるをえなくなるまでは。「競争心は衰えるものだ」と、彼は説明する。「でも、思いもよらないときに、また燃えあがる」。そして、肉体の衰えについては、こう考えている。「けっこうな年寄りが走ると、死んでしまうんじゃないかと、心配する連中がいる。だがね、私くらいの年齢になると、朝から晩まで、いつ死んでもおかしくないんだよ。それなら、走ったっていいじゃないか」

ようやく、「オールディーズ」とその家族たちはうながされてその場を離れ、「80＋」と書かれたカップケーキで燃料チャージをし、スパークリングワインで祝杯をあげることにする。スポーツのあとの栄養補給としては理想的ではないだろうが、このひとときを祝うには完璧だ。スピーチがいくつか続き、写真撮影があり、笑い声が絶えない。ランナーたちが次々に、スタッフたちにあふれんばかりの感謝の言葉を述べる。「ピトケイン・ノウルズ、あんたの責任だぞ」と、ある参加者が言う。「じつに不快きわまる体験だった」。だが、そう話す彼の顔には満面の笑みが浮かんでいる。

ヘッドバンドを巻いているジェフ・ジャクソンは、喜びに顔を輝かせている。とてつもなく陽気な九〇歳で、ランのあとにはいつもディコットのパークランナー仲間にケーキの差し入れをしているという。そして耳を傾けてくれる相手がいれば、「ランニングをどうしてもやめられないんだ」と、断言する。いっぽう、少女のような雰囲気を残している八〇歳のヒラリー・ブラットは、もっと冷静な見方をしていて、「一度やめてしまったら、そこで終わりだとわかっているから、続けているの」と説明する。

八〇代女性で三位に入ったブラットは、この週末のためにデヴォンからやってきた。「移動中は、わざわざこんなことするなんて〝馬鹿みたい〟って思ったわ。でも、素晴らしい体験だった」。彼女はアスリートというより、根っからのハイカーで、バックパックを背負った山歩きに、これまでずっと夢中だった。おかげで、生涯を通じて膝が鍛えられた（と、彼女は信じている）だけでなく、一九七〇年代にはブラット・トラベル・ガイド社という出版社を立ちあげ、成功させた。彼女はいまでも一部の仕事を続けているほか、ライターや彫刻家としても活躍している。近年は冒険心あふれるエネルギーをますますランニングに注ぐようになり、女性三人のグループの一員として、おもにランニングを楽しんでいる。グループ名は〝ババ魔女〟（Old Crones）。彼女のTシャツには、このグループ名とスローガン〝できるからやる〟（We do because we can）という文字が誇らしげに記されている。ほかの二人の〝ババ〟たちはそれぞれイギリスの異なる地域に暮らしているが（「デヴォン・ババ魔女、バックス・ババ魔女、ボーダーズ・ババ魔女よ」）、ほかの高齢ランナーと同様、デジタル機器で連絡をとりあっている。「WhatsAppがなければ、こんなふうに気軽にやりとりできなかったわ。それに、Strava〔フィットネスの記録やSNSの機能をもつアプリ〕のおかげも大きかった」。新型コロナウイルス感染症が流行し、ロックダウンが実施されているあいだはStravaのアプリを利用して走ったルートを地図上に記録し、曲線で犬の形を描いてTwitterのフォロワーを楽しませたうえ、自分も楽しんだ。ドイツの心理学者・哲学者カール・グルースの言葉としてよく引用される「歳をとるから遊ばなくなるのではなく、遊ばなくなるから歳をとるのだ」という考え方を、彼女は見事に体現している。

ブラットがパークランというイベントがあることを知ったのは、二〇一五年のことだった。以来、彼女にとってパークランはありがたい存在だ。「毎週、パークランにチャレンジして、タイムを報告しあっていなければ、私たち、もうランニングを続けていなかったかもしれない。まあ、タイムはたいてい〝自己ワースト〟なんだけど」。仲間のババ魔女たちは、深刻な健康問題が多少あるものの、ランニングを続けているという。「彼女たちに、すごく励まされる。私の場合、まだなんとか動く脚があるから、とても幸運だと思うのよ」。彼女の姉（バックス・ババ魔女）は「手術を受けて、大腸がほとんどない」けれど、グレートノースラン〔イングランドで開催されるハーフマラソンの大会。五キロや一〇キロの部もある〕に出場する計画を立てているという。「手術の傷跡がまだ残ってるけれど、姉の話では、べつに行動に制限はありませんって、病院の先生に言われたそうなの。だけど先生だって、まさかグレートノースランに出場するつもりだとは思わないわよねえ」

高齢者として満足した生活を送るために、〝ババ魔女〟たちはシンプルな方針を定めている。「ないものに不満を並べ立てるんじゃなく、いま、あるものに喜びを見いだすの。そりゃ、私はすっかり身体が硬くなっちゃったし、走るのも遅くなったし、ダメになったところを挙げればキリがない。でも、そういうことって八〇歳の人間に科されたペナルティなのよ。それでも、世界が素晴らしい場所であることに変わりはないし、世界は素晴らしいって思えるのなら、身体が硬かろうが、あちこち痛かろうが、関節がきしもうが、ただ外に出ていけばいい。そうすれば、素晴らしい世界を見られるんだから」

これはしごく当然の常識のように思えるかもしれないが、自分に言い聞かせなければならないことでもある。八〇代が四〇人、それに九〇代二人が同じ時刻に同じ場所に集まり、全員で五キロを走る光景というのは、そう毎日、見られるものではないだろう。それでも、それほど異様には見えないはずだ。きょうのパークランには数百人が参加しているが、高齢者の存在をとくに気にしている人はいない。このイベントでは、高齢者は足が遅い参加者の一部にすぎないし、そもそも、足が速い人より遅い人のほうが多いからだ。ランニングは若者のスポーツだという固定観念に対して、ここにいる八〇歳以上のランナーたちは身体を張って反論しているわけだが、ほかの地域でも大勢のパークランナーたちがその固定観念を覆《くつがえ》している。二〇一九年、世界各地でパークランを一回以上完走した六五歳以上のランナーは六万二五〇五人だった。うち二万六〇一二人が七〇歳以上で、七七三〇人が七五歳以上だった。割合から見ると、この年にパークランに参加した世界各地のランナーのなかで、六五歳以上は三%で、一〇年前の一%から増加している（同時に、この一〇年で参加者の絶対数も急増した）。

非公式の分析によると、ブッシー公園でも同様にランナー増加の傾向が見られ、とりわけ高齢ランナーの割合が高くなっている。元統計学者で、パークラン愛好家でもあるロデリック・ホフマンは、パークランでもっとも長い歴史をもつこの公園の場合、完走者のうち五五歳以上が三〇％ほどと見積もっている。そして、その大半が「一〇年前にもパークランに参加していて、一〇年たったいまでも続けているだけだ」と考えている。いずれにしろ、年金をもらえる年齢になった参加者の人数が減る傾向は見られないし、これから先、年を追うごとに、活動的な八〇歳以上のランナーが増えていくと考えるのが妥当だろう。フログリーは、パークランに八〇歳以上のランナーが一〇〇人集う日が来ることを夢見ていて、実際、いつか実現するかもしれない。きょう、ブッシー公園には来られなかったものの、違う場所で走っている人もいたからだ。たとえば八七歳のアラン・アンダーソン（八七歳）は、この朝、オスタリー近郊で五九〇回目のパークランを完走した――いつものように車椅子に座る妻を押しながら。それにコンラッド・スレイター（八六歳）は、カンブリア州のフェル・フットといういつもの場所で、二三五回目のパークランを完走した。彼らにとっては、実際に五キロを走ることではなく、地理的に、ブッシー公園のスタートラインに立つことのほうがむずかしいのだ。

高齢ランナーはいまでもめずらしいが、もはや腰を抜かすほど驚くような存在ではない。それに、ホフマンが言うように「パークランのコンセプトが高齢ランナーのニーズに合っている」のだ。この傾向は、パークランというムーブメントにとどまらない。世界的に見ると、趣味としてランニングを楽しんでいる人の半分を四〇代以上が占めていて、ここでも高齢化が進んでいる。四〇歳から六五歳の年代では、ランニングの大会に参加する人の数が減り、「サバイバー」――定年をすぎ、七〇代や八〇代になってもまだ走っている人――は、少数派ではあるが、その数は増えている。たとえば二〇二一年のロンドン・マラソンでは、実際の参加者とバーチャル大会*の参加者のうち、七〇歳以上は四七一人で、うち女性一四五人、男性三二六人だった。このうち七五歳以上が一〇〇人以上いて、八〇歳以上は一七人だった。

もっと幅広い参加者に関する信頼の置けるデータはあまりない。最近まで、年金受給者にランニングの習慣について尋ねようなどと考えた人間はいなかったのだ。しかし、イングランド州のスポーツ政策を統括する公共団体スポーツ・イングランドが継続して実施している「アクティブ・ライヴス」調査によれば、二〇二〇年から二〇二一年にかけて、六五歳以上のイングランド人のうち、一カ月に二回は走っている人が一九万八八〇〇人（年齢グループでは成人の一・九％に当たる）で、七五歳から八四歳までの年齢グループでは三万一六〇〇人（〇・八％）が同じことをしている。これを基盤に推定すると、イギリス全体でランニングを習慣にしている六五歳以上の人が約二三万六〇〇〇人いて、そのうち七五〜八四歳は三万七五〇〇人だ。これは、イギリスのランニング人口約二五〇万人において、かなりの割合を占めている。一カ月に二回は走っている八五歳以上のランナーの数は、信頼の置ける統計値としては数が少なすぎるうえ、変動も大きすぎるようだが、おそらく数百人はいるだろう。二〇二二年、イギリス陸上競技連盟に公認されたすべてのランニング大会の情報を提供しているポータルサイトRunBritainによれば、二〇一〇年からの一二年間にイギリス陸連公認の大会に出場したことがある現役の競技ランナーが残した五七万二五〇七の記録のうち、八〇歳以上で一七三六、九〇歳以上で一一五の記録があった。この数値はもちろん累計だが、RunBritainが把握しているのは、実際に大会に出場したことのある熱心な少数派ランナーのデー

＊指定されたアプリを活用し、決められた距離を自分の好きなコースで走り、走った証拠をGPSで残し、最終結果や順位を知る。

タにすぎない。よって、ただジョギングを楽しんでいる人の数も含めれば、ある年における八〇歳以上のランナーの数は、私が引用した数とそれほど変わらないはずだ。

これらのデータからざっと推測するに、週に一回以上走る熱心なランナーの割合はとなると、ぐんと減少する。月に二回以上走る六五歳以上のランナー二三万六〇〇〇人のうち、六五歳以上はわずか五万人ほどで、七五歳以上は七五〇〇人ほどにすぎない。大会に出場するランナーの数はもっと少ない。それでも、新型コロナウイルス感染症が流行する前は、六五歳以上で大会に出場しているランナーが世界に三八万人いた。そして、大会には出場しなくても定期的に走っている人は、その数倍はいるだろう。

こうした数字は、世界人口に相対的に占める割合としては、きわめて小さい。しかし、伝えているメッセージは大きく、明快きわまる。四〇代では、多くの人が走っている。およそ七人に一人だ。つまり、めずらしくはない。ところが、六五歳になってからもまだ走っている人はわずかとなり、五〇人に一人程度になる。そこから高齢になるにつれ、走る人の数はますます減っていく。六五歳以上のイギリス人は一二七〇万人で、うち九八・一％がランナーではないのだ。

もちろん、これらの数字を読み取る方法はふたつある。人生の後半戦を迎え、いっそう年齢が高くなるにつれ、大半の人たちがランニングを続けられなくなるのだ。だが同時に、ランニングを続けられる人がいることも証明している。割合はごくわずかでも、走れる人はいるのだ。そして八〇歳以上のランナーが年に一回、ブッシー公園に集まるイベントから伝わってくるメッセージは、ランニングを続けていれば、若い頃に味わったような喜び、仲間との交流、心身の健康、そして笑いを存分に楽しめるということだ。自分には無理そうだと思う人もいるだろうが、達成可能なスポーツの目標として、これを掲げるのは悪くない。

もうひとつ、心に留めておく価値があるのは、こうした統計における高齢ランナーたちは、はるか昔に生まれたということだ。私の世代――ランニングブームを経験し、退職を目前にしている世代――にとっては、ランニングを「生涯スポーツ」としてとらえるのがいい理由がある。私たちは親世代と比べて、若くして命を落とす確率が低い。それに、親世代よりランニングに打ち込んでいる人が多い。そして、年寄りのくせに走っている、と嘲笑されるのではないかと、親世代に比べれば心配せずにすむので、ランニングを断念しにくい。これはとりわけ女性に当てはまる。最年長の年齢区分で女子ランナーがめずらしいのは（イギリスのマスターズ陸上に登録している女子ランナーのうち、八〇歳以上は二一〇人、九〇歳以上は九人）、若い頃にはスポーツする機会が与えられなかったからだろう。よって、将来はこの年齢区分でも、もっと大勢の女性が登録するだろうし、女性が走ることへの抑制も減っていくだろう。

いっぽう、中年期や老年期のランナーの数はすでに増えていて、その増加率は若い人たちより高い。もしかすると、二〇一二年のロンドンオリンピックが、大会モットーとして掲げた「世代を超えたインスピレーション」を与えることに成功したのかもしれない。だが、組織委員会が想定していたインスピレーションを与える世代は、高齢者ではなかったはずだ。思うに、私たちオールディーズやオールディーズ予備軍は、ランニングを習慣にすれば人生が豊かになることをすでに実感している。もちろん、人生の残り時間も、このまま前進を続けていきたいと願っている。そう願わないはずがない。

個々のケースを見れば、高齢になっても走れる確率は低いのかもしれないが、私と同じ世代の数名のイギリス人ランナーは、実際に八〇代になったとき、ブッシー公園の八〇代のランナーたちと同様の持久力があることを立証するだろう。ピトケイン＝ノウルズ、フログリー、イー、ブラットといった面々は、これから年齢を重ねても活動的で活力にあふれ、人々をインスパイアしつづけるだろう。それなら私も、彼らの一員になるべきかもしれない。

取り組むだけの価値がある、大きな目標のように思える。だが長期的な目標は、ランニングの魅力の一部にすぎない。そのつど違うゴールがあり、そのゴールを見すえて希望をもって努力を続け、士気を高め、興奮し、エネルギーを得るのがランニングの醍醐味なのだ。私が八〇代を迎えるまでには、まだ二〇年近い歳月がある。そして、目の前にはもっと直近の野望がある（六〇代も七〇代も生き抜くことを含めて）。それでも、八〇歳の誕生日をランニングで、あるいはレース出場で祝ってみようと考えると、将来に向けて久しく感じていなかったやる気が湧きあがってきた。そのためには、まずはそれまでの期間、ずっと健康ですごさなければならない。もしかすると、こうした熱意の炎が、将来だけではなく、目の前も明るく照らしだすのかもしれない。

統計学的に考えれば、私——あるいはあなた——が走る能力を失わないまま、六〇代と七〇代に潜む生理学的危機を回避できる確率は低い。だが、その挑戦を楽しむことはできる。そして適切な専門家の指導を仰げば、こちらが有利になるよう、その確率を調整できるのかもしれない。

第4章

分かれ道

ロンドン橋近くのキングス・カレッジ・ロンドンのガイズ・キャンパスには、赤いレンガ造りの大きな建物が並んでいて、そのうちの一棟に、人間・応用生理学センターがある。四階の雑然としたオフィスで、スティーブン・ハリッジという中年の教授が、キングス・カレッジ老化研究プログラムへの助成金を申請するための書類仕事に忙殺されるなか、午後の休憩をとりつつ、老化にまつわる生理学の基本を私に話してくれた。

彼はノートパソコンをひらくと、「この曲線を見てください」と言い、お気に入りの一連のグラフを表示させた。トラック競技の一〇〇mから一〇〇〇〇mまでの種目における世界記録を、三五～三九歳から七五～七九歳まで、五歳ごとの年齢区間別で示したもので、年齢が上がるにつれ、線グラフが下降していくのがわかる。調査対象とした年齢層の範囲がずいぶん狭いように思えるが、だからこそ、このデータが重要なのですと、ハリッジ教授は言う。「ここの老化研究プログラムでは、老化の実際のプロセスを研究しています。ですから、ただ高齢者を無作為に選んでグループをつくり、調査したところで、なにが老化に起因するもので、なにがほかの原因によるものなのかは、わかりません。栄養バランスの悪い食生活、飲酒、喫煙など、いわゆる汚染物質は多々ありますし、なにより、運動不足も問題になります」。こうした要因はどこの先進国でも見られるが、それは自然なことではない。「身体は活発に動くようにデザインされているのです。人間の老化という生物学的プロセスに関心があるのなら、活発に身体を動かしている人たちを研究しなければなりません」

ハリッジ教授自身、ジュニア時代には国際大会に出場したアスリートで、コリン・ジャクソンやサリー・ガネルといった往年の名選手と同時期に四〇〇mハードルで活躍した（「彼らの足元にも及びませんでしたが」とは本人の弁）。彼の長年の同僚であるノーマン・ラザラス名誉教授もまたアスリートだ。八四歳になったいまも自転車の競技大会に出場しながら、科学者として、また被験者として老化研究プログラムに協力している。とはいえ、研究対象としているのはおもにマスターズのアスリート、つまり三五歳から超高齢者まで、レベルを問わず競技大会に出場するためにトレーニングを活発に続けている人であり、陸上競技そのものを研究しているわけではない。研究しているのは、あくまでも老化なのだ。

ハリッジ教授の説明によれば、こうした記録のグラフからわかるのは、避けることができない老化の軌跡だ。どの種目であろうと、線グラフの曲線は老化によって下降していく。最初は徐々に、そして最後に急激に下降するのだ。「このグラフにおける超高齢者たちは、同世代の人のあいだでは、もっとも身体の状態がいい人たちです。だからこそ、この下降は、純粋に老化による結果なのです」

こうしたデータに価値があるのは、「汚染物質」の悪影響を比較的受けていないからだけではなく、競技大会の成績を基盤にしているからだ。つまり、筋力や呼吸といった特定の機能よりも、生理学的パフォーマンス全体に生じる変化を示している、ということだ。世界記録を樹立したいのであれば、「すべてが完璧に機能している必要があります。すぐれた認知能力があり、循環器や呼吸器もよく機能し、バランスがとれていて、神経と筋肉がスムーズに連結している。そのすべてが統合し、全体としてうまく機能しなければなりません」と、ハリッジ教授は言う。それでも、それぞれの要素を個別に見れば、多少の差はあるにせよ、やはり同じような軌跡をたどり、衰えていく傾向があるのだ。

このグラフと、ほかのふたつのグループ（定期的に運動している一般の人たちと、ほとんど運動をせずに座りがちな生活を送っている人たち）のグラフを比較すると、曲線の下降の仕方に劇的な違いが見られる。エリート選手ではないものの、定期的に運動している人たちは幅の広い「グリーンゾーン」に入る。彼らの機能性は、エリート選手と比べると、絶対的なレベルはずっと低いものの、エリート選手たちの曲線とほぼ平行した曲線を描き、加齢とともに徐々に下降し、やがて急激に落ち、最終的にはゼロになる（すなわち死を迎える）。そして、エリート選手であろうとなかろうと、高齢になっても運動を続けている人は、介護が必要となる「自立喪失」のラインより上で人生の大半をすごしている。この自立喪失ラインよりはるかに上の範囲に当たる「ゴールドゾーン」に入るエリート選手たちは、当然のことながら、運動を続けている一般の人よりも速く走り、物を遠くまで投げ、高く跳ぶことができる。そして、もっと胸を高鳴らせるような、人に感銘を与えるようなことをおおむねなしとげている。それでもグリーンゾーンのグループとわずかな違いが出るのはごく短期間だけで、死を迎える直前には、彼らの生理機能も自立喪失ラインを下回る。どちらのグループも同様に「有病期間の圧縮」（健康的な行動を続けた結果、寿命が延びるだけではなく、慢性疾患に苦しむ期間が短くなるという概念）を経験するのだ。

ところがグリーンゾーンの下の大きな「レッドゾーン」では、顕著な違いが見てとれる。「生物学的に組み込まれた老化」による現象には起因しない、不安定な健康の軌跡がジグザグに示されるのだ。座りがちな生活を送っている大多数の人たちを待ち受けているのがこれで、加齢と運動不足の悪影響とがあいまって、生理学的な問題が山ほど生じる。その結果、場合によっては自立喪失のラインを下回る生活が数十年という長い期間、続くことさえある。詳細まで予想することはできないが、どんな影響が及ぶのか、だいたいのところはわかっている。「有病期間の延長」が生じ、生が死へと翳りはじめる黄昏どきのような期間が長くなり、いわば大きな灰色のゾーンで——場合によっては数十年も——すごすことになるのだ。

こうした結果には議論の余地がない。あなたにも想像がつくだろう。定期的に身体を動かしていることと、高齢になっても心身ともに高い機能を維持できることのあいだには、因果関係があるのだ。それにしても、これほど明白な結果を目の当たりにすると、疑問に思わずにはいられない。今後の自分の人生を選べる立場にありながら、敢えてレッドゾーンに入ろうという気になる人が、どうしているのだろう？

その答えは明白で、みずからレッドゾーンを選ぶ人などいない。誰もそんな選択はしない——意識したうえでは。さらに言えば、その選択をする権利が一〇〇パーセント、当人の意志にゆだねられているわけでもないのだ。

ロンドンから遠く離れたバンクーバーで、カナダズ・マイケル・スミス・ゲノム科学センター（ブリティッシュコロンビア大学がん研究所の一部）で健康加齢研究の指揮をとっているアンジェラ・ブルックス＝ウィルソン博士は、この二五年間の大半を費やして、健康に年齢を重ねていく秘訣を解きあかそうとしてきた。彼女が研究者としてとりわけ関心をもっているのは、発がん感受性が高い遺伝的特徴だが、彼女が呼ぶところの「スーパーシニア」——八五歳以上で、がん、心血管疾患、重い肺疾患、糖尿病、認知症と診断されたことがない人——に関する世界でもっとも包括的な調査もおこなってきた。そして、彼女がまだ完了していないミッションは、そうしたスーパーシニアたちの共通点を特定することだ。

それは、明確な答えがある疑問だ。このごくわずかな少数派——同年齢の集団の約二%に当たる——は、いわば宝くじに当選した人たちだ。健康状態が良好で、事故で重傷を負ったこともなく、その結果、超高齢になってもそれほどダメージを受けていない。そして九〇歳まで、あるいはそれ以降まで生き延び、健康に暮らすうえで優位に立っているのだ。彼らはたしかに幸運に恵まれているわけだが、その背景にはなにが隠れているのだろう？　ブルックス＝ウィルソン博士は、二〇〇四〜二〇〇七年にかけて、初めて大規模な「〝スーパーシニア〟調査」をおこない、こうした「スーパー」な人たちにはある共通点があることを示した。彼らは認知と身体の機能がともに平均以上で、うつ症状のレベルは平均以下なのだ。そして両親には比較的、長生きの傾向が見られた。「スーパー」ではないシニアと比べて、神経症を発症しにくく、活発に身体を動かしている。そしてより外交的で、人とオープンに接し、愛想がよく、良心的で、ブルックス＝ウィルソン博士の表現を借りれば「生きがいを感じながら、さまざまなことをして多忙にすごしている」傾向がある。

こうした観察結果は、みずから行動を変えていけば、スーパーシニアになる確率を高められる可能性があることを示している（とはいえ、自分の親の行動を変えようとするのは無理だが）。しかし、これはあくまでも可能性にすぎない。じつのところ、この報告の意味するところは、よくわからないのだ。スーパーシニアたちが生理学的な幸運に恵まれているのは、こうした性格の特徴や習慣が一因となっているのだろうか？　それとも、こうした要素は単なる効果にすぎず、因果関係はないのだろうか？

細胞レベルでも、同様のあいまいさが残る。大半のスーパーシニアには、テロメア（染色体の末端を覆うタンパク質の構造）がわずかに長いという特徴がある（それほど大きい差はないにせよ）。テロメアの長さは明確な生理学的指標であり、スーパーシニアのテロメアは私たちの大半とは異なっているのだ。だが、ここでもやはり、それがなにを意味するのかが問題となる。テロメアの長さは誕生時に決まり、大半の種において寿命と正比例する。つまり、テロメアが短ければ、長生きできそうにないわけだ。しかし、人生で直面する重要な出来事に影響を受け、短くなる場合もある。よって、テロメアの長さは、あなたが年齢を重ねてもどのくらい健康でいられるかを決める要因になりうるのだ。ブラジルのブラジリアカトリック大学のサムエル・ダ・シルバ・アギアルが二〇二一年にインターナショナル・ジャーナル・オブ・メディシンに発表した論文によれば、マスターズ陸上で活躍するアスリートは、アスリートではない人と比べると、テロメアが長い（そして血中インスリン値とサーチュイン・プロテインのレベルがともに健康的である）。では、活動的に身体を動かす習慣を続けた結果、実際にテロメアが長くなるのだろうか？　それとも、因果関係はその逆で、もともとテロメアが長い人は高齢になっても活動的でいられると予測できるのだろうか？

もうひとりのカナダ人、マーク・タルノポルスキーは、オンタリオ州ハミルトンにあるマックマスター大学の小児科で教鞭をとる六〇歳の教授だ（そしてトップクラスのアドベンチャーレーサーであり、ウィンタートライアスロンとスキーオリエンテーリングの選手でもある）。彼の話によれば、エビデンスが示していることは明白だ。「疑問の余地はない。『長いテロメアをもっているなんてラッキーだね』とか、そういうたぐいの話ではない。トレーニングを重ねているアスリートほどテロメアが長い。私たちはみな、生まれたときのテロメアの長さは同じだが、トレーニングによってテロメラーゼという酵素の生成が刺激され、テロメアの長さを維持できるようになるんだ」

ブルックス＝ウィルソン博士は、これに加えて、高齢になってからの心身の健康《ウェルビーイング》を保証する遺伝的なカギのようなものが、いつの日か特定されるだろうと確信している。遺伝的な特異体質のようなものが発見されれば、ほかの人よりも老化しにくいという特権に恵まれた少数派がいる理由が解明されると考えているからだ。とはいえ、明確にひとつの遺伝子には特定できないかもしれない。いくつかの例外（たとえば、アルツハイマー型認知症と関連のあるアポリポタンパクＥ４）を除けば、スーパーシニアだからといって望ましくない遺伝子変異が生じにくいわけではなく、悪性の重病に罹患する可能性もあるからだ。そのため、カギを握るのは、予防的な効果をもつ遺伝子なのかもしれない。危険な変異体の悪影響を無効にする緩衝材の役割を果たす遺伝子がひとつ、あるいは複数あるのかもしれない。

「いわば、究極の目標です」と、彼女は微笑む。「老化に抵抗力のある変異体を発見する――老化を実際に防御する遺伝子を。発見できたら、それを薬で再現すればいい」

これがじつに魅力的な見通しである理由はおわかりになるだろう。ブルックス＝ウィルソン博士がこれほどの熱意をもって研究に取り組んでいるのは、人道的な理由からだけではない。世界規模で見れば、消費者はアンチエイジングの製品に年間二五〇〇億ポンドも費やしている。本当に効果のある製品が出てきたら、それにいくら使うことになるか、想像してもらいたい。

とはいえ、老化に対する遺伝的な予防力をじきに発見できるという前提に基づいて、ライフワークとなる研究に没頭しているブルックス＝ウィルソン博士でさえ、こう述べている。研究の対象としたスーパーシニアたちは、たしかに重病にかかりにくい。その際、もっとも重要な緩衝材の役割を果たしているのは、遺伝子ではなく、本人がどんな生き方を選んだのか、その選び方から生じているはずだ、と。「遺伝的な特徴は全体のごく一部にすぎません。健康に年齢を重ねられるかどうかを左右するのは、おそらく遺伝的なものが二五%ほどで、あとは、当人のライフスタイルで決まるのです」

ほかに特別な要因はないのか、と私は尋ねた。「いまわかっている大きな要因は、禁煙です。スーパーシニアのなかにも、以前、喫煙していたという人は大勢います。昔は喫煙している人が多かったですから。でも、いまも生き残っているのは、禁煙した人だけです」。では、その次の要因は？「運動、でしょうね」

そんなふうに言われると、ただ勘でものを言っているように聞こえるが、それは堅牢なエビデンスがある事実だ。運動すれば加齢による生理学的老化を遅らせることができる。だが、その効果を正確に定量化するのは容易ではない。ライフスタイルにおけるほかの大きな選択（食生活、喫煙、飲酒など）もまた重要な役割を果たすからだ。そして、もちろん運動には、さまざまな形がある。それでも、これまでの数々の研究により、全体像は明らかになりつつある。たとえばハリッジ教授が示したグラフのように、違いが明白に浮かびあがってきたのだ。複数の研究によれば、座りがちな生活は、健康に喫煙より悪影響を及ぼすそうだ。

これは意外な話ではない。「私たちは本質的に、現代社会においても狩猟採集民なのです」と、バーミンガム大学の免疫細胞生物学教授のジャネット・M・ロードは言う。「いまでは食物をたやすく入手できるため、私たちは大半の時間、座ってすごしています。でも、私たちはそんなふうに進化してきたわけではありません。身体を活発に動かせるように進化してきたのであって、四六時中、座ったまま食事をとるべく進化してきたわけではないのです」

ハリッジ教授と同じく、ロード教授も六三歳で、かつては真剣にスポーツに取り組んでいたが、四〇代前半に骨盤を骨折し、競技大会に出場することはなくなった。「まだ走ってはいますが、もう長距離は走ってはいません――マラソン大会には何回か出場した程度です。ここのところは、ペースが大きく落ちてしまって」。それでも彼女は、走る習慣を続けることが健康に貢献していると確信している。「私たちが標準的な老化と見なすものの大半は、じつは運動不足が原因なんです」

ロード教授は二〇一八年、ハリッジ教授とラザラス名誉教授らと共同で、このことを鮮やかに示す研究結果を発表した。この研究は一二五人の自転車競技選手《サイクリスト》を対象にしており、男女とも年齢は五五〜七九歳、オリンピックの代表選手こそいなかったが、男性なら一〇〇キロを六時間半未満、女性なら六〇キロを五時間半未満で走破できる実力の持ち主だった。「とにかく、基本的に彼らのすべてを調べる。それが研究の基本方針でした。私たちは彼らと一緒に研究室で三日間をすごし、あらゆるデータを調べました。すると、高齢者によく見られる症状として医学の教科書に書いてあることが、彼らにはいっさい見られないことがわかったのです」

それでも、年齢に完全に抵抗できているわけではなかった。「肺機能（最大酸素摂取量）[*]はやはり低下していましたし、最大心拍数もやはり減少していました。それでも、数値そのものは非常に高かったの

---

*ＶＯ２ｍａｘのこと。全身の持久力の指標となる。

です」。なかには、三五歳年下の運動不足の成人と同程度だった人もいたという。さらに、ほかの点では、いっさい衰えが見られなかった。「免疫力といったものは、衰えていませんでした。血圧も高くなっていませんし、インスリン抵抗性も高くなっていなかった。コレステロール値も上昇しておらず、血中脂質にも変化は見られませんでした」

ロード教授の専門である免疫系に関する結果は、とりわけ目を引いた。免疫系を調節し、リンパ球の一種であるT細胞を新たに生みだす胸線《きょうせん》は、ふつう、五〇代を迎える頃から機能がいちじるしく低下する。「そうなると、免疫力も低下します。老化したT細胞が蓄積し、炎症が起こりやすくなります。そもそも、T細胞は老化するとうまく機能しなくなるのです。さらに、T細胞の生みの親である胸腺は、加齢とともに萎縮します。そうなれば新たなT細胞の産生が減少し、老化T細胞の割合が着実に増えていくのです」

その結果、多くの高齢者のあいだで「炎症による老化《インフラメージング》」が進みやすくなり、さらには慢性的な炎症が続いた結果、血中サイトカインが異常に上昇するサイトカインストームが生じる。新型コロナウイルス感染症に罹患した高齢者の死亡率が高いのは、このサイトカインストームが一因となっている。

ところが、マスターズのサイクリストのあいでは、免疫機能の衰えは見られなかった。それどころか、「健康ではあるが運動不足の二〇～三六歳の人たちと同じくらいの数のT細胞を産生していた」のである。

その後の報告によれば、もっとも高齢のサイクリストたち（ノーマン・ラザラス教授を含む）は、〝二〇歳相当の免疫力〟をもっていた。とはいえ、正確に言えば、それは事実ではない。「いくつかの点では、免疫系は衰えています」と、ロード教授は言う。「老化T細胞が蓄積していますから、免疫系もあまりよく機能しないのです。それでも、マスターズのサイクリストたちの胸腺はよく働くので、新たなT細胞をたくさん産出しています。そのため、コントロールのきかない炎症を起こしにくいのです」。どうやら、彼らの免疫力の強さの一因は、老化による筋肉量の減少を最小限に抑えるべくトレーニングに励んだことにあるようだ――筋肉は運動中、免疫系の調節に役立つマイオカインというホルモンを分泌するからだ。

この研究結果からの推定を記したニュース報道には「運動は若返りをもたらす」という見出しがある。しかし、これはやはり正確な事実ではなかった。研究結果が示していたのは、運動不足による悪影響をかなりの範囲で、運動によって打ち消せるということだった。定義によれば〝老化〟とは、残っている機能が衰えていくことを指す。だが、それにもかかわらず運動することで老化に対抗できる範囲の広さや、私たちの誰もが運動を活用できることには驚かされる。

私はロンドンに戻り、ロード教授の研究結果について、共同研究者であるハリッジ教授からも話を聞いた。「なにも私たちは『あの驚異的な最大酸素摂取量の高齢者を見習いなさい』と、言っているわけではありません」と、ハリッジ教授は言った。「活発に運動している高齢者は、健康に対して当然の結果を得ているだけですから。身体活動そのものが大きな影響を及ぼしているというよりは、運動不足による影響のほうが大きいのです」

念のために付け加えると、ただ長生きしたいだけなら、なにも活発に身体を動かす必要はない。いずれにせよ、私たちは長生きしそうなのだから。人口統計の推移を見ると、寿命がどんどん延びている現実に圧倒されるほどだ。私が生まれた一九六〇年には、平均余命は六八歳強だった。かたや、いまイギリスに生まれた子どもの平均余命は二〇年ほど長くなっている――男性八七・六年、女性九〇・二年だ。私自身は六〇代前半まで生き延びたが、いまの時点では八五歳まで生きられそうだ。もし、あなたがイギリス在住で、六五歳の誕生日を迎えたばかりなのに、九〇歳近くまで生きられそうになかったら、運に恵まれなかったと言えるかもしれない。

このような寿命の伸長は世界各地で（たいてい、もっと低い値から）見られる。近年、世界でもっとも流行した新型コロナウイルス感染症も、いまのところ、この傾向にほとんど影響を及ぼしていない。一九六〇年、世界の平均寿命は五三歳強だったが、二〇二二年には七三歳になっている。気候変動、パンデミック、戦争などがこの傾向に歯止めをかけるかもしれないが、長期的に見れば、先進国ではわずかな影響しか及ばないだろう。二〇三〇年を迎える頃には、世界の六人に一人が六〇歳以上になると考えられている。人生を書籍にたとえれば、定年後の生活はもはやあとがきではない。本文におけるひとつの章であり、ときには新たな巻が誕生することもあるだろう。世界人口を見れば、六五歳以上は六億一七〇〇万人に及ぶ。さらに二〇五〇年には、その数は一六億人になると予想され、ヨーロッパでは人口の三分の一を占めるだろう。願わくば、そのなかに私も入っていたいものだ（その頃にまだ生きていれば、私は九〇歳の誕生日を迎えている。英国国家統計局によれば、私がそこまで生き延びる確率は四分の一以上ある）。

だが、それはこの話の全体像の半分にすぎない。戦後のベビーブーム世代にとって、もっとも驚くべき恩恵である長寿は、同時に、静かな呪いでもある。人生という物語の最終章は退職を迎える頃に始まり、大半の人にとって、暗い筋書きになるだろう。というのも、健康寿命（健康上の問題で制限されずに日常生活を送れる期間）が、寿命の伸長に追いついていないからだ。イギリスの六五歳以上の高齢者一二〇〇万人のうち、六〇〇万人以上が二種類以上の慢性疾患に苦しんでいる。そして約三五〇万人が、食事、着替え、入浴、トイレといった基本的な「日常生活動作（ADL）」のひとつ以上ができない状態にある。さらに二〇〇万人ほどが、中度または重度のフレイル〔体力と気力が衰えた虚弱な状態〕で身体を動かさなくなっている。こうした大勢の人たちにはそれぞれ個別の症状があるとはいえ、当然のことながら、似たような状態にある人も多く、年齢を重ねるにつれ、あなたにも複数の症状が当てはまるようになる。老化にともなう疾病にも、同じことが言える。イギリスでは約三〇〇万人の高齢者がうつ状態にあり、約六〇〇万人がおもにペットかテレビを話し相手にしている。また、さまざまな形の認知症を発症する人も多く、現在、六五歳以上の一四人に一人（約八六万人）、八〇歳以上の六人に一人が認知症を患っている。

それが、私たち全員を待ち受けている未来だ。加齢によって健康を損なった結果、世界中の高齢者の累積で計算すれば、数億年もの歳月にわたって苦しむことになる。平均的な女性は人生の最後に一九年ほど、平均的な男性は一六年ほど、心身ともに体調がすぐれない状態ですごす。とはいえ、それは例外なく全員に起こるわけではない。運に恵まれた少数派は亡くなる直前まで身体を動かし、自立して生活し、慢性的な痛みに苦しまずにいられるのだから。

では、あなたはどのグループに入るのだろう？　それが問題だ。一八四五年、のちにイギリス首相になった政治家ベンジャミン・ディズレーリは、国民が富裕層と貧困層に引き裂かれてしまったという事実を念頭に、イギリス社会は「ふたつの国民」になったと訴え、「それぞれが互いの習慣、思考、感情に無知である……まるで異なる惑星の住人であるかのように」と述べた。これに匹敵する大きな隔たりが、こんにちの高齢者のいわば亜種のあいだでも生じている。つまり、不運な者と幸運な者のあいだで格差が広がっているのだ。どちらのグループも従来の定年退職の年齢を越えてから、前例がないほど長い人生を経験している――人生の四分の一ほどに当たる歳月が、定年後も続くのだ。不運なグループの人たちは、慢性的な病、痛み、孤独、自力では動けない状態へと移行する時期が早く、その期間も長い。かたや幸運なグループでは、死期を迎える直前まで健康かつ活発に日々をすごし、できないことがほとんど減らない状態が続く。

集団としてのアイデンティティ（性別、人種、国籍、階級）がどれになるかによって、人生は大きく変わるわけだが、どこに所属するかはほぼ運に左右される。あなたの未来は決まっている部分が多く、自分で未来を選ぶことはできないのだ。とはいえ、話はそこで終わらない。老化に関しては、驚くほど広い範囲まで、自分で幸運をたぐりよせることができるのだ。

＊

二〇一七年、当時の英国主席医務官サリー・デイヴィスは「身体活動が薬であったなら、奇跡の薬と言えるでしょう」と述べた。もちろん、身体活動は薬ではないから、奇跡の薬と呼ぶことはできない。それでも、奇跡であることに変わりはない。スタンフォード大学の医師であり、八〇代のランナーでもあるウォルター・M・ボルツは、数十年も前に同じ内容のことを述べていた。「現在、あるいは将来利用できそうな薬のなかで、生涯、運動を続けることほど、健康維持への効果が期待できるものはない」と。

それは単純な話だ。元気な高齢者は、もっと若い人たちに見られる心身の健康状態の特徴をそなえている。というより、ハリッジ教授とロード教授の言葉を借りれば、衰えている高齢者は、自分よりもっと年上の高齢者の心身の状態の特徴をそなえているのだ。よって、常識的に健康にいいと考えられているライフスタイルを送ることを心がければ、想像以上の効果を得られる。長期にわたってランニングを続けている人は、平均より数年、長生きすることが期待できる。五〇歳の時点で喫煙せず、飲酒もほどほどで、バランスのとれた食生活を送り、健康的な体重を維持し、一日に三〇分以上運動している人は、こうしたライフスタイルを送っていない人と比べて、平均で一〇年ほど長い健康寿命が期待できる。心身ともに活動的なライフスタイルを送っていれば、認知症の発症を遅らせることができる。五〇歳の時点で活発に身体を動かしている上位四分の一の人たちは、認知症の発症を五五%遅らせることができるのだ。

とはいえ、この法則にも落とし穴はある。疲れ知らずに運動をしている人も、座りがちで身体に悪いライフスタイルを送っている人と同様、疾患、事故などの不運に見舞われることがあるからだ。そして前述のように、老後も健康でいられるかどうかを左右する要因の二五%は遺伝的なものだ。自分の力ではコントロールできない理由によって、身体を動かしたくても動かせず、痛ましい晩年をすごすこともめずらしくないのだ。だが、あなたがまだ老後の計画を立てている段階にいるのなら、気に病むことはない。なにがなんでもレッドゾーンではなくグリーンゾーンに入ってみせるぞと、やる気を出せばいいのだ。

それでも、私にはまだ疑問に思うことがあった。グリーンゾーンではなくゴールドゾーンに入っている人は、どんな利点を得られるのだろう？　ごくふつうの運動を日課にしていれば、マスターズの大会に出場するトップアスリートと同等の健康上の効果を得られるのなら、厳しいトレーニングに励む必要などないのでは？

そう質問する私に、ハリッジ教授は例のグラフを見せた。「私たちは誰もが衰弱していきます。全員が死に近づいているのです。ここで重要なのは、それまで、どれほどの機能を維持できるかです。ゴールドゾーンにいる人は、グリーンゾーンにいる人と同じペースで機能が衰えていくでしょう。しかし、どの時点から下降が始まるかが肝心なのです」。スカイダイビングのインストラクターが「高度は安全を保障するんですよ」と言うように（高度が高いところにいれば、なんらかのトラブルに見舞われても、着地したときに大惨事に見舞われないよう、なんらかの行動を起こす時間の余裕がもてる）、高齢者にとっては、身体を動かせることこそが若さなのだ。身体機能のレベルが高ければ高いほど、「自立喪失ライン」を突き抜けて墜落する事態を回避できるというわけだ。

「ゴールドゾーン」に入るアスリートはまた、広範囲にわたる機能を維持し、人生を楽しんでいる。つまり、自分でたいていのことはこなせるのだ。競技会場への行き方を自分で調べ、適切な時刻にスタートラインに立ち、号砲を聞き、バランスを崩さずに走りだすことができるのだ。これにより、健康面での安全も高まる。「うまく機能しているものの数が減るということは、システムの一部が正常なレベルを下回るだけで、システム全体がしっかりと機能しなくなるということです」

心血管系のリスクに関しては、一般的に活動的なライフスタイルを送る場合と比べて、ハードなトレーニングを続けることによる利点はそれほどないようだ（ノルウェーのトロンハイルで五年にわたって実施した、無作為に抽出した七〇代を対象にした研究結果の二〇二一年の報告により、これが事実であることが確認された）。しかし、もっと幅広い、多方面にわたる機能を維持できれば、アスリートたちは優位に立てる。ハリッジ教授の説明によれば、椅子から立ち上がるだけの上半身の力がなくなると、どれほど心臓や肺が丈夫で、脚力があっても、意味がない。「さらに起き上がれなくなれば、なにもできなくなるのです」

老化の猛攻撃に対して、永遠に抵抗できる人はいない。しかし、ゴールドゾーンに入るアスリートたちには、ぎりぎりまで屈服しない傾向がある。その一因は、彼らがおこなっているトレーニングの幅の広さと奥深さにあるのだろうし、競技スポーツに臨むにはいっそう強いモチベーションが必要となるからだろう。いっぽう、グリーンゾーンに入るためには適度に身体を動かしていればいいのだが、困ったことに、しばらくすると、だんだん高揚感を覚えられなくなる。あちこち痛くなったり、身体を動かすことが苦痛になったりするのだ。大会に出場し、胸を高鳴らせていた人も、運動は日課としてほどほどにこなせばいいと思うようになる。そうなれば、だんだん関心がもてなくなる。だから、六五〜七四歳のイギリス人のうち、推奨されている有酸素運動や筋トレを続けている人は一〇人に一人しかいないという事実を知らされても、意外には思わないだろう。いったん健康を失った人にとっては、健康ほど大切なものはないのだが、実際にそうなるまでは、健康でなくなる状態は抽象的な懸念にすぎない。すると、長期にわたって身体にいい習慣を続けようという思いは、いま、目の前にあるほかの問題によってかき消されてしまう。高齢になってからの健康に関して深い理解を得て、情熱を傾けているハリッジ教授でさえ、口では運動を勧めているものの、自分自身はなかなか時間がとれずにいる。「努力してはいるんですよ。でも、時間に余裕がなくてね。通勤時間も長いですし……」

だが、スポーツの競技大会は、どれほど真剣にトレーニングに取り組んできたかによって、良い結果が出るか、悪い結果に終わるかが変わってくる。トレーニングに励めば、まったく違う結果がでる可能性があるのだ。「二〇年のブランクがあるそうですが、またハードル走に復帰なさったらいかがですか？」私がそう尋ねると、ハリッジ教授は目を輝かせた。「慎重に考えなければなりません」と、彼は思いをめぐらせた。「まず、基礎から立て直さなければなりませんから。だが、やはり、身体を酷使しないほうが健康にはいいのでしょう。さて、どうすべきか……」

そこが問題だと、私は考えた。彼はどうすべきなのか。そして、私はどうすべきなのか。とにかく、ゴールドゾーンでは、なにか重要なことが起こっているに違いない。少なくともゴールドゾーンに入っている人なら、私にその重要なことを教えてくれるはずだ。

第5章

ネバーランド

晴天が広がる九月の早朝、私はイタリア北部の馴染みのない土地のキャンプ場で、テントから這いだした。関節がポキポキいう音で、近くで眠っているキャンパーたちが目を覚まさないよう、抜き足差し足で浜辺に着くと、ゆっくりと走りはじめた。

ぼんやりとした太陽はかろうじて海岸沿いの松林より高いところまで昇ってきたところだったが、静かな海はすでにきらきらと輝いていた。内陸では、雪をかぶった峰々が青い水平線の上に浮かんでいる。私はまだ眠気がとれないままそちらに向かってジョギングを始めた。夜のあいだに身体がすっかり固まってしまった。砂浜を裸足で走っていくと、運河の入り口が見えてきて、その先には行けなかった。釣り人がひとり、樹木のようにじっと動かず、運河の端に座っている。私はUターンしたときに、初めて彼の存在に気づいた。

砂浜に自分がつけた足跡をたどりながら走り、ペースを上げると同時に視線も上げ、目の前の光景に息を呑んだ。砂浜が一キロ以上、まっすぐに伸びていて、人影はひとつもない。片側にはアドリア海が輝き、その反対側にはお洒落なリゾート地として賑《にぎ》わっていたカオルレの町が、キャンバス地とプラスチック製の誰も座っていないビーチチェアの列の向こうで眠っている。私のようなくたびれたランナーにとって、ここはパラダイスだ。ストレスもプレッシャーもない。ただ新鮮な朝の空気を吸い、ゆったりとしたペースでジョギングを楽しめばいいのだから。私はできるだけきれいに砂浜を踏もうとした——これが砂浜にきょう初めてできる足跡だからだ。そして、いまという瞬間に浸ろうとした。足の裏に感じる湿った砂、背中にやさしく当たる温かい陽射し、打ち寄せる波の気怠《けだる》い吐息。

ここ数カ月、これほど幸せな気分で走ったことはなかった。そして遠くまで走るにつれ、心身の充実と満足感が混じりあったものが満ちてくるのがわかった。なんだってまた、もう自分は終わったなどと思い込んだのだろう？ これがランニング本来の姿だ。自然のなすがままに走る。それに、この年齢の男にしては、悪くない走りをしているじゃないか。

やがて、前方の岬のあたりで人影が動くのが見えた。防波堤から砂浜へと軽やかに跳びおりたかと思うと走りはじめたので、ランナーだとわかった。男性で、私と同じようにひとりきりで、音も立てない。そして私と同様に濡れた波打ちを走り、こちらに近づいてきた。すぐに、互いの顔が見える距離まで近づいた。そして、すれ違った。いかにもランナーらしく、私たちは低い声で軽く挨拶をした。そして、彼は去っていった——が、その姿は私の脳裏に焼きついた。

私と同様、彼は裸足で、上半身は裸だった。だが、私とは違い、彼は老いていた。いや、違う。私だって老いている。おそらく、私が彼の年齢を推測したように、彼も私の年齢を推測しただろう。それでも、彼のほうが年上に見えた——というより、私が頭のなかで想像している自分の姿よりは、年老いていた。短く刈り込んだ髪は真っ白で、がさがさした顔には皺が寄っているが、日焼けした肉体は引き締まっている。私とは違って脂肪はなく、筋肉が盛りあがっている。よく考えてみれば、走り方は力強かったから、私より年下なのかもしれない。だが、どう見たところで、若者ではない。彼の肉体には、以前、私が自覚した衰えと同様の徴候が見てとれた。薄くなった皮膚、まばらになった胸毛、首元と肩に浮かびあがる骨。自分が彼にどんな印象を与えたのかは、考えたくもない。

それでも、気づくとまだ同じようなことをぐずぐずと考えていた。彼は五〇代だろうか。それとも六〇代、七〇代だろうか。ふと気づくと、またべつの人影が近づいてきた。こんどは女性で、ダッシュしているようだ。肘と膝を激しく上下に動かし、前方を凝視している。きっと、私が低い声で挨拶したことにも気づかなかっただろう。これこそ、自分を追い込むスピード走としては適切なトレーニングで、私の半分眠っているような観光客のジョギングとは大違いだ。それでも、彼女の年齢を推測するのはむずかしかった。派手な色のヘッドスカーフからは白髪がはみだしていたし、年金受給者でもおかしくないほど顔の皮膚が垂れている。それでも、力強い視線と足取りには、若々しいエネルギーがあふれていた。

岬のところまでやってくると、丸石が積みあげられた防波堤に上がってみた。そして、防波堤に沿って走りはじめると、茶色のレンガ造りの大聖堂の鐘楼が見えてきた。雑然とした屋根の連なりのなか、赤いタイル張りの円錐《えんすい》の屋根がすっとそびえている。九〇〇年も前に建てられたものらしい。私は思わず遠い過去に思いを馳せ、現在へと思考が戻ってきたときには、だいぶ距離を走っていた。また浜辺に戻ると、こちらに向かって新たに二人のランナーが走ってきた。皺だらけの身体にオープンシャツを着て、のろのろと走る様子は八〇代に思えたが、一〇歳ほど前後してもおかしくない。その次は、また白髪の女性がやってきた。Italia というロゴ入りの青いTシャツ姿で、その弾むような足取りからすると、四〇歳をだいぶ超えていることはまずないだろう。

そうやって、私はランナーの年齢を推測していった。浜辺にはもっと大勢のランナーがやってきた。私がまたUターンすると、ランナーの数はいっそう増えた。そうなるともう、近づいてきた人がどの年代に当たるのか、見当がつかなくなった。私より若い人が二人ほどいたようだが、ほかの大勢は「高齢者」という括《くく》りに入ってもおかしくなかった。皺から察するに、七〇代半ばと思われる人もいたが、力強い足取りからは四〇代半ばにしか思えない。ただ、自信をもって言えるのは、彼らが本来の意味でのアスリートであるということ、そして、どの年齢層かはわからないが、彼らが若くはないということだった。

キャンプ場の林が見えてくる頃には、そうしたランナーが浜辺に群れていたが、彼らはべつに集団で走っているわけではなかった。ただ平らな場所を見つけて、それぞれのやり方で走っているだけだ。しかし、彼らを集団として見ると、驚嘆するしかなかった。干あがっていく砂の上を活発に走り回るカニの群れのように見えたからだ。白髪や禿げ頭に陽射しがきらめいている。私は思わず考えた。イギリスでなら、ここにいる高齢者の大半に、六〇歳以上に支給される公共交通機関の無料パスを利用する資格があるだろう、と。

まるで失われた大陸に迷い込んでしまったような気がした――高齢者がどういうわけか老化の悪影響を受けない秘境に。ただ残念なことに、この地では、私はいとも簡単に抜かれてしまう。ふだんの私なら、どうにかして抜かれまいと必死になる。でも、この日の朝ばかりは、抜かれても気づかないふりをするか、気にしないふりをするほうがいいように思えた。そしてキャンプ場が近づいてくると、ラストスパートをかけたが、それでも自分の母親を彷彿《ほうふつ》とさせる女性にやすやすと抜かれてしまった。

ようやく足を止め、呼吸をととのえたときには、ほっとした。そして当然のことながら、鼻っ柱をへし折られていた。それでも、安心感のほうが大きかった。自分が正しい場所にやって来たことが、実感できたからだ。

その日、私はスタジアムでボランティアをすることになっていた。現地に向かうと、そこにはもっと大勢の高齢ランナーがいた。この二週間のうちに、さらに大勢の高齢者がここに集まるだろう。カオルレの町には、八三〇〇人以上の高齢アスリートがヨーロッパ四三カ国から集結することになっていた。数千人もの家族、友人、コーチ、マネージャー、医療スタッフ、そして私のような少数のボランティアの協力を得てのことだ。実際のところ、選手たちは三つの町に分散して集まっていた。カオルレと隣接するイェーゾロ、エラクレーアだ。そして、あたりには十分すぎるほど大勢の来場者がいた。

三五歳未満の選手はいなかったし、サポーターにもそれより若い人はほとんどいなかった。大半が年金受給者か、年金を受給できる年齢だった。選手のなかには八〇代と九〇代が数百人いた。そのほかの選手は、介護施設がふさわしいほどではないにせよ、豪華客船でのオーシャンクルーズを堪能していてもおかしくない年齢層だ。しかし、ここにいる人は誰ひとり、ただ静かに座っていたり、デッキチェアでうたたねをしたりしていない。

カオルレのスタジアムに掲げられた横断幕は、この大会が「ヨーロッパマスターズ陸上競技選手権大会」であることを宣言している。戸惑うほど複雑な大会で、性別・年齢別に二七のカテゴリーがあり、そのカテゴリーごとに最高五五種類の種目があり、それが三つの町に無作為に割り当てられているようだ。ボランティアたちは参加者がここで快適にすごせるように協力しているが、ここカオルレでは、私たちはもっぱら直前の設営作業に忙殺されていて、いざ開催を迎えたきょうはなにをすればいいのか、よくわかっていなかった。スケジュール表のたぐいをいっさい渡されていなかったからだ。ところが、誰も驚いていないようだった。これは熱狂するための祝祭であり、効率など二の次なのだろう。おまけに、多くの横断幕がスタジアムの内側に向けて掲げられていたため、入場してくる人たちには文字が見えなかった。そして、私はあらためて自分の無知を思い知った。これは観客のためにととのえられた舞台ではないのだ。

いざ競技が始まると、私のやることは増え、ハードルを動かしたり、砂場をならしたり、ハンマーややりを回収したりと忙しくなった。そのため、観客が目当てにしているような競技の多くを見逃してしまった。しかし、おかげで私はこのとき初めて、組織運営された高齢者のスポーツ競技を間近で見るという特権を得られたのだ。

最初のうちは、どう考えればいいのか、よくわからなかった。選手の半分ほどは、私より年下だった。なかには二五歳ほど年下の選手もいた。だから、人生後半戦のチャレンジについて彼らから学ぶものなどないように思えた。それでも、彼らが奮闘するようすには胸を打たれた。たとえば、W35*の一〇〇mでは、ドイツのサイナ・フロ・ハンスラー＝フーが一二秒五八で優勝した（同種目の男性版であるM35はイェーゾロのスタジアムでおこなわれ、イギリスチームのジョナサン・ブラウンが一〇秒九四で優勝した）。短距離選手のピークをだいぶすぎた年齢にしては、じつに速い記録だ。それでも、私が立っている場所から見るかぎり、そのくらいの年齢区分の競技は退屈だった。派手さや重要性に欠けた、スローダウンしたオリンピックに思えたのだ。選手たちは真剣そのものの表情でウォームアップに励み、「本物」のアスリートばりに大声で叫んだりうめいたりして、気合を入れる。神経質なまでに助走を繰り返したり、備品や審判の判定を確認したりする。そして凛とした表情を浮かべ、みなぎる情熱とともに疾走する。ところが、観客は誰も視線を送っていないように見えた。この小さいスタジアムの観覧席は四分の一も埋まっていなかったのだ。

ところが、年齢区分が上がるにつれドラマチックな要素が増えてきて、選手が私よりずいぶん年上の場合には、思わず食い入るように眺めるようになった。それは矛盾した見方だった。パフォーマンスはどんどん悪くなるのだから。いわばモットーとして「より遅く、より低く、より弱く」がふさわしくなるのだ。それでも、こんな見方をしているのは、あきらかに私だけではなかった。選手が高齢になるほど、大勢の人たちが視線を送っていたのである。

翌日、翌々日と競技が続くうちに、だんだん慣れてきたので、私が夢中になって競技を観察することも減っていった。それでも、慣れなければならないことはまだたくさんあった。最初のうちは、七〇代や八〇代の選手がウェアを脱ぐときに苦戦したり、靴ひもを結ぼうとして顔をゆがめたりしていると、心配でならなかった。カーディガンのボタンをうまく留められない介護施設の入居者を眺めているような気がしたのだ。手伝うべきだろうか？　でも、じきに、そうした光景はマスターズの競技会には付き物であることがわかってきた。どれほど健康でも、高齢になれば関節はきしみ、可動域は狭くなる。それでも、トラックで競技できるほど十分に動けると当人が思っているのなら、それは十分に動けるということなのだ。

＊性別、年齢区分を表す略語。Mは男性、Wは女性、数字は満年齢から五歳刻みを表す（この場合は女性三五歳から三十九歳）。

ある日の夕暮れ、私は女子四〇〇m決勝を八本、立てつづけに見ることになった。最初がW40、最後がW80だったので、まるでルドルフ・フランツ・ザリンガーが描き、何度も模写されてきた人類の「進化の行進」のイラストの実写化を目の当たりにしているような気がした。とはいえ、ザリンガーは初期の類人猿がホモ・サピエンスに進化していく段階を描いたのだが、私が見ていたのは「年齢の行進」だった。若いほうの年齢区分では、W40でドイツのマレン・ショットが五八秒六四で優勝し、W45でスウェーデンのジェニー・アカヴァルが一分〇一秒六四で優勝したが、そのパフォーマンスからはいっさい年齢が感じられなかった。選手たちは勢いよく地面を蹴り、弾むように、そして攻撃的に走っていく。そして最後はトラックの上を浮遊しているかのようにラストスパートをかけるのだ。半分ほどしか埋まっていない観覧席から控えめな拍手が起こらなければ、エリート選手が出場する国際大会のシニア部門だと誤解してもおかしくないほどだ。

W50（スペインのエステル・コラスが一分二秒一六で優勝）が始まる頃にはのびのびと疾走するというよりは、果敢にも前進している、というようすの選手が多くなり、選手たちのあいだの距離が広がりはじめ、選手たちから歳月が奪っていくものがよくわかるようになった。W55ではイギリスのヴァージニア・ミッチェルが圧倒的な差をつけて一分四秒七三で優勝し、もっと若い年齢区分にいてもおかしくないほど、なめらかで迫力ある走りを見せつけた。ところが、ほかのライバルたちは、スピードより体力を競う競技に出場しているように見えた。二〇年前、第一子を出産後ほどなくマスターズの存在を知ったミッチェルは、四日後に八〇〇mでも優勝した。レース後、話を聞いたところ、彼女はアキレス腱付着部症のため、踵が慢性的に痛むそうだ。それでも、「痛みについては考えないって決めたの」と、彼女は言った。イギリスに帰国後、回復には一年近くかかった。

カオルレの長い午後が黄昏を迎えようとするなか、決勝戦は続いていた。W60ではノルウェーのアニー・アンドハイムが一分一〇秒四六で優勝したが、それに比べてほかの選手たちの歩幅《ストライド》はどんどん短くなり、こわばったような走り方になった。関節に大きな衝撃を与えてはなるまいと意識しているわけではないのだろうが、そうとしか見えなかった。膝はますます上がらなくなり、踵は地面から離れなくなり、弾力性がなくなる。ぎくしゃくとした動きになり、いかにも苦しそうだ。それでも、私がこれまで続けてきたランニングよりも、はるかにアスリートらしい走りだった——もっと若い年齢層のレースを見たあとだったので、小学校の運動会で親が参加する競争のことも思い出したが。

イギリスのキャロライン・パウエルは、一分八秒六七というヨーロッパ記録でW65の四〇〇mを制し、タイムは及ばないものの、いかにも四〇〇mのエリート選手らしい雰囲気をかもしだしていた。だが、彼女が打ち負かしたほかの選手たちのなかには、そんな雰囲気がない者もいた。二位の選手でも、三秒近く遅かったのだ。一分一九秒一八というタイムでW70を制したフランスのミッシェル・ペローニの走りからは、高齢者という印象をまったく受けなかった。そもそも、四〇〇mを一分二〇秒で走るのは、ジョギングのスピードをはるかに超えている。だが、これまでのレースでは筋肉が荒々しく躍動するようすが見えていたのに、この年齢区分になってくると、こわばった関節を激しく動かさないようにしている選手が目立つようになり、腰を曲げて走っている選手も二人ほどいた。それでも、妙なことに、まったく退屈ではなかった。とりわけ、ランナーの表情に魅了された。彼女たちは、因習的なカテゴリーでは〝老婦人〟に入るのだろうが、それでも四〇歳の人と同じような迫力で走っていたし、二〇歳の選手と同じように競争心をむきだしにしていた。最後のホームストレートに入ると、走ったせいで生じた痛みに耐えつつ、必死でスパートしているのがわかる。そして若い人と比べれば弱々しく見えるからこそ、彼女たちの勇気がいっそう崇高に思えた。

W75とW80の決勝は出場者が五人しかいなかったため、一緒におこなわれた。アムステルデムからやって来た、眼鏡をかけていて、教会に通っている陽気なリーチェ・ダイクマンが一分二九秒八四の世界記録でW80を制した。そのあとから一分三九秒五七と、だいぶ遅れてフィニッシュしたのは、下の年齢区分W75のスウェーデンのクリスティナ・カールソンだった。さらに完走を危ぶまれたランナーが二人ほどいたため、ドラマの深みがいっそう増した。レースが始まってしばらくすると、選手たちの列がどんどん長くなり、細長くて巨大な昆虫がもそもそと前進しているように見えた。やがて、選手間の差がどんどん広がり、トラックのはるか前方で筋肉質のダイクマン――ストロベリーブロンドの髪が、オランダのオレンジ色のランニングシャツとよく似合っていた――がリードを広げ、二位に五〇mほどの大差をつけた。そして、ほかの選手たちを見ていると、まるで場違いなものを思い出した。スウェーデンのイングマール・ベルイマンが監督したかの名作「第七の封印」の最後の「死の舞踏」のシーンだ。フードをかぶり、鎌をもった死神が背後の人間と手をつないで列の先頭に立ち、風の吹きすさぶ地平線に、そのシルエットを浮かびあがらせている。そして、映画を観てきた観客が登場人物たちについて学んできたことすべては、抵抗できない死という現実を前にすべて色褪せていくのだ。文字にしてみたら、こんな比較は馬鹿げて見えるかもしれない。実際、そうなのだろう。だが、選手たちの列の影がどんどん長くなり、陽《ひ》の光が翳《かげ》りはじめると、人間がたどるプロセス――老化、衰弱、死――と、このレースには強いつながりがあるように思えた。彼女たちはただ、メダル獲得をめざして奮闘しているわけではないのだ。

選手たち当人にしてみれば、こうした勝手な空想をされること自体、きわめて苛立たしいことは言わずもがなだ。メダルがかかっているのよ、と彼女たちは言うだろう。問題なのは、タイムと順位なのよ、と。そして、こうした観点から見ると、大衆が彼女たちの奮闘にあまり関心を払わないのも、苛立たしいことだ。しかし、大衆はほかのことなら把握している。つまり、マスターズの大会でもっともドラマチックなのは、年齢との闘いであることをわかっているのだ。六五歳の女性が四〇〇mの種目で一分一〇秒を大きく切るタイムで走ったり、八〇歳の女性が同じ種目で一分三〇秒を下回ったりすれば、それは間違いなく息を呑むような快挙だ。しかし、あなた自身も似たようなスポーツをしていたら、異なる年齢区分の標準タイムを熟知したりしていないかぎり、それがどれほどの快挙なのか、よくわからないだろう。そのため、一般の観客は選手たちの成績ではなく、選手たちが走っているようすに注意を向けることになる。どんなふうに競いあっている？　いま、どんな経験をしている？　選手本人はいまの状態をどう感じている？　観客には選手のようすが生々しく伝わっている？　そして、もっと大きな観点から見れば、観客はこんな疑問をもっている。選手たちをあそこまで駆り立てているものはなんだろう？　選手たちの身体はまだ、若い人たちと同じくらいに機能しているのだろうか？　もし、そうでないのであれば、老化によってどんなふうに変わってきたのだろう？

そうした疑問はたいてい、誰に尋ねるかで変わってくる。ある雨の日の夕方、リーチェ・ダイクマンはW80の一〇〇m決勝で圧倒的な強さを見せ、全盛期のウサイン・ボルトのように苦もなくライバルたちを置き去りにして優勝した。そして結局、四つの金メダルを獲得したうえ、世界記録三つとヨーロッパ記録ひとつを樹立して、今大会を締めくくることになった。いったい、どうすればそんなことができるのだろう？　おそらく、アムステルダムの自宅の地下に設けたジムのおかげもあるだろう。だが、この疑問をこれ以上、深堀りする時間はない。同じレースを走るもうひとりの選手に、私は目を奪われていたからだ。

エレナ・パグはダイクマンより一〇秒以上遅い二七秒八九で一〇〇mを走りきった。しかし、レース後、地元メディアがインタビューを申し込んだのは彼女だった。それは、彼女が九三歳だという単純な理由のためだった。そして競争相手がいないW90の年齢区分で、ヨーロッパのチャンピオンに輝いたばかりだったからだ。パグとイタリアのエマ・マリア・マッツェンガ（W85で唯一のファイナリストで優勝した）は、W80の決勝進出者たちと一緒に走った。そして、もっとも大きな拍手を浴びたのは、七人の選手のなかで最後にゴールしたパグだった。

彼女が一歩、前進するたびに、観客は注目した。ブカレストに戻れば、彼女は有名人だ。なにしろ彼女はスポーツの枠を越えた数少ないマスターズのスター選手なのだ。彼女はテレビ広告に出演し、TEDトークを含めた講演会でスピーチをし、自身のブログを運営し、街中では声をかけられずにすむようにサングラスをかけて歩いている。レース後、彼女から話を聞いたのだが、そのカリスマ性に圧倒された。彼女はよく笑い、まぶしく輝いていて、ハリウッドの女優のように色気のあるしぐさをし、一〇〇mでの優勝など大したことではありませんと受け流しながらも、その前におこなわれた五キロの競歩で失格になったことについては、大いに不満を並べ立てた。その種目で、彼女はかつて世界記録保持者だったのだ。子どもの頃は、よく母親と一緒に桜の木に登っていたと、彼女は語った（「こことおんなじくらい、天国ってきれいなの？」と母に尋ねたものよ）。一〇代の頃、徒歩で通学していたら、ソ連の兵士に口笛を吹かれたこと。三度の結婚をしたこと。ランニングを始めたのは五七歳のときで、不本意に退職させられて退屈だったからであること。当時はジョギングを始めただけで、近所の人たちから影口を叩かれたそうだ（「ミセス・パグが走っているところを見たわ。頭がおかしくなったんじゃないかしら。本当よ、この目で見たんだから……」）。その八年後、彼女は初めてメダルを獲得した。「ルーマニア国歌が演奏されたときには、あまりにも嬉しくて、このまま空まで飛んでいけそうな気がした」。そこで、もっと記録を伸ばしたくなった。そして九三歳になったいま、ブカレストの自宅アパートメントの廊下の壁一面には六つのヨーロッパ金メダルと九つの世界金メダルを含むメダルが飾ってあるそうだ。

では、実際のところ、彼女は速いのか？　この疑問に答えるのはむずかしい。カオルレでの彼女のタイムは一〇〇m二七秒八九で、同じ年代区分でも間違いなく遅い。というのも、W90の世界記録は二三秒一五。これは二〇一三年に日本の守田満《もりたみつ》が樹立した記録だ。マッツェンガ（八六歳で二一秒五六）とダイクマン（八〇歳で一七秒二六）が九〇代になれば、これよりだいぶ速い記録を樹立できるのではと、想像する人もいるかもしれない。だが、彼女たちの番はまだ来ていない。そこが肝心なのだ。それに、彼女たちが九〇歳になるまでに、なにが起こるかわからない。この年齢層が直面するもっとも大きな難題は、会場に来られるかどうかだ。生きていて、健康で、活動的で、それだけの意欲があるかどうかだ。そしてパグは、そうした基本的な事実をよく理解していた。

長く続ければ続けるほど、いっそう別格の存在になることができる（その後、彼女はW95の年齢区分で世界記録を樹立した）。そうなれば、彼女のスター性はますます輝きを増す。すでに夫に先立たれているので、このように注目されることを、彼女はありがたく思っている。「心に皺は寄らない」と、彼女はよく好んで言う。しかし、彼女が意欲をもち続けていられるのは、やはり走るという行為があってこそだ。「私にとってランニングはスポーツじゃないの」と、グレーの瞳を輝かせて、彼女は元気よく話す。「ランニングは生き方なのよ」。もちろん、もういい歳なんだから、もっとのんびり生きたらどうかと言ってくる相手は、いまだにいる。でも、彼女はそんな助言を一笑に付している。「なんにもすることがない老人なんて、もう半分埋葬されているようなものでしょ」

パグの情熱は、私に強い印象を残した。彼女は年老いている――ものすごく年老いている――が、生きる喜びにあふれている。その顔には単なる皺ではなく、笑い皺が寄っている。そして、たいてい笑みを浮かべている――まるで、いまでも色褪せない夢を見ているように。自分だって同じようなことができるはずだと、私は自分に言い聞かせた。そして超高齢になったとき、彼女のような考え方をしているところを想像し、歳をとるのがいくぶん楽しみになった。

大会終了後、私よりずっとマスターズに詳しい人たちは、W55で五冠（一五〇〇m、五〇〇〇m、一〇〇〇〇m、クロスカントリー四キロ、ロードレース一〇キロ）を達成したクレア・エルムズを筆頭とするイギリスのスーパースターたちの活躍について、熱心に話しあっていた。たとえば、四〇〇mと八〇〇mでエルムズを抑えて優勝したヴァージニア・ミッチェル、M55の一〇〇m、二〇〇m、一〇〇mハードルで金メダルを獲得したドナルド・ブラウン、M70競歩の個人種目で三つの金メダルを獲得し、一〇キロ競歩のコースが公認されていたなら世界記録も更新していたであろうイアン・リチャーズ。さらにアンジェラ・コプソンはW70の八〇〇mで圧勝し、ヨーロッパ大会で獲得した金メダルの数を一三に伸ばした（ほかにも世界大会で一〇個、イギリス国内で三六個の金メダルを獲得し、自宅の階段下の棚に収納してある靴箱には入りきらなくなっている）。だが私自身は、こうした快挙についてはそれほど強い感銘を受けなかった。私が思わず目で追っていたのは、最高齢の選手たちだった――つまり、あまり時間が残されていない人たちだ。

たとえば、素晴らしいリレーがあった。合計年齢三四六歳のドイツチームは、M85の四×四〇〇mで世界記録を狙っていた。ところが、彼らの走りは〝速い〟とはとても言えなかった。トラックを一周半した時点ですでに、「本物」の（マスターズではない）世界記録より遅れていたのだから。しかし、リーダーのヘルベルト・ミュラーが年齢を慎重に考慮して選手を招集した結果、チームは勝利をおさめたのである。

デュッセルドルフ近郊のグレーヴェンブロイヒ在住のミュラーは八九歳で、五歳ごとの年齢区分のなかでは最高年齢であるにもかかわらず、この大会ですでに三つの金メダル（二〇〇m、四〇〇m、八〇〇m）を獲得していた。さらに、ほかの高齢ランナーとは違い、四〇〇m走が大好きだったので、現在の四×四〇〇mのリレーの記録なら更新できそうだと考えた。それなら、八五歳以上のドイツ人で、一緒にリレーを走れる能力があって、一緒に走る意欲がある選手をあと三人見つけて、大会に出場すればいい。そう考えたミュラーは慎重に候補者を絞り、説得を続け、ようやく数カ月後、どうにかこうにか選手をかきあつめた（このときの経緯は、のちにドイツのディー・ツァイト紙で記事として大きくとりあげられた）。エディ・ベシャイト（八七歳の元アイスホッケー選手で、アキレス腱に慢性的な痛みを抱えていた）は、十種競技を諦めてリレーに専念するよう説得された。アーミン・ゾゼルは短距離走の経験がほとんどなかったが、ハーフマラソンから転向した。ミュラーの友人フリードリヒ・インゲンリースは、アキレス腱に痛みがあったうえ、血栓症を患ったばかりで、二〇〇mより長いレースはこりごりだと思っていたが、最後のメンバーとして加わることにした。

　このチームには、ほかにも弱点があった。ベシャイトは耳が遠かったし（スタートの号砲が聴こえなかったらどうしよう?）、ミュラーの片方の目はよく見えなかったし（バトンパスに不安あり）、インゲンリースの右手は関節炎を患っており（バトンを受け取りにくい）、左手は握力が弱くなっていた（バトンを渡すうえでさらに不利）。しかし、慎重な足運びを心掛ければ、こうしたリスクを軽減することはできた。残念ながら、大会前に全員が集まって練習する時間はなかった。大会前夜、ミュラーはほかの三人にリレーのルールを説明したものの、全員が頭に叩き込んでくれたかどうか、定かではなかった。

　当日、ほかの三人が約束した時刻と場所を覚えていて、ちゃんと集まってくれたので、ミュラーはほっとした。全員が同じ柄のドイツのユニフォームを着ているわけではなかったが、そこまで望むのは贅沢というものだ。レース自体は、滑りだしは順調だった。ベシャイトはちゃんと号砲の音を聞きとった。そして走りだしたものの、何歩か進んだところでふくらはぎが攣《つ》ったのか、足を引きずり、苦しそうな表情を浮かべた。観客から励ましの声が飛んだが、一周したときには優に二分を超えていて、見通しは暗かった。だが、大変な思いをしてここまでやってきたほかの三人は、ここで簡単に諦めるわけにはいかなかった。第二走者のミュラーは、彼のワイヤーフレームの眼鏡と同様、しなやかで強く、二周目を一分四〇秒で走りきった。その後、ゾゼルが三周目をどうにか一分五〇秒で走った。そしてアンカーのインゲンリースもいい調子で走りだしたものの、しばらくすると、立ち止まりそうなところまでペースが落ちた。ちょうどその頃、もっとも暑い時間帯を迎えていた――気温は三〇℃を超えていて、彼が最後の一〇〇mに差しかかったときにはもう、よろよろと歩くばかりになっていた。それでも前進を続け、チームメイトたちの声援を受けながら、七分二三秒三一というリレーの世界記録を樹立した。

この日はほかにも新記録が樹立された。イギリスのW55チームが四×四〇〇mで世界記録を打ち立て（ジュリー・ロジャーズ、クリスティン・アンソニー、ジャニス・エラコット、ヴァージニア・ミッチェルによる四分二七秒三三）、やはりイギリスのW65チームがヨーロッパ記録を更新したので（キャロライン・マーラー、ロザリンド・ターボル、ジョイリン・サンダース＝マリンズ、キャロライン・パウエルによる五分〇〇秒一二など）、客観的に見れば、こうした記録のほうに重い意味があるはずだった。ところが、どういうわけか、観客の想像力をかきたてたのは、ドイツのリレーチームがよろよろと走ったうえで獲得した勝利のほうだった。なぜなら、彼らが老化というプロセスに真正面から立ち向かっていることが、その光景を見ている者にありありと伝わってきたからだ。

同様に、走幅跳《はしりはばとび》で優勝したジュセッペ・オッタヴィアーニの奮闘ぶりにも、観客席では大きな興奮が湧きあがった。とはいえ、彼が勝利を獲得した跳躍は、注意して見ていなければわからないほどだった。距離は一mをはるかに下回り、ジョギングしている人がうっかり砂場に入ってきたようにしか見えなかったからだ。だが、オッタヴィアーニが一〇三歳だとわかっていれば、それはじつにスリリングな光景だった。とりわけ、自分の身近にいる高齢者のことを思い出し、そのなかの誰かが突然走りだしたり、跳躍したりしたら、どれほど腰を抜かすだろうと想像すればなおさらだ。そしてオッタヴィアーニは、ランニングと跳躍の両方を合計六回もやってのけた——うち四回はファウルになったが。彼が優勝を決めた記録（〇・六五m）は、自身のヨーロッパ記録（一〇〇歳になった直後の一・三三m）に遠く及ばなかったが、金メダルという目標を達成するうえでは、ライバルはいなかった。同じ年齢区分には、彼しか出場者がいなかったのだ。

競技が終わると、選手、関係者、観客らがオッタヴィアーニと一緒に写真を撮影してもらおうと、長い列をつくった。彼は喜んで応じていたが、記者たちにたびたび質問を投げかけれ、気もそぞろになっていた。それでも彼は見るからに、注目を浴びていることを楽しんでいた。彼はイタリアのマルケ州サン・イポリット在住の元仕立屋で、小柄で落ち着きがなく、お喋りだった。そして、身体が弱っている人によく見られる、おどおどとした感じや臆病なところがいっさいなかった。「努力しないのならば、生きていてもあまり意味はない」と、メダルを手にしたあと、彼は断言した。彼の眼鏡には夕陽がまぶしく反射している。「健康、幸福、友情にとって、スポーツはじつにいい。スポーツは人生だし、毎日を全力で生きるべきだ」

会場にはイタリアのメディアが大勢いて、そのようすを見ていた。イタリアはつい先日、トラックとフィールドの両方で活躍した高齢の名選手ウーゴ・サンソネッティを亡くしたばかりだった。短距離選手で、作家で、起業家で、コカ・コーラの広告にも起用された有名人サンソネッティが、数週間前にローマで死去していたのである。享年一〇〇歳。だから記者たちはふだん以上に、超高齢のアスリートに課された残酷なルールを意識したのかもしれない——できるあいだに、楽しまなければならない、というルールを、だ。これは間違いなくオッタヴィアーニにも当てはまっていた。その九カ月後、一〇四歳の誕生日を迎えた直後に、彼は穏やかに息を引きとった。一〇〇歳を超えていたのだから驚くような展開ではないのだろうが、だからこそ、彼が晩年になしとげたスポーツの偉業には頭が下がる。

しかし、マスターズに出場する選手にとって、年齢にかかわらず、つきまとうはかなさはいわば職業病だ。この大会に出場する選手は例外なく、たった一度、大ケガをするだけで、もう選手生命を断たれるおそれがある。そして、そのあとは、衰弱するいっぽうとなる。大半の選手たちは、この事実を自覚していた。なかでも、最高齢に近い選手たちは、この事実を痛感しているようだった。「毎日、精一杯生きたいの」と、W70の障害物競走で優勝したスラヴカ・ロチュナコヴァは言った。「だって、あしたになったら、なにもかも奪われてしまうかもしれないから」。そう言うと、彼女はカフェのテーブルのはす向かいに座っている九〇歳の夫、カレル・マッツナーに微笑みかけた。夫はM90の四〇〇mと八〇〇mで銀メダル、二〇〇mで銅メダルを獲得している。二人は私にメダルのかなりのコレクションを見せてくれたところだった。そして、ほかの選手たちと同様、自分たちの成績と記録を真剣に受けとめていた。マッツナーはチェコでシニアの陸上競技連盟を創設し、そのエピソードをある本で語ったことがある。そして妻のスラヴカと共に、数十年ものあいだ連盟の委員を務めてきた。残念ながら、彼らが競技でどれほどの成績を残してきたかについては、詳しいことは説明できない（どこかにメモはしてあるはずだが……）。ただ、三人で話しているあいだ、夫妻が何度も微笑みあっていたことはよく覚えている。

「秘訣は」と、マッツナーが言った。「スポーツに喜びを見いだすことだ。前向きな気持ちをもてば、ランニングを続けようという気になる。そしてランニングをしていると、前向きな気持ちになれる」。一九九一年から、二人とも主要な選手権大会には欠かさず出場してきたと、スラヴカは言う。マッツナーが八七歳のときに、梯子から落ちて大ケガをしたのだが、その直後にオーストラリアで開催された二〇一六年の世界選手権にも連れていったそうだ。「彼は走れなかったんだけど、とにかく、現地に連れていったの」と、スラヴカが言った。「自宅でひとりにしておくより、そのほうがよかったから」

「きょうという日に、喜びを見つけなくてはならん」と、マッツナーが言った。「あした、いったいなにが待ち受けているのか、わからんからね」

事実、最高齢のアスリートたちは、自分たちを待ち受けているものを正確に把握している。死神のＴｏＤｏリストのいちばん上のほうに、自分たちの名前が記されていることを自覚しているのだ（そして二〇二一年一一月、多くの人に愛されたマッツナーは天に召された）。だからこそ、マスターズの高齢の選手たちは、老人は弱々しいという固定観念の枠のなかで生きることに、激しく抵抗しているのだろう。オーストラリアで生まれ、ケント州の里親のもとで育ったヴァネッサ・ハナムは、Ｗ45のやり投、円盤投、砲丸投のイギリス代表選手だった。大会期間中、競技がない日に、彼女はヴェネツィア観光をしようとバスに乗った。帰りのバスは混雑していたので、彼女は席を譲った。相手は白髪で弱々しい感じの、顔が痩せこけているドイツ人の高齢男性だった。すると、彼は顔色を変えて断った。「憤懣《ふんまん》やる方ないといった口調で、彼はこう言ったのよ。『私はきのう、八〇歳以上の一〇〇ｍで優勝したんだ！』とね」

そうした反骨心が自分のなかにもあることを、大会に出場したすべての選手が認めるだろう。競技に参加するという行為そのものが、まだ自分は十全に機能する人間だという証明になるのだ。メダルを獲得できれば、それをいっそう強調できる。つまり、世間に向かってこう言っているようなものなのだ。「ほかの人たちは、老いぼれているのかもしれない。だが、私はぴんぴんしている」と。

マスターズでもっと若い年齢区分の選手も同様で、競技大会に出場すると、ひとりの人間として自分のアイデンティティを力強く証明することができる――「親」とか「配偶者」といった若者らしくないレッテルを貼られずにすむのだ。やり投で銅メダルを獲得し、円盤投と砲丸投で四位に入賞したハナムは、比較的一般的なルートでマスターズ陸上競技大会に出場するようになった。一〇代の頃から競技で活躍していたが、移住、結婚、出産、育児で二七年のブランクを置いた。そして最近、自分の人生に「私」のためのスペースをもっとつくることにした。「また投げてみなきゃって、思ったの。まだ自分にできるかどうか、挑戦してみようって」。そして初めて出場した欧州マスターズの大会で、金メダルを獲得した。

ハンナとは対照的に、ジョン・ライトは四〇代でランニングを始めたとき、まったくの初心者だった。それでも、彼もまた親から出場者へとアイデンティティを変えることになった。「娘を陸上競技の大会に連れていったんだ。それで、自分もやってみようと思い立ったんだよ」。チョーリー在住のジョンはいまではM60の選手になったが、長年にわたって猛練習を続けたおかげで、近年は短距離走で三度も圧勝し、金メダルを獲得している。いまだに、彼には父親らしい雰囲気が残っている――髪の生え際は後退し、メガネをかけ、顎ひげには白髪がまじり、物腰はやわらかい――が、彼の半分ほどの年齢の大勢のランナーが、そのがっしりとした体格を、そして彼の優勝タイムを、うらやましく思うだろう。一〇〇mが一二秒〇三、二〇〇mが二五秒〇六、四〇〇mが五八秒〇六。だが、いつかは身体が動かなくなることを、彼は自覚している。だからこそ、その日がくるまでは猛然と競争を続けるのだ。「ただ楽しむためだけに、ここに来ているわけじゃない。全員が、優勝したいと思っているんだよ」

おそらく、彼の言うとおりなのだろう。だが、勝利にはさまざまな形がある。現実的にメダルを狙えるのは、国際的なマスターズ陸上競技選手権大会に出場するようなエリートの少数派だけだ。しかし、誰もが、ある種の勝利を望むことはできる。それは誇らしく思えるようなパフォーマンスをする、狙っていた目標を達成する、あるいは、大会になど出場しないほうがはるかに楽な年齢になっても国際的な選手権大会でベストを尽くせたという充足感を得ることかもしれない。

そうした事実が身に沁みたのは、トラック競技とは関係のないあるイベントに参加したときだった。大会が最終日に近づいた頃、イェーゾロ郊外にあるネオンが輝くナイトクラブで、大会主催者が選手、関係者、ボランティアを招いてパーティーを開いたのだ。テーマは一九五〇年代で、会場にはレス・バベッツ・アンド・ミスター・ウォレス・オール・スターズの曲が流れていた。私自身は、いかにも〝年金受給者のディスコ〟らしいものになるのだろうと予想していたが、その予想は当たらなかった。

会場には、やしの木やプールがあり、天井にはアクリル板らしきものが張られていて、高級なバーまでしつらえられていた――マスターズに出場するような選手はほとんど酒を飲まないだろうという私の予想が当たるのかどうかは、まだわからなかった。それでも、ダンスフロアは盛況だった。音楽はさまざまなジャンルや時代を網羅していたが、二一世紀になってからの曲はかからなかった。ダンスフロアでは早い時間帯から、引き締まった肉体を日焼けさせた人たちが、はるか昔、ティーンエイジャーだった頃のリズムに合わせて身を揺らしていた。なかには、五〇年代というドレスコードにぴったりの服装をしている人もいた。ほかの人は、それより前やあとの時代、自分が若かった頃の流行を思い起こさせる服を選んでいた。

その結果、音楽においても服装においても、ちぐはぐなスタイルのパッチワークができていた。それでも、全体としては輝きに包まれていた。肉体そのものが放つエネルギーが満ち、戸惑うほどの若々しさがみなぎっていたのだ。夜はゆっくりと更けていった。みなぎる活力がいっそう強くなった。生にたいする荒々しい欲望が感じられるほどだった。笑顔がはじけ、瞳が輝き、銀髪がきらめく。紫のライトにサテンのジャケットが反射する。曲は「ブルー・スウェード・シューズ」から「幸せの黄色いリボン」に変わり、スローな「好きにならずにいられない」がかかった。ダンスをしている人たちはいっそう身を寄せ、数十年前のロマンスを思い出したのか、やさしい表情を浮かべている人もいれば、チャンスをうかがっているような人もいた。いずれにしろ、妙なことに、逸脱している印象を受けた。高齢者がこんなふうに人生を経験することは想定されていない、そうじゃないのか？

そのとき、私は愕然とした。肝心なのは、これだ。ここにいる人たちは、三五〜一〇三歳の人しか入店できないクラブで元気に休日をすごすために、わざわざイタリアまでやって来たのだ。自分たちを束縛する年齢という制限を受けいれることを、拒否するために。生きているという充足感を存分に味わいつづけていたいのだ。

彼らは反逆者なのだろうか？　そうかもしれない、あるいは、老人だという自覚がないのかもしれない。いずれにしろ、そこにはあきらかに〝諦めない〟という強い意志の上でおこなっている多種多様な活動があった。競技スポーツだけではない。セックス、ロマンス、パーティー、旅行、ダンス。毎朝、希望をもって一日を始めること、大声をあげて笑うこと、新しい友人をつくること、新たな冒険を見つけること。何歳になっても存分に生き続けていくと、彼らは決めたのだ。

そして賢い選手であれば、毎回、これが最後のレースになるかもしれないという覚悟でレースに臨んでいるように、大勢のマスターズの選手たちが同じ覚悟をもって、日々を送っているのだろう。そして、あっという間にすぎてゆく一瞬一瞬に感謝しているのだろう。いきいきと変化に富む毎日をすごしていると実感したいのなら、これに勝る方法はないはずだ。彼らを見ていると、それがよくわかった。

心の底から彼らのことをうらやましいと思いつつ、私はカオルレを発った。私は「ゴールドゾーン」にいる人たちを目の当たりにして、そこで見たものに好感をもった。しかし、それは彼らのゾーンであって、自分が属するゾーンではないという感覚はぬぐえなかった。陸上競技を通じて老化というプロセスを輝かせる才能に恵まれた、ごくわずかな人が住む世界があって、私はその一部を目にしたのだ。すっかり体型が崩れ、ケガをしがちな自分のようなランナーも、いつかそのゾーンに入れる日が来ると夢見ることに意味はあるのだろうか？

その後の数週間、私の脳裏からはその疑問が消えなかった。近い将来、そんなことが実現するとは、とても思えない。たとえ、私が以前のようなペースで走れるようになったとしても、同じ年齢区分のマスターズに出場する人たちは、私とは比較にならないほど足が速いからだ。でも、もしかすると遠い将来、もっと高齢の年齢区分に入る頃になったら、どこかにチャンスがあるかもしれない。

そこで、私はこう考えた。まずは、もっと基本的な問題を解決しなければならない。ランナーとして走り続けるにはどうすればいいのか、その秘訣を探らなければ。

第6章

都会を走るレジェンドたち

玄関横のポーチにいくつもメダルがぶら下がっているのが見えたので、ジネット・ベダードの家だとわかった。それ以外に、その家に目立つ特徴はなかった。ジョン・F・ケネディ国際空港にほど近いハワード・ビーチの住宅街には、芝の手入れがゆきとどいた庭のある小さな四角い住宅が並んでいて、外壁は海風に強い下見張りになっていた。運のいいことに、彼女は在宅していた。

というのも、ジネットは外出していることが多いからだ。朝はたいてい、海岸のほうに出かけている。そして午後には、彼女がいそうな場所を探せば、その姿を見つけることができる。走っているのが、彼女だ。鮮やかな色のバンダナを頭に巻き、前かがみになって走っている。一日に三時間は外で走るのが日課だ。このあたりで彼女の姿が見えない日には、たいてい大会に出場している。ほぼ、マラソン大会だ。

インタビューする相手として、彼女は適任に思えた。この本がイギリスで刊行されるとき（二〇二三年一月）、彼女は八九歳になっているだろう。彼女は長年、ニューヨークシティ・マラソンを報じる記事のなかで、最高年齢のランナーとして紹介されてきた。だから私は、ただ何キロも何キロも前進を続けるだけではなく、何年も何年も前進を続けるという意味でパワフルでいられる秘訣を、彼女なら知っているに違いないと思ったのだ。

私もランニングに情熱を傾けていることを伝えると、彼女は嬉しそうな表情を浮かべ、喜んで話をしてくれた。声を張りあげ、大げさな手ぶりをまじえながら、早口で話しはじめたが、ランニングを長く続ける秘訣があるとしても、それがなんであるのか、自覚していなかった。育ったのはフランスのロレーヌ地方の都市メッスの農場で、子どもの頃は活発ではあったけれど、とくにスポーツが好きなわけではなかった。二二歳のとき、カナダ人飛行士ジェラルド・ベダードと、近所のクラブのダンスフロアで出会った。そして「そこからはもう夢見心地で、あとはとんとん拍子で」、二人は結婚し、カナダに移住し、そして七年後、ニューヨーク市のハワード・ビーチにまた移住した。

彼女はこの地が気に入った。クイーンズ区の一画にある流行とは無縁の住宅地で、航空機の排ガスの臭いがすることがあっても、くつろいですごせた。二人が新居に選んだのは、ジャマイカ湾の風が強く吹きすさぶ海岸からほんの数ブロック先のところにある狭い赤レンガ造りの家で、ジネットはいまでもその家に暮らしている。当時、航空機の騒音はそれほど気にならなかった。一九六〇年代に入った頃で、ホーツリー川やシェルバンク・ベイシンのあたりには塩湿地があり、野生生物もたくさんいた。仕事の面から見れば、ジェラルドにとってこれ以上通勤に便利なところはなかったし、ジネットもすぐに空港で仕事を見つけた。それから三〇年以上、彼女はアリタリア航空のカスタマーサービスのデスクで働いてきた。持ち前の明るい雰囲気と愛嬌のある笑顔で、いまだに完璧とはいえない英会話力を補ってきたのだ。さらに家庭では、二人の子どもを育てた――ひとりは娘で、空港で長期雇用されている。

ジネットは多忙な日々を送っていたので、スポーツに割く時間はほとんどなかったが、体型は維持していた。フィットネスの第一人者ジャック・ラレーンが指導するテレビのワークアウト番組を利用して、運動していたのだ。そして定年退職が近づいてきた頃、一九九〇年代後半の大勢のニューヨーカーと同様、走ってみようと思い立った。まずはジェラルドがジョギングに挑戦し、続いてジネットもおそるおそる、近くの海岸通りを少し走ってみた。「通勤前にこなせるように、朝は三時半に起きなくちゃならなかった」。ほどなく、アリタリア航空の同僚から、マラソンを完走したという話を聞いた。「最初は、マラソンを走れるなんて超人だって思ってた。でも、しばらくしてから、思い直したの。彼にできるなら、私にもできるんじゃないかって」

二〇〇一年、六八歳のときに、〈ニューヨーク・ロード・ランナーズ〉というランニングクラブに入会した。「私が起こした行動のなかでは、あれがベストだったわね」。最初は一マイル〔約一・六〇九キロ〕の大会に出場し、やがて一〇キロへと距離を延ばしていった。そして二〇〇二年、七〇歳の誕生日を迎える九カ月前、彼女は初めてニューヨークシティ・マラソンに出場した。タイムは四時間一五分五五秒。どの年齢の初心者にとっても、見事なタイムだった。

以来、ニューヨークシティ・マラソンが開催されなかった二〇一二年と二〇二〇年、そして規模を縮小して開催された二〇二一年を除いて、彼女は毎年この大会に出場している。また、ほかのマラソン大会にも何回か、そしてもっと距離が短いレースには何百回も出場してきた。フルマラソンの自己ベストの記録としては二〇〇五年のニューヨークシティ・マラソンで三時間四六分三四秒。二〇〇六年のモア・マラソン（同じくニューヨーク市で開催）でその記録を三時間四六分〇三秒（これは七〇代女性のアメリカ記録）に縮めた。さらに、二〇〇八年のニューヨークシティ・マラソンを四時間〇八分三一秒で走った（これは一時的ではあったものの、七五歳以上女性の世界記録になった）。もっとも遅い記録は二〇一九年に八六歳で走った七時間三九分〇八秒だが、運に恵まれれば、彼女はこれからも走りつづけ、もっと遅い記録を更新するかもしれない。だが、彼女を地元のレジェンドたらしめているのは、走るスピードではない。彼女の記録はすでに破られている。そうではなく、陽気なうえに不屈の精神の持ち主であるからこそ、尊敬されているのだ。

二〇一四年、彼女はUSAトラック&フィールド・マスターズの殿堂入りを果たし、〈ニューヨーク・ロード・ランナーズ〉クラブではアイコンとマスコットの中間のような存在として崇められ、つねに称賛されている。八一歳のときにはスイムスーツでポーズをとり、ニューヨーク・タイムズ・マガジンの表紙を飾った。ニューヨーカー誌は彼女に関するショートフィルムを製作したし、彼女は数多くのテレビ番組でもインタビューを受けている。数々のメダル、トロフィー、表彰の盾や小像、額装された写真、賞状などで、オフィス兼玄関ポーチにはもうスペースがなく、やって来た彼女のトレーナーが立っているのがせいぜいだ。そして、大衆にとってみれば、近年のニューヨークシティ・マラソンは彼女の存在が大きな花を添えている。そして彼女自身、注目されることを楽しんでいる。

レースでは、彼女はひときわ目立っている。派手なバンダナを巻いているので、ひと目でわかるし、たっぷりとメイクアップもほどこしているからだ――走っていると、化粧が落ちてしまうこともあるのだが。それでも化粧をするのは、写真を撮られるときに「おばあさんに見られたくない」という彼女なりの理由があるからだが、そこには、べつの意味があるようにも思える。濃い口紅とアイシャドウは、老化は必然だという古臭い固定観念に「くそくらえ」と明るく抵抗しているように見えるのだ。以前は、ブロンドの大きなかつらをかぶってトレーニングしようとしたこともあったが、ずれ落ちてきてしまうので、もうかぶるのはあきらめた。いずれにしろ、年下のランナーたちは彼女のことが大好きだし、彼女もいつも笑みを浮かべていて、声をかけられれば、相手を励まし返す。

しかし、いっさいの苦しみを味わわずに八〇代後半を迎える人間などいない。子どもたちが成人し、それぞれの人生を歩みはじめると、彼女も寂しく感じることが多くなった。友人たちは亡くなったり、引っ越していったりした。彼女より八歳上のジェラルドは認知症に見舞われ、二〇一五年、八九歳で亡くなった。「それは悲しかったわ」と、ジネットは言った。「夫がいなくて寂しい。やんなっちゃう《ラ・メルドゥ》。だから、走って正気を保ってるの。夫が亡くなる前も、亡くなる頃も、亡くなったあとも、走っていたのよ」

いまでも彼女は、ランニングを命綱《いのちづな》として利用している。「一日に一六キロは走るわ。いい気持ちよ。一二キロくらいしか走れなかった日には、がっかりして戻ってくる。でも、一六キロ走れれば、気分爽快」。それが、彼女の信条と言えるのかもしれない。年齢を重ねるにつれ、その距離を走るには時間がかかるようになる。だから、彼女は朝いちばんにその半分の距離を走る。そしてコーヒー一杯とブリオッシュを一切れの朝食をすませると、残りの距離を昼過ぎから夕方にかけて走るのだ。どちらも所要時間は一時間半ほど。「歳をとると、どんどん足が遅くなる。それは、ふつうのことなのよ」

彼女は「控えめに」食べているが、食べ物にうるさいわけではない。ワイン、チーズ、アイスクリームが彼女の食生活には欠かせない。ほかの運動に関しては、ストレッチを少しと、ほんの何回か腕立て伏せをしている。でも、それ以外は、ただ走るだけだ。朝に九〇分、午後に九〇分。雨が降ろうが、陽射しが照りつけようが、レース以外の日は毎日、走っている。

走るルートはいつも同じだ。海岸沿いのアップダウンのある道で、ジャマイカ湾に面した空港を見渡すことができる。殺風景な場所ではあるが、こちらの気持ちひとつでワイルドにも爽快にも感じられる。ロックアウェイ半島から大西洋の風が吹き込み、上空でジェット機があげる轟音がクロス・ベイ大通りの車の騒音と混じりあい、ゴーッと音を立てている。アヒルやカナダガンが灰色の水面で浮いていたり、陸地でむっつりと地面をつついたりしていて、ランナーが来ると散っていく。というより、私が近づいていったら、そうなったのだ。ところがジネットが近づいていくと、アヒルたちはいそいそと寄ってきた。「この子たち、私のことが好きなの。ヒマワリの種をあげているからよ。可愛いでしょ」

ときどき、砂の上を走ることもあるけれど、たいていは車があまり通らない舗装路を走っている。わずかに身をかがめ、狭い歩幅で、少しぎくしゃくとしてはいるが足早に、同じ道を行ったり来たりするのだ。いざレースに出場すると、彼女の顔には断固とした表情が浮かび、歯を食いしばっているように見えることもある。だが、トレーニング中は、頭のなかは空っぽになるそうだ。「あまり考え事はしないの」と、彼女は言った。「飛行機が飛んでいくのが見える。可愛いアヒルたちも見える。そして、走り終えたあとに、後悔することはぜったいにない。悲しい気持ちになるのは、走っていないときだけよ」

それは、彼女がよく口にするフレーズだ。走り終えたあとに、後悔することはぜったいにない。ランナーなら、彼女が言わんとしていることがよくわかるだろう。走ったからといって、問題が解決するわけではない。でも、顔を上げて立ち向かおうという気概が湧いてくるのだ。「私にだって寂しいことはあるのよ」と、彼女は認めた。「ボーイフレンドが欲しい。でも、私の年齢の男の人たちはもうぽんこつだし。年下はみんな結婚しているし。あなたも既婚者だし」（彼女からはすでに、結婚しているのかと尋ねられていた）。彼女はそう軽口を叩いたが、口調は真剣そのものだった。同世代の仲間よりも長生きをして、若々しさと健康を保っていると、こういう事態が生じるのだ。あなたは仲間を失う——そのあと、どうすればいい？

「問題はね、老けたって感じることじゃないの。私はまだ、三六歳みたいな気がしているから。でも、見た目は年寄りでしょう？　私に、どこも悪いところはない。一六歳のときのビキニだってまだ着られるのよ。まあ、皺は寄ってるけど……」

ジネットはパートナーを見つけたいと思っている。できれば、ある程度はランニングを一緒に楽しめる人がいい。「でも、私くらいの年齢で、まだ走れる人なんている？」。それどころか、八〇代の男たちは元気いっぱいの自分に気後れするだろうし、若い男たちから見れば、自分は奇異なおばあさんにすぎないだろう。ランニングをするばあさん？　いやいや、願い下げだね、と。でも、ジネットから見れば、充実した人生というトラックから外れてしまったのは、旧態依然とした考えにとらわれている同年代の人間のほうだ。少なくとも、彼女はまだ自分の人生を存分に生きている。「よく、『自分だって昔は……』って言う人がいるでしょ。そうよね、私だって『昔はできたのに……』と思うことはある。でもね、私はいまでも自分の人生を生きている」

そう憤慨するいっぽうで、「活動的すぎる」高齢者に対する社会の偏見こそ、彼女が走りつづける理由のひとつになっている。〈ニューヨーク・ロード・ランナーズ〉の「ランニング・ファミリー」のなかでは、ジネットはありのままの自分でいられるし、ほかの年齢層の人たちとも気さくに交流できている（どこのランニングクラブでも、それはいいところだ）。とはいえ、いずれにしろ、近所の人たちの常識に従うために、走るスピードを落とすつもりはない。ランニングのおかげで、正気を保っていられるのだから。

「ランニングはぜったいにやめない」と、彼女は断言した。「ぽっくり逝くまでね」

私もそのつもりです、ただ、いまはランニング続けていくことに難儀していて、それもあって、長く続ける秘訣をうかがいにきたんです、と私は言った。だが、彼女はほんのひと言しか、助言をくれなかった。

「ただ、ランニングを続ければいいのよ」。そう言って、彼女は笑った。「走れば走るだけ、得るものがある。私みたいに毎日走っていれば、一〇〇歳になっても走っていられるはず」

＊

私は大いに奮起し、将来への希望に満ちて、ジネットの家をあとにした。それでも、彼女がランニングの習慣をどうやって続けてこられたのかは、よくわからないままだった。心構えの問題？　それとも、運に恵まれていたから？　あるいは、なにかほかの資質があるのだろうか？

数週間後、イギリスに帰国した私は、ケン・ジョーンズと連絡をとった。彼はジネットより三カ月年上だが、ランニング歴は何十年も長い。そして彼女と同様、大都市で開催される主要マラソン大会の最高齢出場者として、よくメディアを賑わせている。ケンの場合、それはロンドン・マラソンだ。私が初めて彼から話を聞いたとき、彼は四〇年連続出場を果たしたところだった。

だが、その年のロンドン・マラソンはバーチャルでの参加しかできなかったので、彼は北アイルランドのストラベーン近郊の自宅近くにある人気《ひとけ》のないアップダウンのある道を走らなければならなかった。それでも、一九八一年に始まったロンドン・マラソンに欠かさず出場している人たちのグループ「エヴァー・プレゼンツ」の会員の地位を維持するには十分だった。一九九五年にこの会が設立されたとき、メンバーは四二人だったが、二〇二〇年の時点でメンバーは一〇人しか残っておらず、二〇二一年にはたったの七人になっていた。そして、ケンが最年長だった。

彼はバーチャルのレースが好きなわけではなかったが、娘のヘザーがサポーターとして一緒に走ってくれたのはありがたかった。それでも、実際の大会で感じる興奮やざわめきがないのが寂しかった。自分より若いランナーたちと一緒にゴールまでの道のりを楽しむことができないし、旧友たちと再会することもかなわない。そのうえ、最悪だったのは雨だった。「あれほどの悪天候のなか、走ったことはなかった」と、ケンは言った。「これまで、何千というレースに出場してきた。だが、今回のは激しい雨なんてもんじゃない。豪雨だよ。こんなのは初めてだ」。ケンとヘザーは午前九時のスタートを計画していたが、一時間遅らせることにした。そして、雨脚が弱くなることを願って、さらに一時間遅らせた。ところが、雨脚は弱まらず、風もいっそう強くなった。ついに二人がスタートしたとき、ケンは分厚いレインコートを着て、その下に防寒用のシャツ、軽量ベスト、裏起毛レギンスまで着込んでいた。それでも、ランニングを三回中断して、乾いている服に着替えなければならなかった。試しに傘を差して走ってみたものの、さすがに長くは続けられなかった。二九キロほど走ったところで、ケンはもう途中棄権しようかという気になった――が、長年の経験による智恵のおかげで、考え直した。「つらくてやめたくなる経験は何度もしてきた。もう諦めようかと一度思ってしまうと、その考えが頭にこびりついて離れなくなる。だから、そんな考えは振り払うしかないとわかっていたんだ」。そこで弱気の虫を捨て去り、ジョギングと早歩きを交互に続け、できるだけ不快感には意識を向けないようにした。もし、立ち止まってしまったら、ぜったいに自分を許せないとわかっていたからだ。「メダルがどうしても欲しかった。目の前に溝を掘られようが、壁を築かれようが、とにかく乗り越えるしかない。なにがなんでも完走して、メダルを獲ってやると意を決したんだ」

彼とヘザーはついに、八時間弱でマラソンを完走した。正確なタイムは七時間五三分三四秒。そのタイムを見たとき、彼は少し落胆したかもしれない。以前は、その三分の一ほどの時間で完走できていたのだから。しかし、そんな失望はすぐに安堵感と満足感の波にかき消されたはずだ。あたりは真っ暗で、雨は小降りになりはじめたところだった。数人の隣人が——もちろん、新型コロナウイルス感染症予防のためにマスクをして——雨の夜、わざわざ外に出てきて、拍手で出迎えてくれた。そして、これまでマラソン大会に出場し、完走した経験がある人なら想像がつくだろうが、至福のひとときを味わった。彼はすぐに身体を温め、身体を拭いた。ヘザーがマッシュポテトに野菜や肉を加えて炒めてくれた。ケンは足を高くして座り、大きなことを達成したあとのスリリングな高揚に浸ることができた——八〇歳ではごく少数の人しか堪能する機会がない満足感に浸ったのだ。

ほっとしてベッドに身を沈め、自力で獲得した深い睡眠へと溶けていく前に、ケンはすでに翌年のロンドン・マラソンへの出場を申し込んでいた。「目標をもつ必要があるんだよ」と、彼は説明した。ジネット同様、彼も本能的に前を向いている——うしろではなく。でも、昔の話を聞かせてもらいたいと頼んだときには、この二人に明確な共通点があるとは予想していなかった。

ジネットとは異なり、ケンは人生の大半でランニングを続けてきた。場所はおもに、二〇〇三年まで暮らしていたイングランドだ。彼はウェンブリーのスタジアムのすぐそばで生まれ、一三歳のときに学校に通うのをやめ（「読み書きはほとんどできなかった」）、ケント州チャタムの造船所で肉体労働に従事した。

その後、兵役で西ドイツに渡り、競技ランニングに出会った。帰国後、一九六〇年代初めにようやく結婚し、チングフォードに居を構え、警察官になった。最初のうちはパトロールを担当し、それから交通巡査になり、最終的には犯罪捜査官になった。警察官になるとすぐに、ロンドン警視庁の代表として五マイル〔約八キロ〕から二〇マイル〔約三二キロ〕ほどの距離を走るようになった。そして一九六三年、〈オリオン・ハリアーズ〉というランニングクラブに入会し、クロスカントリーに専念するようになった。自宅から少し走ったところにはエピングの森があったので、練習グラウンドとして活用した。「美しいし、趣《おもむき》がある森でね。乗馬している人たちと並んで走ることもあったし、あちこちに小川が流れていて、丘や池もあった。ランニングをする場所としては最高で、毎日、走っていたよ。あの森のことなら、隅々まで知り尽くしていた」

三四歳のとき、フルマラソンの距離を初めて大会で走った。デビュー戦はあまりいいタイムはでなかったが、自分には長距離走のほうが向いているような気がした。そこで定期的にマラソン大会に出場するようになった。自己ベストはミドルセックスで開催されたポリテクニック・マラソンで叩きだした二時間四一分だ。そして、第一回ロンドン・マラソンが一九八一年に開催されたときにはケンは四八歳になっていて、すでに四〇回、マラソンを完走していた。ロンドン・マラソンには一九八二年と一九八三年にも出場し、気づいたときには、連続出場記録を樹立していた。ロンドン・マラソンでの自己ベストは一九八五年の二時間五五分。彼が五二歳の誕生日を迎える数週間前のことだった。もっともタフだったレースは翌年のことだ。濡れたマンホールの蓋で足を滑らせ、舗道に頭をぶつけてしまったのだ。意識が朦朧とするなか、彼は抱えられて救急車に運ばれたが、やはりレースを続けると決意し、救急車を降りるや走りはじめ、完走した。

その後も連続出場記録を更新しつづけたものの、彼の人生は次の段階へと進んでいった。まず、祖父になった。そして遅まきながら、しぶしぶと退官した（「一五年間、一度も病欠しなかった」）。その後、妻ノーラの家族が住んでいた北アイルランドのストラベーンに引っ越したため、エピングの森では走れなくなり、自宅周辺の慣れない路地を走りまわるようになった（「草原には牛がうじゃうじゃいるから、路地を走るしかないんだよ」）。その後、曾祖父にもなった。そうするうちに、妻が次第に衰弱してゆき、このままいけば男やもめになりそうだという暗い見通しが出てきた。

こうしたライフステージを経験しながらも、ロンドン・マラソンにだけはかならず出場してきた。毎年四月になると、連続出場者である「エヴァー・プレゼンツ」の面々と再会できることが、ロンドンまでの小旅行の大きな楽しみになっていた。いっぽう、ストラベーンでは、新たな友情も花開いた。さまざまな年齢のランナーたちと知り合いになり、なかには毎年ロンドン・マラソンを走るという情熱を共有するランナーもいた。「ランニングを通じて、何百人も友だちができたよ」と、ケンは言う。謙虚な彼は明言しないものの、ストラベーンのあちこちに彼のファンがいて、彼のバーチャルマラソンを応援したいと、悪天候のなか、わざわざ外に出てきてくれた人もいた。そして二〇一二年、ロンドンでオリンピックが開催されたとき、ケンはストラベーンの通りを走る聖火ランナーに選ばれた。

彼はじきに九〇歳になるが、いまだに年齢を感じさせない。小柄（身長は一七五センチほど）で、ピンク色の頬とまばらな白髪の持ち主で、温厚な笑顔を見せると歯と歯のあいだに隙間が見える。高齢者によく見られるように顔のバランスが少し崩れていて、ほかの部位はすでに成長がとまっているのに、耳と鼻だけがまだ成長を続けているように見え、ハウスエルフ〔ハリー・ポッター・シリーズにも登場する妖精「屋敷しもべ」〕を彷彿とさせるところがなければ、七〇代に間違われるかもしれない。それでも二〇二〇年は、彼にとって耐えがたい年だった。結婚して六〇年になる妻のノーラが亡くなり、ケンがまだショックを受けているあいだに、新型コロナウイルス感染症の大流行が起こり、日常生活がストップした。その後の孤独は、ときに耐えられないほどだった。「近所の人たちが世話を焼いてくれてね」と、ありがたそうに彼は言った。「でも、パンデミックの最中は家のなかに閉じ込められた。感染するといけないから、買い物にも出られなかった。この歳《とし》で感染したら、もう一巻の終わりだから」

それでも、ランニングは続けた。そして、ランニングができていれば、希望があった。「朝起きて、すぐに走ることにしている。誰も歩いていない時間帯にね」と、ロックダウンの期間中、彼は語った。だが、この五〇年で初めて、週に一度のグループランに参加できなくなり、寂しかった。「ランナーは基本的に、感じのいい人が多い。だから、仲間と親交を深めると、人生が豊かになるんだよ」。しかし、ひとりぼっちのランニングでも、走らないよりはましだ。「どんなに落ち込んでも、そこからまた自力で這いあがり、また走りだすしかない。外に出て走って、景色を楽しむ、するとどういうわけか、もう悩みが消えている。気持ちがさっぱりして、また元気になるんだ」

私自身は、もう、その点に関してはわざわざ説得してもらう必要などなかった。自分も高齢になるまで生きていたら、ケンやジネットのように活動的で楽天的なライフスタイルを送ろうと、心に決めていたからだ。でも、自分の経験を踏まえて授けてくれたケンの助言は、突き詰めて考えれば、ジネットが言っていることと同じだった。「足を止めるな」と、彼はシンプルに言った。「五〇歳を迎えるあたりで、体力は落ちるものだ。昔は一緒に走っていた古い仲間も、数が減っていく。やれ膝が痛いとか、やれ太って腹が出てきたとか言って、走らなくなる。でも、いったんやめてしまったら、また走りはじめるのは難儀をきわめる。だから私はいつでも、なにかに挑戦することにしている。きょうはなにもしたくないと思う日でも、最低、丘の上まで往復してウォーキングだけはする。ほんの少しでもかまわない。なにもしないよりは、ましだからね」

それ以外の秘訣は、常識的なことだ。アルコール、タバコ、カフェイン、甘いものを避け、シンプルで栄養のある食事をとっている（ポリッジ、スープ、シェパーズパイ）。体重はだいたいのところを把握しているが、増減に一喜一憂することはない（レースで活躍していた全盛期と比べると、九キロほど増えた）。そして、ランニングを楽しもうと、いつも自分に言い聞かせている。

典型的な一週間のトレーニングは、近所の田舎道を長い距離、早足でウォーキングするのが週に四回。ジョギングをすることもあるが、あたりの風景や野生動物に半ば、気をとられている。そしてロックダウンによる規制がある期間を除いて、近所のプールで週に三回、三〇分泳いできた。だから、とくに激しいトレーニングをしているわけではないし、高い負荷がかかる活動は最小限にしている。「トレーニングを終えたあとも、身体は動かしている。家事をしたり、庭仕事をしたり」

それに、腕や足のエクササイズとして太極拳も少しやっているし、腰のために屈伸運動もしている。なにより私が感銘を受けたのは、毎朝続けている四分間のプランクだ（うつ伏せになり両方の肘とつま先だけを床につけ、胴と脚をまっすぐに伸ばし、その状態をキープする）。それに着圧ソックスも履いている（「もっと前に発明されていればよかったのに」）。足の手入れも欠かさない（「足指の爪の長さはチェックしないと」）。

とにかく、こうした日課は続けていくことが重要なのだ。

ときには、年齢の重みを感じることもある。「七〇年ものあいだ、走ってきた。もうそろそろ終わりにしてくれと、身体が言ってるんだろう」。以前なら六〇分でこなしていたトレーニングを、いまは二時間も三時間もかける必要がある。それに、マラソンのタイムも年々悪くなっている。それでも、彼はいまのところ大きなケガをしていない。それは大きな利点だ。

「マラソン大会の最中に転倒して、頭を打ったことはあったが、あれ以来、大きなケガはしていない」。彼は運がいいだけなのかもしれない。でも、と彼は指摘した。オーバートレーニングだけはしないよう、つねに心掛けてきた、と。「レースでは、ときに自分を追い込むしかないことがある。でも、トレーニングにかぎっては、やりすぎは禁物だ」

拍子抜けするほど地味な助言に思えるかもしれないが、これを実践してきたからこそ、彼は大きな恩恵を受けてきた。長い中断の期間を空けずに、ずっと走り続けてこられたのだ。その結果、ランニングの習慣によって全般的な健康も維持してきた。いわば、それは好循環なのだろう。走り続けているから、走れているのだ。「身体のどこにも、とくに不具合はない。いたって健康で丈夫だ。病気がやってきて、うちのドアを叩くこともあるが、家のなかには入ってこない。自分が若者のような気がするよ」

長く結婚生活を続ける秘訣は離婚しないことだと、よく言われる。もしかすると、生涯ランニングを続ける秘訣も、同じくらいシンプルなことなのかもしれない。やめないこと。走り続けること——たとえ一時的に中断することがあっても、また走りはじめるのだ。どんどん足が遅くなって、ウォーキングとジョギングを交互にするようになっても、片足の前にもう片方の足を踏みだすのだ。どんなに時間がかかろうと、それをまた翌日も繰り返す。ときには、つらく感じられる日もあるだろう。でも、走り終えたあとに、後悔することはぜったいにない。

じつに説得力があるように思える。ほんの数年でもランニングを続けた経験がある人なら、おそらく同意するだろう。だが、年齢を重ねるにつれ、こうした原則を守っているだけでは効果があがらなくなる人もいる。そして、やめてしまうのはとてつもなく簡単なのに、再開するのがとてつもなく困難になる。できるだけランニングを続けていきたいと思っていても、行く手を阻むものが出てくるのだ。

そして実際、障害物をものともせず、高齢になってもランニングを続けている少数の幸運なランナーには、ほかにも秘密があるようだ。

第7章 マスターズの成り立ち

人間の歴史において、高齢ランナーにできること、あるいはできないことについて、深く考察した者はほとんどいなかった。四〇歳をすぎて長く生きながらえる者など、以前は皆無に近かったからだ。飢餓や疾患に見舞われずにすんだとしても、三〇歳になる頃から動作がのろくなり、敵や捕食動物のえじきとなり、命を落としていたのである。

しかし、二〇〇〇年ほど前から医療・技術・社会が進歩し、敵や捕食者と闘えるだけの体力がなくなっても、生き延びられるようになった。平均寿命は倍に延び、それに応じて、〝標準《ノーマル》〟とはなにかという私たちの考え方も進化してきた。

高齢者という認識が公に改められたのは、英語圏では一九世紀後半のことだった。イギリスでは一連の司法判断と議会法により、高齢とは「五〇歳未満ではない」もしくは「五〇歳以上のいずれかの年齢」と定義された。そして二〇世紀初頭になると（イギリスでは一九〇八年）、国が高齢者に支給する年金を負担するようになり、高齢者の線引きが一気に七〇歳に引きあげられた。やがて、世界で戦争が勃発していない期間には、平均寿命がじわじわと延び、七〇歳に近づいていった。

これと並行して、スポーツにおける〝標準〟の意識も進化した。一九世紀の新聞では、「彼らはイギリスの最高齢アスリートか?」という見出しの記事で紹介されたランナーはまだ五〇代を迎えたばかりの、ニューポート・パグネル在住のチャーリー・ピアース、エディンバラ在住のW・デールズといった男性だったが、それ以前にはジョザイア・ヒートンやジョージ・ウィルソンとなど、いわゆる競歩をする男性も含まれていた。そして一九二〇年代に入ると、高齢ランナーが新聞の見出しを飾るには、六〇代ぐらいになっている必要があった――一九二八年にリヴァプール・マラソンを走ったW・H・グリンドリーが五九歳だったように。

それでもスポーツ界は、なかなか高齢者を受け入れようとしなかった。一八九七年に始まったボストン・マラソンは、多様な人が参加できる新たなマラソン大会として発足し、以来、都市部で開催されるマラソン大会として愛されている。だが、一九一〇年に地元在住のピーター・フォーリーが出場しようとしたとき、年齢が高すぎるという理由で参加を認められなかった。彼はそのとき、五四歳だった。だが、ピーターは簡単には諦めなかった。たしかに、高齢のランナーはめずらしい。そこで非公認でもレースに参加することにした。白髪まじりの顎ひげを剃り落とし、出場を認められた一六九人のランナーの背後に立ち、スタートから一分遅れて走りはじめたのである。ある記事には、観客から〝絶え間のない拍手〟を浴びながら走りつづけた、とある。彼はレースを存分にを楽しんだようで、その後もボストン・マラソンに戻ってきて、八〇代になっても走りつづけた。

だが、当初は、高齢者を締めだした固定観念が根強く残っていた。お役所にしてみれば、たとえ長寿の時代が到来するとしても、ランニングを若者のスポーツとして限定しておきたかったのだ。観客や主催者が高齢であるぶんにはかまわないが、年寄りのランナーなど邪魔なだけだ。全盛期をすぎた者が、まだ走れるから走りたいと言い張ろうものなら、いったい誰が観客や主催者になる？

しかし、どれほど頑固な伝統主義者であろうと、人口動態には逆らえない。寿命が延びるにつれ、より多くの人たちが、より長い期間、以前より健康で元気にすごせるようになる。そのなかには、スポーツを愛する人もいる。ただの観客でいることに満足している高齢者ばかりではなくなったのだ。

それから一〇〇年の歳月が流れた。以前は思いも及ばなかったことが、単なる珍事になった。そして多くの国々のスポーツファンが、中高年アスリートの偉業の記事を読むようになった。たとえば、イングランドのサマセットで生まれ、いまは南アフリカで農業に従事しているアーサー・ニュートンは、三九歳のときに南アフリカで開催されたコムラッズ・マラソン〔世界最古のウルトラマラソン大会〕で初めて優勝し、その後、合計五回の優勝を果たした。一九三四年、一〇〇マイル〔約一六〇キロ〕で彼が最後に世界記録を樹立したのは、五一歳のときだった。このおかげで、ランナーは三〇歳で走るのをやめる必要はないのかもしれない、という認識が広がった。

ピーター・フォーリーにとってのトレーニングとは、家からボストンまで一三キロ弱の距離を歩き、そこでビールを飲んで、また歩いて帰宅する、それだけだった。そして一九三八年、八二歳のときに、最後のマラソンを完走した。記録は、なんと四時間半だったと、報道されている。しかし、それは公式記録ではなかった。彼は昔とは違い、一分遅れではなく、スタートの二時間前に走りだしていた。そしてゴールしたときには、この大会で優勝することになる三三歳の選手が、あと五分あれば彼に追いつけるところまで迫っていた。タイム誌によれば、この頃のフォーリーは「ノーム〔地の精。三角帽をかぶっている老人〕のような風貌で、白い頬ひげをたくわえ、歯がなくなっていた」。それでも彼は、型にはまらない新たなスポーツマンのあり方を体現していた。また、彼と同じレースを走り、七位入賞を果たしたクラレンス・デマーが数週間後に五〇歳になる年齢だったことも、新たな時代の到来を象徴していた。その八年前の一九三〇年には、オリンピック・メダリストであるデマーが、四一歳で七回目の優勝に輝いていたのである。彼は六五歳のときにもボストン・マラソンに出場したが、その頃には、中高年スポーツに対する世界の認識はすっかり変わっていた。

〈ザ・ヴェテランズ・アスレティック・クラブ〉は一九三一年にイギリスで創設された、年齢に挑む人たちのための世界初のスポーツクラブである。そして、高齢ランナーはそれぞれの年齢区分で競うべきだという、当時としては急進的な提案をした。当初、その影響力は限られたものだったが、第二次世界大戦後、とくに軍隊を退役したばかりで、まだ中年とはいえない世代の男性たちのあいだで、こうした動きが広まった。彼らは全盛期に競技スポーツで活躍できなかった世代だった。自分にどれだけのことができるのか試してみたい、欲を言えば、自分と似たようなタイムの人たちと競争したいと思っていたのである。

高齢になってもランニングを続けるうえで、このように年齢別で競いあうという考え方は、それまでにはないものだった。デマーのような不屈の古株は、オープン参加できる大会であれば何回でも戻ってくることができるが、それでも加齢とともにペースはどんどん落ちていった。ボストン・マラソンで一位だった彼が、最後には七八位にまで順位を落としたのである。このように老化による衰えを実感すれば、モチベーションを失わずにいるのはむずかしい。そこで、このランニングクラブは、もっと魅力的な考え方を提案し、同レベルの同年代の人たちと競える場を設けることにした。

この考え方が受け入れられるには時間がかかったが、ニュージーランド、ドイツ、イギリス、アメリカといった国でも、中高年向けのランニングクラブがぽつぽつと誕生した。参加できるのは地元の人間に限られていたが、一九六〇年代になると、レクリエーショナル・ランニング初のブームが巻き起こった。アーサー・リディアード、パーシー・セルッティ、ビル・バウワーマンといったコーチが書いたランニングの本がベストセラーになると、彼らは一躍人気者となり、万人に運動を勧めるようになった。健康にはとくにランニングがいいですよ、走らないでいると身体は衰えるばかりで、おそろしいことになりますよ、と。

こうした新たな教えに従った初期のランナーのひとりが、デイヴィッド・ペインだった。彼は一九五〇年からサンディエゴで暮らしているイギリス人で、一九六五年には四三歳になり、弁護士として成功をおさめていた。妻と四人の子どもがいて、活動的なライフスタイルを送っていた。余暇にはハンドボール、ラケットボール、サーフィン、ダイビング、ガーデニング、合唱などを楽しんでいた。そしてランニングは四〇歳から始めていた。

最初は、ただ健康のために走っていた。当時の彼は、よく近所の市営の〈トーリーパインズ・ゴルフコース〉でランニングをしていた。ある爽やかな朝、愛犬のスージーを連れ、海沿いのなだらかな起伏のある緑豊かなこのコースを走っていたところ、ゴルフコースの職員が怒って警察に通報した。ペインは逮捕され、スージーが警官のひとりに噛みつき、ペインも犬も留置場に入れられた。保釈金を払って釈放されたペインは、サンディエゴのイヴニング・トリビューン紙に連絡したため、彼と愛犬の一件は大きく報道された。そして、その後メディアの騒ぎを引き起こし、計《はか》らずもこの一件は、自由民であるアメリカ人が中年になってもジョギングする権利の有無を問うことになったのである。

この一件が、社会においてもスポーツにおいても転機となった。四〇代のひとりのランナーが、高齢ランナーを変人と見なす世間の風潮に異議を唱えたのだ。彼は成功をおさめた自信に満ちた弁護士であり、家庭人であり、地域社会の中心的存在であり、たまたまランニングを愛するようになっただけだった。ペインが勝訴するまで、アメリカ各地から同士が支援の手を差し伸べ、愛犬スージーは多くのランニング仲間のメンバーとして認められた。

もともと負けず嫌いのペインは、新たな友人たちと〈マスターズ・マイルズ〉という大会を始めた。その第一回大会は一九六六年一月、サンディエゴでの国際大会の一部として、バルバオスタジアムで開催された。噂は広がり、四〇歳以上の人たちを対象にした〈マスターズ・マイルズ〉が、ほかの大会でも開催されるようになった。こうしてランニングブーム世代の者たちは、いわば新製品を発見したのである――もはや若くないランナー向けの陸上競技大会という新製品を。

一九六八年七月、ペイン本人が期待を込めて命名した「第一回USマスターズ・トラック&フィールド選手権」が、バルバオスタジアムで二日間にわたって開催された。参加できるのは四〇代以上の人のみ。すると三五〇人近いアスリートが集結し、大勢の選手が素晴らしいパフォーマンスを見せた。さらに重要なことに、大会に参加できることに、全員がワクワクと胸を高鳴らせているようだった。その結果、翌年、そのまた翌年も大会が開催され、年を追うごとにレベルが上がり、参加者数も増えていった。

海外からも注目されるようになり、ついに一九七二年、ペインはアメリカのベテラン・チームを率いて、ヨーロッパの同世代の選手たちと競うこととした。そしてこれは、誰もが興奮に湧きたつ大会となった。競技は五カ国六都市で一〇日間にわたっておこなわれ、一〇〇人を超すアメリカのベテラン選手、オーストラリアとカナダの大規模な選手団、ヨーロッパのチームの多数の選手たちが慎み深さはどこへやら、すっかりはしゃいで、開会式や閉会式を大いに楽しんだ。だが、それは同時に、関係者全員にとって貴重な学びの機会にもなった――ロンドンのセント・ジョン病院の救急隊員は、クリスタルパレス跡地のスタジアムで開催される二日間の大会で高齢の体調不良者が続出するのではないかと身構えていたが、結局のところ、ほとんどの処置がマメの手当程度ですんだのである。

海外からの選手たちが帰国する頃には、ベテランのアスリートたちの大会は将来どうあるべきかという展望がぼんやりと見えていた。まず、ペインが開催した初期の選手権大会には欠陥があった。あまりにも年齢区分が少なく(四〇~四九歳、五〇~五九歳、六〇歳以上という三つのカテゴリーのみ)、競技種目も少なく(三段跳、棒高跳、ハンマー投、障害物走は除外されていた)、ジェンダーへの配慮もなかったのだ(出場できるのは男子のみ)。しかし、こうした誤った判断はすぐに改められ、大会要項が修正され、年齢区分は五歳刻みとなり、男性と女性の両方がすべての種目に参加できるようになり、実現可能で、信頼が置け、興奮を呼ぶという、完璧なバランスがとれるようになった。

大会の開催を通じて、ペインがその才能と熱意の両方を兼ね備えていることを国際的に知らしめ(べつの話になるが、トライアスロンの競技大会を初めて開催した人物でもある)、一九七五年にトロントで開催された第一回世界マスターズ陸上競技選手権大会の立役者のひとりとなったのもうなずける。この大会には世界三二カ国から一四〇〇人を超す選手が集結した。その大半は英語圏からで、アメリカ、イギリス、オーストラリア、ニュージーランド、カナダ、南アフリカの選手だった。しかし、この大会をきっかけとして、もっと大きなうねりを生みだすには十分だった。一九七七年には、スウェーデンのヨーテボリで第二回世界マスターズ陸上競技選手権大会が開催され、四五カ国から二六〇〇人を超す選手が参加した。そして、このマスターズの動きは世界に広がり、のちに、世界ベテランズ陸上競技協会（WAVA）が誕生し、その後、世界マスターズ陸上競技協会（WMA）と名称を変えた。

こうしてマスターズのビジョンが広く浸透したため、ペインの言葉を借りれば当初は「経験と勘を頼りに」大会が組織されていたことは忘れられがちだ。しかし、ペインや協力者たちは、事実上、なにもないところから大きな成果を生みだした。それまでにも高齢のランナーはいたし、高齢ランナーのグループもあったし、独自の競技会を開催していた高齢ランナーの団体もあった。しかし、ペインらが組織したのは（当初は）四〇歳以上のアスリートのための包括的なプログラムであり、これが幅広い支持を得たため、その後のあらゆるマスターズ競技会の指針となったのである。

以来、ときに修正を加え、対立を起こし、停滞期を迎えながらも、総合的に見れば、マスターズの大会は前進を続けてきた。たとえば一九八九年以降は年齢区分による記録の表が増え、選手は年齢や性別による標準や記録と比較して、比較的正確に自分の成績を評価できるようになった。つまり、自分の年齢区分における世界記録を一〇〇％とした場合、自分の成績がその何％に当たるかがわかるのだ。よって、世界記録を塗り替えた場合は一〇〇％を超えることになり、世界記録の表もまた更新しなければならない。当然、まだ樹立されていない記録は反映できないため、不完全なシステムではある。それでも、この表のおかげで、観客は競技をもっと楽しめるようになったし、選手はモチベーションを高められるようになった。この表をひと目見れば、それぞれの選手が自分の年齢と闘っているという背景がよくわかるからだ。

参加者の年齢証明と記録承認のプロセスもまた形式が定められ、たとえばハードルの高さや走る距離など、種目によっては年齢区分ごとに修正が加えられる。こうして、マスターズの大会はおおむね右肩上がりで成長を続けてきた。大きな国際選手権大会は、ずいぶん前に限界に達し、八〇〇〇〜九〇〇〇人ほどの選手が参加している。WMAが二年に一度開催する世界マスターズ陸上競技選手権大会のほかにも、やはり二年に一度の地域選手権大会があり、室内選手権大会も二年に一度、世界・地域で開催されている。つまり、一年に二度、国際的な選手権大会に出場できるチャンスが誰にでもあるのだ。これと並行して、国際マスターズゲームズ協会主催のマスターズゲームが、世界（そして地域）規模で開催されている。こちらの大会ではスポーツの種目が数十種類あり、陸上競技はそのひとつにすぎない。さらにアメリカでは、シニア・オリンピックのムーブメントにも勢いがあり、州ごとに組織がある。そこでわかりやすくするために、本書で「マスターズ」という言葉を使う際には、こうしたさまざまな名称の大会や協会をすべて含めている（ヨーロッパで真剣に陸上競技に取り組んでいる「シニア」とは、三五歳以上ではなく、一八歳から三四歳を指す傾向がある）。

さて、デイヴィッド・ペインがマスターズ大会を初めて開催してから半世紀が経過すると、彼が発案したマスターズの画一的な方式には考え直す余地があるのではという意見が出てきた。まずは、この名称だ。「マスターズ」より、もっと包括的な名称があるのではないか？ それに、参加資格をもつ年齢に幅がありすぎる。そもそも、ついこの間までオリンピック選手だった三五歳ほどの選手には、まだアスリートとして完璧な体力がある。そんな選手が、八〇代や九〇代のアスリートと同じスポーツの難題に取り組んでいると言えるのだろうか？ 高齢の選手の場合、競技スポーツに馴染みがない人も多いのに？

どういうわけか、いまのところ、マスターズはこの両極端にいる選手たちをどちらも受け入れている。

だが、そうなると、主要な選手権大会であろうと三五歳以上であれば誰でも出場できるため、選手数の多い種目は決勝に進むまでに膨大な数の予選をおこなう必要が生じる。「だから、朝九時とか、それより早い時間帯に予選を始めざるをえない。場合によっては、それが夜の九時まで続くんだ」と、英国マスターズ陸上競技連合会長のアーサー・キンバー（八五歳）は言う。しかし、全員に門戸を開くというのが、マスターズの理念の核をなしているのもまた事実だ。

　私が思うに、マスターズのこのやり方は、いつの日か、みずからの成功の重みで崩壊してしまうかもしれない。人口動態の波が押し寄せるなか、なにかを諦めなければならないだろう。もしかすると、主要な選手権大会はレベル別に開催され、ある程度の実力がない選手は二次的な大会に振り分けられるかもしれない（そうすると参加費による収益は減るかもしれないが）。あるいは、大会自体が年齢別に開催されるかもしれない。どちらの方針もいまのところ人気《にんき》はないが、二〇二一年と二〇二二年の英国マスターズ室外陸上競技選手権大会は参加者の年齢によって異なる日に開催された。つまり、一日は三五歳から五四歳まで、もう一日は五五歳以上の参加者に分けられたのだ。もともとは、新型コロナウイルス感染症の拡大を受けての対応だったが、もしかすると、長期にわたってこうした調整が加えられるようになるのかもしれないし、そうはならないかもしれない。

　当面は、まだ混乱が続いている。その一因は、三〇代と四〇代のランナーのうち、マスターズに参加できるのはごく少数にすぎないからだ。彼らが自分と同じ年齢層の選手と公式にタイムを競いたければ、イギリスの場合、英国マスターズ陸上競技連合の一部である〈マスターズ・エリア・クラブ〉に加入するしかない。しかし、三五歳以上のランナーのなかでそこまでする人は、ごくわずかだ。新型コロナウイルス感染症が流行する前でさえ、英国マスターズ陸上競技連合に登録したアスリートは六〇〇〇人に満たなかった。これ以外の人たちは「高齢ランナー」ではなく、ただの「ランナー」として自分を認識するほうを好んだのだろう。

実際的な面から言えば、それはいいことなのかもしれない。しかし、多くのマスターズの選手は、もっと広く認知されたい、もっと熱狂的に受け入れられたいと願っている。いまのところ大衆は、走るのが好きな中年が大勢いることは受け入れている――例外はあるが（「四〇歳のときにベテランとして走りはじめた頃は、さんざん馬鹿にされた。ティーンエイジャーからは『がんばれよ、じいさん！』と大声でからかわれたものさ」と、キンバーは言う）。たしかに、年金受給者が必死の形相で走っていたり、競争心をむきだしに走っていたりすると、笑われたり、心配されたりする。社会はマスターズ陸上という概念には寛容だが、それは、昔ながらの固定観念を変えるべきだからであり、身体を動かすことが健康にいいからだ。ところが、当のアスリートたちがスポーツに大きな価値を見いだしているほどには、世間はその価値に気づいていない。

世界的に認知されているスポーツ大会であるパラリンピックと比較すれば、マスターズに欠けているものがわかるかもしれない。あるいは、マスターズの主要な選手権大会を見学にいくのもいい。マスターズの場合、そうした大会は選手自身の資金によって開催されている。つまり、参加費でまかなっているのだ。テレビ局やスポンサーが付いていないのは言わずもがなだ。自社ブランドを年寄りと結びつけて考えてほしい企業など、あるはずがない。

それでも短期間ではあったが、一〇年ほど前、マスターズが大きなブームになったことがあった。二〇一五年、北京で開催された世界陸上競技選手権大会のエキシビションに、マスターズ陸上のふたつの種目が含まれたのだ。そしてイギリスのデイヴィッド・ヒース（八〇〇mで金メダル）、そしてサリー・リード＝ケイトンとヴァージニア・ミッチェル（それぞれ四〇〇mで金メダルと銀メダル）らが、素晴らしいスピードと持久力があるところを世界各地のテレビ視聴者に見せつけた。同様のことが、翌年もオレゴン州ポートランドで開催された世界室内陸上競技選手権大会でもおこなわれ、イギリスの五二歳のデイヴィッド・ロイ・ウィルコックスが八〇〇mで優勝した。ところがその後、マスターズなど迷惑だと考えている主催者がいるという噂が広がり、熱狂は冷めていった。

こんにち、マスターズの選手の大半はひっそりと自分の夢を追いかけている。ただし例外はあり、アメリカのロードレース界などでは、超一流のマスターズの選手であれば多額の賞金を獲得できる場合もある。だがそれはきわめてめずらしい。世界的に見れば、いまでも根強い偏見がひとつ残っている。ドイツの社会学者ヘニング・アイヒベルクの侮蔑的な言葉を借りれば、マスターズなど「オリンピック・スポーツの物まねにすぎず、青少年スポーツの前提を踏襲しているものの、ただ達成レベルが低いだけ」なのだ。つまり、年寄りの道楽にすぎないのである。

真剣にスポーツに取り組んでいるマスターズの選手たちは、自分たちのスポーツにはもっと価値があると主張している。自尊心でそう言っているわけではない、高齢者のスポーツの価値を世間がきちんと認めずにいると、これから年老いていく若者たちにスポーツの真の価値が伝わらないまま終わってしまうからだ、と。イギリス生まれで、現在はニュージーランドを拠点に活躍している作家のロジャー・ロビンソンは、学者でもあり、マスターズのエリートランナーであり、これまで数十年間、「同等の尊敬」を求めてきた。「初めてマスターズの大会に出場したのは一九八一年、クライストチャーチで開催された世界マスターズ陸上競技選手権大会だった。あのときのことはよく覚えているよ。マスコミは、誰かが転倒して水壕に突っ込んだり、よろめいてハードルを倒したりすることを期待していた。頭にきたね。私はアントニオ・ビリャヌエバやレナト・デ・パルマスと競いあっていた――どちらも弾丸のようなスピードで走る選手だ。私たちはトップレベルで競っていたのに、マスコミは真剣に受けとめてはくれなかった」

当時、ロビンソンはマスターズ初心者だった。そして、その後の一五年間は、最初はイングランドで、次は移住先のニュージーランドで、「まずまず」のクロスカントリーのランナーとして、国際的に活躍してきた。学者としては、ウェリントンのヴィクトリア大学で三五年にわたって文学を教えてきて、いまは名誉教授を務めている。彼がマスターズに切り替えたのは、中年期に差しかかったときだった。すると、一〇キロやクロスカントリーの種目であれば、M40やM50の世界選手権大会で優勝できる力があることがわかった。そして、ニューヨークシティ・マラソンやボストン・マラソンでは、年齢区分での新記録を樹立した。膝の調子が悪くなり、六〇代では活躍できなかったが、のちに人口股関節置換術を二回受け、八〇代になってから、競技に復帰できるようになった。M80での一〇キロの自己ベストは五四分一一秒だ。

ロビンソンにはまた作家として二〇冊の著書があり、そのうち六冊はランニングに関する本だ。高評価を得た『ランニングが歴史をつくったとき（When Running Made History）』（未訳、二〇一八年）の最終章では、マスターズ陸上の時代が到来することを予言し、一九八九年にオレゴン州ユージーンで開催された世界選手権のようすを「アメリカで初めて開催されたこのマスターズの大会では、高齢者を差別するような者はひとりもいなかった」と説明した。彼に言わせれば、四〇歳や六〇歳の年齢区分で世界記録を樹立する選手は、人間の可能性の境界線を押し広げている。それは二〇歳のオリンピック選手が世界記録を樹立するのと同様に意義があることなのだ。「マスターズは、トップレベルの国際的なスポーツ競技会だ。『あの年齢にしてはたいしたもんだ』と一笑に付す競技ではない」

たしかに、マスターズの陸上競技会を現地で、それも間近で見ていると、その点には反論の余地がない。選手たちが自分を限界ぎりぎりまで追い込んでチャレンジしていることが手にとるようにわかるからだ。たしかに出場者は年齢区分によって分けられてはいるが、そうしたルールを除けば、あとに残るのはただ〝スポーツ〟のみ。九五歳の選手が六〇mで一三秒を切ろうと必死に走ったあと、あえぎながら苦しそうに胸を上下させ、うめいている。だからあなたは、これは勘違いしていた、と反省する。目の前で繰り広げられているのは、本気の激しいスポーツだ。ところが、マスターズなど見たことがない世間の人は、そうは思わない。老人たちが健康を維持するために走るのはかまわない。だが、耐えられる痛みの限界ぎりぎりのところまで高齢者たちが自分を追い込んでいると聞けば、落ち着かない気分になる。

ロビンソンは語る。「そんなふうに感じる世間の人はまだ大勢いる――正面切って非難はしなくても、不安に思うんだろう。私くらいの年齢の高齢者が、わざわざつらい思いをして走るのは不適切なのさ。だから、よくこう言われる。身体に悪そうじゃないですか、そんな真似を続けていると身体を壊しますよ、とね。そんなときには、こう反論する。そうした助言はまさに、一九六〇年代の女性たちが言われていたことです、と」

男性が高齢者を女性と比較するのは、いささか思慮に欠けるように思えるが、ロビンソンはこうした比較をするにふさわしい。彼はこの三五年間、アメリカ人の妻と連れそってきた。みなさんも、おそらく名前は知っているだろう。彼女の名前は、キャサリン・スウィッツァー。ランニングにおける女性の地位の平等を求めて闘いを続けてきた闘士であり、ボストン・マラソンを公式に走った最初の女性だ。彼女は一九六七年、まだ怖いもの知らずの二〇歳のときに「K・V・スウィッツァー」という名前で大会に登録し、性別を悟られないようにしたのである。だが、レース開始後、数キロ走ったところで、激怒したレース主催者のひとりが彼女のゼッケンを外そうとしたうえ、彼女をコースから外に連れ出そうとしたが、キャサリンの当時の恋人が肩から体当たりし、彼を倒した。彼女はショックで震えていたが、なんとかレースを再開し、完走した。翌日、彼女の写真はあらゆる新聞の一面を飾った。その後、アマチュア運動連合はルールを変更し、女性が男性と競争するのを禁じる条項を設けたが、すでに手遅れだった。スウィッツァーと、彼女のゼッケン番号261がすっかり有名になっていたのだ。以来、彼女はランニングにおける女性の大義のために戦ってきた。著書『マラソン・ウーマン（Marathon Woman）』（未訳）はベストセラーとなり、彼女はエイボン・インターナショナル・ウィメンズ・ランニング・サーキットを創設した。この成功により、遅ればせながら一九八四年、オリンピックで女子マラソンが正式種目になった。彼女自身は一九七四年、ニューヨークシティ・マラソンで優勝し、のちに非営利団体〈261フィアレス〉を創設し、世界各地の女性に対する支援活動を始めた。こうして彼女は、数世紀にわたって延々と続いてきた女性に対する偏見と威嚇という束縛をゆるめたのである——ランニングを通じて。

先進国の年金受給者の怒りや失望を、より広い世界で大勢の女性たちが抑圧されている苦境と同一視するのは、ある意味で馬鹿げている。しかし、この比較は、ある程度まで妥当なはずだ。ロビンソンがこうした比較をしていましたよと私が伝えると、妻のキャサリンは「その通り！　それって完璧な比喩よ」と応じた。高齢者も女性も、年齢や性別によって「そのカテゴリーに属する者らしくふるまえという圧力を受けていたの。たとえば女性は、女らしく、チャーミングで、従順にふるまうことを求められた。かたや高齢者は、満足した状態で、賢く、落ち着いた生活を送るべきであり、若者のような真似をしてはならなかったのよ」

スウィッツァーは、一九六七年に女性であることを隠して初めてボストン・マラソンを走ったとき、自分を見た女性たちが「ぎょっとした」表情を浮かべることに気づいた。まるで彼女が「理解できない存在」であるかのように。たしかに、ある意味、彼女は理解できない存在だった。その理由について、彼女は著書『マラソン・ウーマン』にこう綴っている。女性たちがレースに出場しないのは「女性は弱々しく、できることに限界があるという馬鹿げた通説を、彼女たち自身が信じ込んでいたからだ。なにしろ彼女たちには、ほかのことをする機会が与えられていなかったのだから」と。同じことが当てはまる高齢者は、世界中に大勢いる。高齢者が室内でじっと座っているのは、外に出れば肉体的、もしくは性的暴力を振るわれるのではと恐れているからではなく、高齢者に特有の理由があるからだろう。だんだん身体が衰弱してきて、慣れない経験に戸惑い、すっかり傷つきやすくなっていると感じているのかもしれない。さもなければ、外に出て運動しようものなら嘲笑されるのではと、恐れているのかもしれない。ロビンソンの言葉を借りれば「高齢者たちがわざわざ極限まで肉体を酷使するのは、見苦しいに尽きる」という偏見が怖いのだ。あるいは、年金受給者のアスリートが存在するという可能性など、理解の範疇を超えているのかもしれない。

だからこそ、マスターズに熱中している人たちは、同等の尊敬こそが重要だと論じている。尊厳を獲得するには、高齢者の可能性に対する集団の理解を深めなければならない。

ノーラ・ロンカイネンはスイスのベルン大学の准教授で、高齢のアスリートのマインドセットについて、母国フィンランド、デンマーク、イギリス、中国、そして近年ではスイスで徹底的な調査をおこなった。スポーツとは例外なく「若者が取り組むもの」であるという認識があるという事実に注目している学者のひとりだ。つまり、スポーツとは「つねに上達し、可動性が高まる」ものであり、「欧米文化においては、高齢になればどんどん衰弱するという考え方が優位」なのだ。スポーツに関する議論の場で高齢者がテーマになると、たいていネガティブな意見が飛びかう。「アスリートであれば、『もう全盛期をすぎている』と、表現されるのです」と、ロンカイネンは言う。「さもなければ、あまりにも長くスポーツを続けるアスリートは『見苦しい』と言われることまであるのです」。そうなれば、若いランナーであっても三〇代前半になってくると、もう自分に価値はないという思いにさいなまれる。さらに、そうした偏見は高齢者をも苦しめることになる。高齢になってもスポーツを満喫しているお手本がないからだ。高齢になるとワクワクして毎日をすごすことはなくなり、年寄りは部屋のなかでおとなしくしているほうがいいと圧力をかけられる――そう言ってくる相手に悪気はないのかもしれないが。

ロビンソンとスウィッツァーの夫妻は、世界でもっとも有名な高齢ランナーに数えられる。そしてウェリントンが短期間、ロックダウンされたときには、こっそりと外に抜けだし、日課のランニングをこなすことが多かった――近所の人に見られませんようにと願いながら。「近所に、中年の素敵な夫婦がいて、とても親切にしてくれた」と、ロビンソンは話した。「ところが、ロックダウンが始まったら、『代わりに、買い物に行ってあげますよ』と、言われてね。『でも、買い物くらい自分でできますから』と言ったら、『外に出ちゃいけません。もう八〇歳なんですから』と、言われたんだよ」。そこで彼は、ランニングに出かけるときには、かならずフード付きのウェアを着るようにした。「近所の人にバレないようにね」

このように気をくじかれることもあるが、近年では、高齢になっても活躍しているアスリートのお手本が増えてきている。その理由はいくつかある。ひとつには、マスターズの上位選手、とくに若い年齢区分の選手たちが記録を伸ばしているからだ。エリートのアスリートたちは、以前より科学的かつ専門的なトレーニングによってパワーアップしており、全盛期でのパフォーマンスが向上している。そして同じ理由により、以前より全盛期が長く続くようになっている。たとえ、以前ほど速くなくても、まだとてつもないスピードで走れるのだ。たとえばケニア出身のアメリカ人、バーナード・ラガトの偉業を見てみよう。ラガトはオリンピックに五回出場し、銀メダルと銅メダルを獲得し、世界陸上競技選手権大会では二回優勝し、史上二番目に速い一五〇〇mの記録を残し、四一歳のときに五〇〇〇mのオリンピック決勝に進出した。さらにマスターズの世界記録を複数樹立し、本書を執筆している時点で、一五〇〇m（四〇歳のときに三分四一秒八七）、からマラソン（四四歳のときに二時間一二分一〇秒）まで、さまざまな距離でアメリカのM40の記録を保持している。はたしてラガトは、引退すべき頃合いを自覚していないせいで、傍《はた》から見れば見苦しいのだろうか？　もちろん、そんなことはない。おそらく、ラガトに対する世間の疑問は「どのくらい速く走れるのだろう？」から「あとどのくらい、この状態をキープできるのだろう？」に変わってきたのだろう。そもそも、得意としていない距離でさえ、オリンピックの参加標準記録にあと四〇秒というスピードで走破する四四歳の選手に、もう過去の人だというレッテルを貼ることなどできない。それどころか、自分にとってもっとも偉大なスポーツの成績を、ラガトはこれから残すかもしれないのだ。

そのいっぽうで、健康な生活と、健康で活動的な加齢に関する考え方は、劇的な広がりを見せてきた。たしかに、座りがちな生活を送っている人の数は増えているが、比較的活動的で、比較的健康な五〇～六〇代の人の数も増えてきた。なかには、私のようにランニングをするベビーブーマー世代もいて、不本意ながら「若者」から「高齢者」へと自己認識を変えはしたものの、人生最大の楽しみを諦める心の準備はできていない。ほかにも、パークランをきっかけに走るようになった人は数十万人に及び、将来は活動的にすごすという決断を、中年期にくだしている。なかには、身体の不調を感じてランニングを始めた人もいるだろう。いずれにせよ、マスターズ陸上競技に漠然とした親近感を覚えている人が、いまでは大勢いるのだ。

こうした傾向もあり、マスターズ陸上競技を支援する組織もまた徐々にではあるが増えてきた。この十数年で、ケン・ストーン（サンディエゴを拠点に活躍し、masterstrack.blog を創設し、人気を博した）らジャーナリスト、アンビー・バーフットやゲイル・キスレヴィッツといった作家たち（どちらもアメリカ）、そして映画製作者のヤン・テンヘヴェンやセアラ・ヘネシー（それぞれドイツとイギリス）、アレックス・ロタス（イギリス）のような写真家たちは、高齢のアスリートの偉業を精力的に記録し、称賛してきた。彼らの作品に、一部の大衆やアスリートたちが夢中になった結果、高齢の選手の努力がまったく気づかれずに終わることはもうないだろうという認識が広がりはじめたのである。

彼らの尽力により、これまで考えられてきたよりもはるかに高い能力を高齢者がもっていることが示されてきた。ブリストルを拠点に活躍するロタスは写真家として、高齢者のスポーツに対する大衆の先入観を変えようとしてきた。「私が撮影したアスリートたちの写真を見れば、年齢を重ねた人間の身体には見事な能力があることがよくわかるはずです」

現在七二歳のロタスがマスターズ陸上競技に興味をもったのは、六〇歳のときだった。学者として映像文化を研究していたところ、メディアによる女性スポーツ選手の描写が高齢になると変わっていくことに疑問を抱いたのだ。彼女はネットでスポーツをする高齢者の画像を検索したが、「介護施設で座っている高齢者の悲しくなるような画像しか見つかりませんでした。椅子に座って前かがみになっているような画像しかなかったんです。明るくて楽しそうな介護施設の画像さえなかった。そこにいた人たちは、生きる力が身体からなくなっているようでした」

そこでロタスは学問の世界に別れを告げ、カメラの扱い方を学び、試行錯誤を重ねて長いあいだ努力を続けたすえ、写真家としての技術を習得した。そして高齢者がいきいきと活動しているようすを撮影し、写真家として成功をおさめるようになった。高齢者の人生を肯定する写真を撮影することをモットーに掲げ、ここ十数年は、もっぱらマスターズ陸上競技の大会を追いかけている。

二〇一二年、彼女は初めて写真展を催し、その二年後に初の写真集を出版し、大きな反響を巻き起こした。彼女の功績もあり二〇二〇年、世界保健機関（WHO）が今後の一〇年は〝健康的に歳を重ねる一〇年〟にすると宣言し、それにともない、五月にはレマン湖畔に高さ二mのボード三〇枚を設置し、その両面で彼女の作品を大々的に展示する計画を発表した（残念ながら新型コロナウイルス感染症の流行により、計画は実現しなかったが）。

ロタスの作品がこれほどパワフルなのは、選手たちの人生経験をクローズアップしているからだ。活動的な人たちの皺の寄った顔には「自立し、集中し、決然として、喜びにあふれた表情」が浮かんでいる。

「彼女たちの感情と生命力を伝えたいの」と、彼女は言う。「たしかに高齢ではあるけれど、凛としていてカッコいい。それはね、彼女たちには生命力があるからなんです」

それだけではない。彼女たちは明確な目標を定めて生きている。ロタスが二〇一四年に著書『競いながら年齢を重ねる（Growing Old Competitively）』（未訳）を出版し、撮影した選手たちに献本したところ、予想外に喜んでくれる人がいたので驚いた。「マスターズの大会ではたいてい、観客席に人の姿はありません。会場に、エストニアのやり投の選手がいたんです。言葉は通じませんでしたが、以前、彼女を撮影した写真を本に掲載したので、捜しだして本を見せたら、彼女、涙ぐんでいました。私は彼女の素晴らしさ、美しさに気づき、それを撮影したわけですが、これまではほかの誰も、彼女のことを気に留めなかったのでしょう」

ロタスが気にいっている写真のなかには、七〇代や八〇代の女性たちもいる。「走幅跳や走高跳で、高く、長くジャンプしている女性たち。全力で身体を回転させ、いい意味でわれを忘れ、完全に集中している女性たち。両脚を大きくひらいて、無我の境地に入っている女性たちです」。これらの写真が示しているのは、高齢者に限界があることではない。年齢を重ねるにつれ、自由になっていくというビジョンだ──これまで科されていた足枷からようやく解放されたのだ。「以前とは違う場所に旅をしていく。ほかの人たちが友人を失っていく時期に、新たな友人をつくっていく。高齢になると、人生の幅がどんどん狭くなっていきがちですが、マスターズの選手にとっては、どんどん人生がひらけていくのです」。あるいは、ロジャー・ロビンソンの言葉を借りれば、それは「人生という旅に完全に没入することだ。ただ出発ロビーでぐずぐずしているだけじゃなく」ということなのだろう。

だからこそ、マスターズのメッセージを広めていく価値がある。一世紀前には、高齢者が一マイル走で四分〔一キロ約二分半〕を切りたいと努力しようものなら、寿命が縮むと案じられた。女性には八〇〇mより長い距離を倒れずに走ることなどできないとも、断言されていた。どちらの思い込みも間違っていたが、あまねく信じられていた。その後、ほんの一握りのエリートランナーたちが開拓者として走りはじめ、そうした世間の思い込みが誤っていることを証明した。そのおかげで、そこまで足が速くない大勢のランナーも、走る機会を得たのである。

だから年齢を重ねても、パイオニアとして活躍したマスターズの選手たちは走りつづけている。一九七〇年代に南アメリカでマスターズの大会開催に協力したブラジルの短距離走者、フレデリコ・フィッシャーは、その一〇年前、身体に悪いからランニングをやめるよう、うながされた。「もう四〇歳なんだから……」と、周囲の人たちから言われたのだ。しかし、フィッシャーはそんな助言など無視して、その後数十年にわたって、何度もマスターズの世界記録を樹立した。とくにM90とM95の一〇〇mで活躍し、本書を執筆している時点で一〇五歳になり、いまも元気に身体を動かしている。

一〇〇mを一七秒五三で走れる九〇歳は、いま、この世にほかにいないだろう。これは、フィッシャーが二〇〇七年にM90の一〇〇mで樹立した記録である。しかし、ある程度のスピードで一〇〇mを楽しく走れる九〇歳なら、大勢いるはずだ。フィッシャーの偉業は、彼ら――そして私たち――に、やってみても大丈夫だと自信を与えたのである。

第8章

見えない重荷

強風が吹きあれる一月の朝、私はダートムーア湿原を走っていた。空には巨大な雲が高くそびえ、すばやく流れていく不吉な影を褐色の斜面に落としているが、その背後には鮮やかな水色の空が広がっている。風景はどこまでも広大だ。なだらかな湿原がパッチワークのように延々とうねり、見渡すかぎり青灰色の地平線のすべての方向に広がっている。刈り込まれた草はやわらかいが、滑りやすくはない。点在する巨大な花崗岩は苔むしてはいるものの、安心して足を置くことができる。

ふつうの人なら、周囲の光景に見とれ、自然がもたらす豊かな多様性に感嘆し、生きていることの素晴らしさを実感できる環境で走れることをありがたく思うだろう。だが、私は違う。周囲のことにまで、気が回らない。

最初の一五キロほどは、オリンピックに五回出場したジョー・ペイヴィーと、彼女の夫で長距離走コーチのギャヴィンに追いつこうと必死だった。そして、そのうち一三キロほどは、とにかく決まりが悪くて仕方なかった。この夫妻と一緒に走れるのが名誉であることは重々承知していたが、それがいっそう悪影響を及ぼしていた。長い上りではふらついたし、足元の悪い長い下りでは刺すような膝の痛みで頭がぼんやりした。ようやく平坦なところに来ても、ジョーがものすごい勢いでペースを上げるので、次第に吐き気まで襲ってきた。膝から下に力が入らず、足があちこちに滑り、あえぎながら必死で息を吸うのだが、肺が縮んでしまったように感じられた。失禁していないのがせめてもの救いという体《てい》たらくで、いつ漏らしてもおかしくないように思えた。

べつに、驚くようなことではないのだろう。ジョーは、アスリートが長い期間にわたって活躍できることを体現してみせた素晴しい選手のひとりなのだから。彼女はオリンピックに五回連続で出場した——最後は二〇一六年で、四二歳のときだった。二〇一四年、第二子を出産してから一〇カ月後、四一歳の誕生日を迎える数週間前に、チューリッヒで開催されたヨーロッパ陸上競技選手権大会では、金メダルに輝いている。しかも、女性として史上最高齢での優勝だった。ほかにも、コモンウェルスゲームズ、ヨーロッパ陸上競技選手権、世界陸上競技選手権といった大会で銀メダルや銅メダルを何度も獲得している。W35の一〇〇〇〇mとW40の五〇〇〇mで世界記録も樹立しているが、彼女は自分がマスターズの選手だとは考えていない。それでもきっと二〇二三年に五〇歳になったら、マスターズ選手権大会の一、二種目には出場するだろう。

つまり、彼女は陸上競技界のスーパースターであり、年齢などどこ吹く風と走りつづけることができる、たぐいまれな才能の持ち主なのだ。私より一三歳年下だから足が速くて当然などと、単純に比較できるレベルの選手ではない。いっぽう、夫のギャヴィンのほうは、生まれてこのかたずっとダートムーアで暮らしてきたこともあり、犬のように軽々と起伏の多い湿地を駆け抜けていく。滑りやすい箇所では、ジョーでさえギャヴィンよりてこずっていた。

お手柔らかにお願いしますと、私は事前に夫妻に頼んでいた。そして悲しいことに、実際、夫妻は手加減してくれていた。それなのに、夫妻が走るペースについていくのは大変だった。さらに、私はこれまで何度もダートムーア湿原を走ってきたし、そのたびに疲労困憊していたが、これほどあちこちに激しい痛みを感じたことはなかったし、これほど寒さがこたえたこともなかった。この試練があとどのくらい続くのかわかれば、少しは気分がましになるだろうが、もう時間と場所の感覚がなくなっていた。わかっているのは、アッシュバートン北部のダート・ヴァレーの上にいて、ときには下にいるという行為を繰り返していることだけ。そして私たちの車ははるか彼方に駐めてある。ジョーかギャヴィンに尋ねれば、いろいろ教えてはくれるのだろうが、そんなことを質問すること自体が恥ずかしく感じられた。

悔しいのは、本来は、こうして走っている状態を満喫すべきであることだ。ジョーとギャヴィンは魅力的な人たちで、思いやりをもって一緒に走ってくれている。そしていま、夫妻は本領を発揮している。ギャヴィンは私を案内しながら、繰り返しルートを微調整し、彼のお気に入りの風景を私が見逃さないように工夫してくれている。そして、夫妻がこの風景を愛しているからこそ、会話が豊かになっている。しばらくすると、ドクター・ブラックオールズ・ドライヴとして知られる、幅の広い草地の小道近くの斜面で、私たちは休憩した。冬のこんな日に、夫妻はここで婚約したという。

きょうのルートの一部は、私にも馴染みがあった。丘の中腹ではたくさんのハリエニシダが同じ方向に向かって首を傾けていて、前回、私がここに来たときと同じ光景が広がっていた。地面を足で踏むたびに黒い泥炭から肥沃な香りが漂い、彼方の岩山の頂では銀色の花崗岩が刻々と変化する陽射しを浴びている。だが、そうした絶景のなか、私の体感は異なっていた。

これまでは、どれほどつらくても、それは胸躍る挑戦の最中のささやかな不快にすぎなかった。ところが、今回の痛みは強烈で切迫していて、私の思考を支配していた。いま現在の痛み。これから感じそうな痛み。記憶のなかの痛み。けっして感じないはずの痛み。理由はわからないが、まるでノイローゼになったような気がした。考えすぎているせいで、膝が痛いのだろうか？　この痛みのせいで、潰れてしまうのか？　足を滑らせたり、ねんざしたりするのか？　腰が言うことを聞かなくなるのか？　痛めた爪先が、下りのせいでいっそう痛むのか？

これほど泣き言を並べるのは初めてだった。風でさえ、気に障《さわ》る。風に切り裂かれ、骨が凍る。もう、自分が自分ではなくなったような気がした。よたよたと歩く骸骨。本物の筋肉があったところにはホログラムの筋肉が浮かんでいるようだ。ふらふらしないのは、ずっしりと重い腹回りだけ。以前より少し痩せているのに、いまは重くてかさばる荷物としか思えない。

しばらくして、木が生い茂る斜面を下りていると、ギャヴィンが上のほうから「車が見えたぞ」と叫ぶのが聞こえた。ところが実際には、「道が見えたぞ」と言っていたのだ。つまり、駐車場までには、まだ長い道のりが残っている。それがわかったとたん、私は地面に突っ伏し、泣きたくなった。それでも必死で、前進を続けた——だって、ここで追いていかれたらどうなる？　そう考えると、自分の弱さにつくづく嫌気が差した。これじゃまるで、もう自力で獲物を獲れそうにないとふいに自覚してしまった、老いぼれたライオンのようじゃないか。

こうしてデヴォンまでやって来たのは、高齢になってもしっかりと走る方法について、ヒントを得たいと思ったからだった。ところが、もう自分には太刀打ちできないような気がした。ジョーとギャヴィンは、複数の年齢層のランナーを指導しており、近年では中年層にも対応していた。メインコーチはギャヴィンだ。コーチの資格を取得しており、経験豊富で、フルタイムで指導に当たっている。妻のジョーはメンターとして、また人々をインスパイアする存在として、ギャヴィンを支えている。彼女はほかにも自身のトレーニングに時間を割かなければならないうえに、小学生の二人の子どもの世話をしながら、ランニング界のいわば大使として、幅広く様々な役割にほぼ無償で協力している。そんな彼らだからこそ、私にアドバイスできることは多々あるはずだった。だが、さすがにきょうは、「もっと体力をつけてから出直してこい」と言われるのがせいぜいだろう。

それでも、この状況で、二人は精一杯、機転をきかせて助言してくれていた。「なにもかも、年齢のせいにしちゃダメですよ」と、ジョーがやさしくたしなめる。「もう歳だから走れない。そう思うこともあるはず。そんなときには『この三カ月、どんなトレーニングをしてきた？』と、振り返るといい。きっと、それほどトレーニングしていなかったことに気づくはず。トレーニングが足りていなければ、若くたってやっぱり、いい走りはできないでしょう？」

速く走れるのが当然。そう思い込むのは簡単だと、彼女は言う。「二〇代の頃、いくつか理由があって、冬のあいだ、ジョギング程度しかこなしていないままの状態でトラック競技に参加したときがあったんです。それで二〇〇mに出場したら、四二秒近くかかった。だから、年齢のせいにしないで。『若いアスリートだって、スピード練習をいっさいしていなければ、やっぱり遅くなる』と考えるべきです。たとえ二〇代であっても、ジョギングのペースでしか練習していなければ、足はどんどん遅くなるんですから」

とはいえ、加齢によって速く走るのがむずかしくなることは、彼女も認めている。そのうえで、彼女は私の弱さではなく、自分の弱さとして話を続ける。「私も、筋力は昔ほどありません。一歩踏みだすごとに、パワーは失われていくし、足も上がらなくなる。ところが妙なことに、走っている最中は、いつもと同じように感じる。同じだけの力を発揮しているように思うのだけれど、結局、タイムを見ると遅くなっている」

その一因は、生理学的な衰えにある。だが、それ以外にも理由はある。歳月が流れれば、生活も変わっていくからだ。「年齢を重ねるにつれ、優先順位が変わってきました」と、ジョーは言う。「オリンピックにはもう出場できないことは、よくわかっています。だから、子どもたちの用事があれば、ランニングより優先する。そうやって、複数の用事を忙しくこなしているんです。トラックでトレーニングをこなさなくちゃいけないから、子どもたちと一緒にビーチには行けないようでは、本末転倒ですからね」

同じことは、私たちの大半に当てはまる。集中して本気でトレーニングに取り組もうと思わなくなるのは、怠け癖がついたり、弱気になったりしたせいばかりではなく、ほかにしなければならないことができるからだ。そうこうしているうちに、生理学的な結果を受け入れるしかなくなる――そして実際、気づいたときには、すっかり怠け癖がついたり、弱気になったりしているのだ。

ジョーのアドバイスを受け、私のなかでまたハングリー精神がよみがえった。また目標を立てなければ――野心にあふれていながら、実現可能な目標を。たとえば「もう自己ベストを更新するのは無理だろうが、去年よりはタイムを縮めるぞ」と決めるのだ。年齢を重ねると、その目標を達成するのはむずかしくなる。トレーニングの強度を上げずにいると、年々、少しずつ遅くなっていくのだ。だから実際にタイムを縮めるには、焦点を絞ったトレーニングを真剣に持続しなければならない。この点に関しては、ジョーは現実的な助言をしてくれた。私の場合、スピード練習を集中的におこなうトレーニング計画を立てるのは、さすがに無理だろう。だからまず、速く走る感覚を身に付けることから始めるといい、と。「大げさなことをする必要はありません。たとえば、私の場合は、このまえ、丘を上ったら森のなかに平坦な場所があったので、『ここでインターバルトレーニング*をしよう』と思ったんです。でも、正確なインターバルというわけではないし、スピードに関しても無理はしません。ただ二分のスピード走を、休憩を挟んで一〇回繰り返しただけ。同じところを行ったり来たりしてね。そして、走り方に意識を集中させていたら、とても気持ちがよかった。集中するのは二分間だけですから。そのうちにだんだん、脚の可動域が広がって、自然にストライドも広くなりました」

理にかなった話に思えた。それに、トレーニングに関する大半のアドバイスとは違い、自分にもできそうな方法に思えた。でも、トレーニング法については、またあとで考えよう。いまはとにかく、生き延びることが唯一のゴールだ。

だが、たったひとつの工夫がすぐさま変化をもたらすこともある。「大切なのはね、外に出ていって走る、そして楽しむ。それを続けることです」。冗談じゃないと、私は思った。大切なのは、いますぐ走るのをやめることだろう？　でも、彼女の言うとおりであることはわかっていた。今朝の不快感のことしか考えられないのは、ひとりよがりのネガティブ思考のせいかもしれないし、愚かさのせいかもしれない。中年以降もこうして走れていること、そして美しい自然が自宅のそばに広がっていることを、もっとありがたく思うべきなのだ。そして、ジョーがランニングを高いレベルで続けている秘訣のひとつには、どう

＊急走を緩走でつなぐことを繰り返し、スピード・持久力などを身につけるトレーニング方法。

やら、自分の人生に起こった良いことを当然だとは思わないことらしい。家族、友人、コミュニティ、ランニング、デヴォンの風景、そのすべてに彼女はいつも感謝している。だからこそ、弾むような軽快な足取りで、彼女は日々の生活を走り抜けているのだ。「自然のなかに身を置くと、それだけで気持ちがいいですから」と、彼女は強調する。そして私は、これこそいま自分が必要としている教訓なのだと察する。走るペースが落ちているのは自己憐憫のせいなのだ。

そこで、なんとかして意識を外に向けようとする。巨石を這う地衣類のふかふかとした感触が靴底から伝わってくる。ヒースの細い枝からは生命力が感じられる。寒空の下、風に翻弄された鳥たちが上下しながら飛んでいる。それにジョーは走りながら、ボディーランゲージで屈託のなさを体現している。踵をうしろに高く上げ、ポニーテールがあちこちに勢いよく跳ねる。私の動きがぎこちなく、弱々しいとしたら、彼女は力強く、怖いもの知らずで、子どものように無邪気で幸せそうだ。私もいま、そんなふうに走らなければ――できるものなら。

意識の端には負け犬思考がまだ残っていて、スマートフォンの画面の通知のようにちらついていた。痛み。吐き気。寒さ。目の前にどんどん広がる溝。そうしたことを意識するたびに、おのれの弱さを思い知らされる。だから、そんなものは無視しろと、自分に言い聞かせる。すると、徐々にではあるが、息が苦しいと考えるよりも、空気の味わいに意識を向けられるようになる。清冽なダートムーアの風の香りを突きとめようとしていれば、いつまでもみじめな気分でいることなどどうしてできようか。強風を受けて干上がった草、湿った苔、地衣類のぬくもりなどに意識を向けるのだ。

ふと気づくと、前向きに考えられるようになっている。もしかすると思っているほど、走りは悪くないのかもしれない。だって、私は単なる凡庸なランナーではない。目に見えない重荷を背負っている、凡庸なランナーなのだ。それは私の唯一の問題ではないし、最大の問題でもない。しかし、年齢という見えない重荷のせいで、私はこれほど弱音を吐くようになったのだろう。だから、私の責任ではない。もちろん、私は足が遅いし、あちこち痛い——けれど、のびやかに、軽やかに走りたいという思いはあるのだ。

そう考えていると、力が湧いてきた。けさのランニングは胃や関節を痛めつける苦行そのものだが、だからといって、私の努力が無駄になるわけではない。それは、単なる背景にすぎない。フェルランナーが重力という目に見えない障害物に立ち向かっているように、ウルトラランナー*がすでに走ってきた気が遠くなるほど長い距離という障害物を乗り越えているように（通行人からは、異様に足の遅いジョガーにしか見えなくても）、加齢という目に見えない重荷を背負って走るランナーは、残酷な肉体の現実に立ち向かっているのだ。

フェルランナーとウルトラランナーは、「正式」なランナーの劣化版ではない。ただ特殊なランナーで、ランニングというスポーツにおいてわずかに異なるバージョンで優秀なランナーになりたいと奮闘している、ということだ。それならば、高齢のランナーも同様に考えるべきではないか？

スポーツにおける価値は、他人が勝手に置いた障害物で損なわれるものではない。それがスポーツ競技の本質だ。「サッカーゴールのサイズがもっと大きかったら、テニスコートのネットがもっと低かったら、どうなると思います？」と、ノーラ・ロンカイネンから尋ねられたことがある。「困難な条件が付いてい

＊ウルトラマラソン（フルマラソン以上の距離）を走るランナー。

ることこそ、ポイントなのです。たとえば四〇〇m走では、あるところからスタートして、同じところでフィニッシュする。ただ芝生の上に座っているのではなく、トラックを一周するという条件をクリアしなければならないのです」

そのとおりだ。困難な障害物があるからこそ、スポーツなのだ。エドウィン・モーゼスはアスリートのレジェンドだ。それでも、エドウィンが樹立した世界記録は四〇〇mハードルであったため、ハードルを置かれていない四〇〇mを走ったマイケル・ジョンソンの世界記録より数秒遅かった。そうなると、選手としてのモーゼスの価値は、ジョンソンには及ばないのだろうか？　もちろん、そんなことはない。肉体の限界に挑む選手はそれぞれに、それぞれの偉大さがあるのだ。

老化についても同じことが言える。年老いたからといって、敗北主義に転向する理由にはならない。それに、歳をとるのは恥ずべきことでもない。ただ、スポーツにおける制約がひとつ増えただけ。そうした制約によって、競争の価値が落ちるわけではない。そうでなければ、遅れをとったからといって、奮起する必要はないはずだ。自分はベストを尽くしている。だから誇りをもて。他人にとやかく言われる筋合いはない。

そうやって自問自答を繰り返していると、よかれと思ってのことだろうが、ギャビンからこう言われた。「すまないが、周回コースに大回りを追加する。そこからの眺望が見事なんだよ」。きょう、彼がこうした提案をするのは初めてではなく、そう言われると、本来は感謝すべきなのにうんざりすることもあった。だが、今回ばかりは、ありがたく受け入れる。もう、自己憐憫に浸るのはうんざりだ。

ああ、いいね。私は明るく応じた。この先も、距離が長くなるにつれ、自分のランニングはどんどん情けなくなるだろう。歳月が流れれば、一年ごとに、さらに情けなくなるだろう。だが、それは私がランニングを続けていることの証でもある。どうしてそれを恥じる必要がある？　できるだけ長く、諦めずに続ければ、それでいいじゃないか。

それからついに、私たちは岩山の頂に到着した。高くそびえる花崗岩から、風が強く吹きつけている。それから、これが最後となる傾斜の厳しい斜面を下りていった（私の勘違いで、それが最後ではなかったのだが）。頭上からの強風をもろに浴びて、いちだんと寒く感じられた。それでも、反骨心が湧きあがっていたので、弱気にならずにすんだ。寒さ？　そいつもまた、見えない敵のひとつにすぎない。いいぞ、かかってこい。こうした余計な重荷を、自分で望んで背負っているわけではない。ただ仕方なく背負っているだけで、やはり重く感じられる。でも、実際に重いのだから、当然なのだ。それでも、私は前進を続ける。そして、痛む関節をなだめつつ、どうにかして足取り軽く走っているように見せたいと思っていると、勝利の喜びに近い感覚を覚えた。

勾配はいっそう険しくなり、それでも徐々に、わずかではあるが足取りが軽くなった。冷たい風が顔に激しく吹きつけるが、身を切られるような感覚は消えている。それどころか、風が見えない力で、私を勇気づけていることがわかる。

いちばん下まで下りたところで、まだ先があることがわかった。甘かった。上のほうから見えた駐車場は、私が切望していた駐車場ではなかったのだ。そして、まだ克服しなければならない丘があと何キロか続き、森のなかの「小道」とも呼べないようなところで、足をとられる。それでも三〇分ほど前と比べれば、そこまで失望していない。それどころか、楽しめるようになっている。ゆっくりしたペースで無理なく走れるようになり、変わりゆく周囲の景色を五感で吸収する。細い谷間の静けさ、膝の高さまで積もり、がさがさと音を立てる落ち葉、奇妙なまでの静寂。眼下ではダート川が勢いよく流れ、川面が大きく揺れ、水があふれている。刺すような関節の痛みがだんだんましになってきて、お喋りする余裕が出てくる――ランニング、日常生活、育児、老化など、話題は尽きない。

いつかは、私たち三人は足を止めるだろう。いつの日か、ついに、私自身のランニングの日々が終わりを迎えるように。それなら、走れるあいだは、最大限にできることをしなければ。

ゴールが近くなると、ジョーが言う。「あなたはいいランナーよ。楽しそうに前進を続けているもの」。どちらも、真実ではないのかもしれない。だが、その言葉にはとてつもないパワーがある。自分への信頼感が湧きあがってきて嬉しくなり、ようやくゴール地点の駐車場にたどり着いたときには、なにかを勝ち取ったような気がする。

もちろん、なにかに勝利したわけではない。どうにかこうにか、生き延びただけだ。でも、それさえ、スタートにすぎない。彼らは私に、いくつもの実践しやすい、懸命なアドバイスを授けてくれた。そしてもっと重要なことに、希望の光を灯してくれた。彼らのアドバイスに従ってトレーニングを続けていれば、来年はもっといい走りができるようになるかもしれない。そして、希望の光を絶やさずにいれば、トレーニングを続けようという気概も保てるかもしれない。たしかに、どちらも〝かもしれない〟にすぎず、不確かだ。それでも、この日の朝、私はもうひとつ、大切な土産を手にした。久しく忘れていたランナーとしての自尊心を取り戻したのである。あれほどお粗末な走りをしたのだから、逆説的に思えるかもしれない。だが、走り終えたときには、必死で奮闘したすえに、メダルを獲得したような気分がした。そう、強く実感したのだ。私は自分の立ち位置を理解した。私はいま年老い、足が遅くなっている。その理由は、目に見えない重荷を背負っているからだ。その重荷を勇壮かつ敢然と背負っていくのであれば、いっさい恥じるところはないし、むしろ誇れるはずだ。

目の前には、ランニングの可能性に満ちた新たな世界がひらけていた。

第9章 巨人たち

ミルトン・エヴァーグリーン墓地は、トロント郊外の繁華街の一画にある。公園のように青々とした緑が茂り、きちんと手入れをされた芝生が広がり、カエデの並木道が何本も並んでいる。一四〇年以上ほど前から、九〇〇〇人近いカナダ人がここに埋葬されてきたが、低い花崗岩の墓石が控えめなデザインであるうえ、広大な敷地にひっそりと点在しているだけなので、墓地とは思えないほどだ。目につくのは樹木、ベンチ、それに木の幹を利用した彫刻作品だ。墓地内の小道はアスファルトで舗装されているうえ、平坦なので、物思いにふける会葬者でも安全に歩くことができる。そして、この墓地を訪れた人は、高齢ランナーのなかでもっとも偉大な男性の足跡をたどることになる。

エド・ウィットロックは二〇一七年、この墓地の南西の区画にある目立たない墓石の下に埋葬された。晩年の彼は、もっぱらこの静かな墓地でトレーニングに励んでいた。彼は毎日欠かさず、ここにやって来た。白髪をなびかせ、前かがみの姿勢で、いつものすり切れたウェア姿で、同じく履き古したブルックスのシューズで、一周五〇〇m強のコースを延々と走りつづけるのだ。何周したかは正確には数えないし、タイムを測定することも、一周にかかる時間も測定しない。ただぐるぐるとジョギングを続けるのだ。おそらくペースは、一キロ六分よりは遅いだろう。ただ「長時間走る」練習をするため、毎日、三時間ほど走るのだ。
墓地を一周するわけではない。坂がある道は避けているからだ。彼は上りや下りが好きではなかった。だから、いつも走るアスファルトの小道は平坦で、凹凸がなく、彼は走りながらその路面を凝視する癖があった。「走っているときにはなにを考えているんですか？」そう尋ねられると、彼はイギリス人らしく、礼儀正しくはあるが細部をはしょった言い方で、まじめくさってこう応じた。「いつ終わるんだ？」「どうしてこんなに時間がかかるんだ？」と考えているよ、と。「もう少し、景色を楽しめる場所で走ってはいかがですか？」そう言われると、「そのためには、組織みたいなものが要るんだろうが、あいにく、ないからね」と言った。そして、彼が横一・二m縦二・七mほどの区画に埋葬されたとき、墓石には彼の古いシューズがかたどられていた。彼は世界でもっとも有名なマスターズの陸上選手になっていたのである。

一九三一年生まれのウィットロックは、ロンドンのキングストン・アポン・テムズで育った。ジュニア時代はクロスカントリーのランナーとしてそこそこに活躍し、かのゴードン・ピリーに勝ったこともあったが、アキレス腱の不調に悩まされ、卒業後はランニングを断念し、一九五二年、鉱山技師になった。その後、カナダに移住し、結婚し、子どもたちにも恵まれた。余暇にはサイクリングやウォーキング、サッカーの審判員などで活発に身体を動かし、健康を保った。そして一九七二年、四一歳のときに、おそるおそるランニングを再開したところ、まだ中距離を走る力が残っていることがわかったので、トロントで第一回世界マスターズ陸上競技選手権大会が開催されることを知ると、出場せずにはいられなかった。そこで初めて優勝し、一九七五年から一九七九年のあいだにマスターズ世界陸上競技選手権に三回出場し、一五〇〇mで銀メダルとで金メダル、八〇〇mで銅メダルを獲得した。

しかし、右のアキレス腱は相変わらず調子が悪かったので、彼が言うところの「とぼとぼ歩き」へとスピードを落とすことにした。初マラソンは一九七五年、四四歳のときで、一四歳の息子クライヴのサポートをするための参加だった。父と息子は一緒に走り、一緒にフィニッシュした。モントリオールの雪に降られながらも、タイムは三時間九分だった。数週間後、父と息子はまたべつのマラソン大会に出場し、タイムを一一分縮めた。これで、ウィットロックはすっかりハマってしまった。次男のニールも夢中になると、いっそうマラソンにのめり込んでいった。一九七八年、四七歳の父親は息子と一緒にフルマラソンを二時間四八分で走り、その後、一年もたたないうちに、エドはさらに一七分、タイムを縮めた。だが、このときもまだ彼はウォーミングアップをしている段階だった。

数年後、ウィットロック家はミルトンに居を構えた。エドは相変わらず高いレベルで走りつづけた——とくに六〇代前半で退職し、トレーニングに時間を割けるようになると。自宅の近くには、トレーニングには打ってつけの景色のいい場所がたくさんあった。ミルトンはナイアガラ崖線という断崖の端に位置しているからだ。しかし、数年後、ウィットロックは近所の墓地で走るのを好むようになった。墓地なら交通事故にあうリスクがないし、犬もいなければ、強風も吹き荒れない。それに雪の吹きだまりもないし、通行人にいい印象をもたせたいという誘惑に負けずにすむからだ。くねくねと曲がる小道を一周するのに五分もかからない。そこで、その周回コースをひたすら走ることにした。ときには数時間、続けて走ることもあった。単調な景色にも飽きることはなかった。それに、退職したおかげで、トレーニングに当てる時間はたっぷりあった。これは高齢ランナーが競技を続けるうえで大きな利点だ。

それでも、トレーニングの幅を広げて、ストレッチ、スピード練習、ウエイトトレーニングをしようとはしなかった。毎日、同じコースをとりつかれたようにゆっくり走るだけなので、無頓着に見えた。ランニング用品はどれも、数十年は使えるものを選んだ。食生活に関しては、「出されたものはなんでも食べる」がモットーだ。もっと科学的な手法を取り入れれば、成果があがるかもしれないことは理解していた。でも、そんなことをするために「人の手を借りて大事《おおごと》にしたり、組織に頼ったりする」ことはしたくなかった。

そこで彼は、墓地での日課を休むことなく、断固として続けた。おかげで持久力が身につき、以前は想像できなかったレベルで、高齢になってからも長距離を走れるようになった。一九九六年から二〇年以上、M65からM85の年齢区分の一五〇〇mからマラソンまでの距離で、彼は世界記録を二〇回以上も樹立し(正確なところはわからない。彼は記録を残していないので)、その大半はいまだに破られていない。なかでも、彼を世界的な有名人にした一連の記録がある。

七〇歳の誕生日が近づいた頃、彼の頭にひとつのアイデアが浮かんだ。年齢が七〇歳以上で初のサブスリーランナー[*]になってみようか？　そう考えはしたものの、彼はいつものように自嘲した。「さすがに、馬鹿げた目標だな」。それでも、そのシンプルな目標は、彼の頭のなかに居座った。「私にとっては〝一マイル四分の壁[**]〟のようなものだった。一回こっきりのチャンスなのに『ただぼんやりと座って、誰かが記録を破るのを待っている』のはイヤだった」と、ウィットロックは語っている。彼は六八歳のときにフル

＊三時間を切るタイムでフルマラソンを走ること。市民ランナーにとっては、誇れる実力があることの証となる。
＊＊一マイルを四分〔一キロ約二分半〕未満で走るのは無理だと、以前は考えられていたが、その壁は一九五四年に破られた。

マラソンを二時間五一分〇二秒で、六九歳のときに二時間五二分五〇秒で走っていた。しかし、マラソンに挑戦したことがある人ならわかるだろうが、そうしたタイムを叩きだすには、ありとあらゆることがうまくいく必要がある。よって、最初のうちはそうはいかなかった。七〇歳のときに初めて挑戦したときには、わずかに二三秒、オーバーした。それから膝を痛め、一年間、走ることができなかった。だが、ついに七二歳のとき、彼は壁を突破した。二時間五九分九秒で走り切ったのである。それでもまだ、彼は本領を発揮しはじめたところだった。

翌年の二〇〇四年、七三歳のウィットロックは二時間五四分四八秒を記録し、ニューヨークタイムズ紙は、このタイムを「年齢別評価」で換算すれば、マラソンにおける史上最速タイムになるかもしれないと報道した。初の近代オリンピックが開催された一八九六年に、このタイムでフルマラソンを走っていたら、当時の優勝者に四分の差をつけて、ウィットロックが優勝していただろう、と。近年の大会で考えて、たとえば二〇一二年オリンピックの男子マラソンで二時間五四分四八秒で走っても、それは最下位になるタイムではない。

二〇〇五年、彼はまたしてもサブスリーを達成し、フルマラソンを二時間五八分四〇秒で走った。そのときはもう、七四歳になっていた。これがいまでも、サブスリーでフルマラソンを完走した最高年齢の記録となっている。念のために補足しておくが、大半の市民ランナーは全盛期でさえ、サブスリーで走ることなどできない。

その後、七五歳になったウィットロックは、ますます走りに磨きをかけていった。二〇〇六年七月の奇跡のような一週間には、一マイル、三〇〇〇m、五〇〇〇m、一〇〇〇〇mの四種目でM75世界記録を樹立し、これらの記録はまだ塗り替えられていない。フルマラソンでも見事な記録を残し、ロッテルダムでは七六歳にして三時間四分五四秒というとんでもないタイムを叩きだした。二〇一一年にはまたロッテルダムに戻り、八〇歳で三時間二五分四三秒を記録した。そして同じ年にはその後、トロントでタイムを三時間一五分五四秒に縮めた。その結果、彼の知名度は上がり、またしても三〇〇〇m、五〇〇〇m、一〇〇〇〇mの世界記録を量産した（そしていまだに破られていない）。ところが注目を浴びるようになると、彼は「こっぱずかしい」気分になった。そして、自分のことをロールモデルのように扱ってほしくないと、人々を戒めた。「自分がしていることが、自分にとっていいのかどうかも、よくわかっていないんだ。だから、ほかの人にいいかのかどうか、わかるはずがない」

そして、ついに二〇一六年一〇月、ウィットロックはフルマラソンで四時間を切った初の八五歳となった（ロンドン・マラソンを完走した男性の大半のタイムは、年齢に関係なく、これより遅い）。ウィットロックはまたトロント・ウォーターフロント・マラソンに参加し、三〇年前から愛用しているランニングシャツに「85」のゼッケンを付けた。いっぽう、もうほとんどクッション性がなくなっているブルックスのシューズは、まだたったの一五年しか履いてはいない。レース後、彼は前回の記録より三八分も縮めた三時間五六分三八秒というタイムに不満を覚えていると述べた。本当は、三時間五〇分で走りたいと思っていたのだが、「レース後半で調子を崩し」、途中棄権が頭をよぎるまでになった。結局、それまでの八五歳では考えられない記録を樹立したものの、彼自身はここのところ、タイムが急激に悪くなっていることに苛立ちを覚えていた。「たった一二年前までは、いまより一時間も速いタイムで走っていたのに」

膝の関節炎が悪化していたこともあったが、彼自身がもっと全般的な衰弱を感じていたのは当然だった。

以前よりもタイムが急激に遅くなっていた原因は、老化だけではなかったのだ。その五カ月後に彼の命を奪うことになる前立腺がんの影響を受けていたのかもしれない。

彼の訃報はトロントだけではなく、もっと広い世界で衝撃とともに報道された。その頃には、彼は国際マスターズ界のレジェンドとなっていた。なにより、その不死身ぶりが人々に感銘を与えていたのである。だから超高齢になる前に死に屈服した姿は、悲しみと同時に、不自然な感じすら人々に与えた。

彼のような傑物はもう二度と登場しないだろうというのが、アスリート界の一致した見解だった。ロジャー・ロビンソンは「あらゆる奇跡のようなレジェンドのなかで、誰よりも謙虚で、飄々としていて、愛想がよく、知的な人物だった」と、彼を偲んだ。それほど、彼のような生き方をする人は、後にも先にも出てこないだろうが、高齢になっても生理学的に素晴らしい機能をそなえていたのは、彼だけではない。カナダ国内でさえ――彼が暮らしていたカナダの狭い地域にさえ――ほかにも尋常ならざる年金受給者は存在していた。そして、高齢アスリートには無理だろうと、それまで思われていた限界を突破しようとしていた。

そのひとりが、フィンランド生まれで、現在はトロント在住のマラソンランナー、ケイヨ・タイヴァサロだ。ウィットロックより八歳下の彼の才能には、そこまでの派手さはないものの、やはり感銘を受ける。彼はボストン・マラソンの年代別順位で一位になり（二〇一九年、八〇歳で三時間五二分二二秒）、ハーフマラソンの世界チャンピオン（二〇二二年、八三歳で二時間七分四五秒）だ。二〇〇九年、七〇歳のときにフィンランドのラハティで開催された世界マスターズ陸上競技選手権大会のマラソンに出場したときには、娘のタニアが付き添っていた。

このとき、ケイヨはメダルを獲得せずに帰国したが、当時、モントリオールのマギル大学の運動生理学の教授だったタニアは、あるアイデアを得た。同僚でのちに夫となるラス・ヘップルと共同で、非常に高齢かつ有能なアスリートの生理学という画期的な研究に取り組むことに決めたのだ。このマギル大学のマスターズ研究は、一部の人に知られるようになり（いくつかの調査がおこなわれ、そのデータの分析はいまも続いている）、その極端なエリート主義が評判となった。もっとも重要な調査でさえ、男女七人ずつのたった一四人のアスリートしか調査対象にせず、対照群も、アスリートではない一五人が協力しただけだった。アスリートたちの平均年齢は八〇歳弱で、全員が世界大会でトップ4に入る実力の持ち主で、うち七人は世界記録保持者だった。そのなかにはウィットロックの友人で、中距離ランナーでハードル走もこなすアール・フィーも含まれていた（彼については、すぐに後述する）。

なかでも、研究に協力したスター選手は、なんといってもオルガ・コテルコだった。彼女はウクライナ系カナダ人の元教師で、九〇歳。カナダ中心部のサスカンチュワン州在住だ。七七歳で陸上競技を始めてから、七〇〇個を超す金メダルを獲得し、W90のカテゴリーだけでも最終的に二六の世界記録を樹立していた。だが、彼女のために、この研究全体が頓挫しかけたことがあった。マギル大学の倫理委員会が、これほど高齢の女性の肉体に負荷をかける研究に難色を示したからだ。だが、タニアの懸命の説得により、結局、研究は認められた。二〇〇九年、ラハティで開催された世界マスターズ陸上競技選手権大会にコテルコが出場すると、大きなセンセーションが巻き起こった。八日間に渡ってW90の金メダルを一一種目で獲得し、一〇〇m（二五秒〇五）、二〇〇m（五六秒四六）、走高跳（〇・八二m）、走幅跳（一・七七m）、砲丸投（四・八六m）、円盤投（一三・九二m）、ハンマー投（一二・九一m）、やり投（一三・五四m）の八つの種目で世界記録を樹立した。そして、タニアのもともとのアイデアとしては、コテルコだけを調査するつもりだったのだ。

コテルコはがっしりした体格の女性だが、小柄で控えめで、いかにも有能そうな物腰と安心させるような笑顔の持ち主で、かつて教師であったことがよくうかがえる。そして彼女は、すぐに研究室のスターとなり、最大酸素摂取量（一分間に体重一kg当たりが取り込める酸素の量）、心拍出量、柔軟性、最大筋力、脳密度にいたる、さまざまな測定を受け、分析のために血液と大腿部の筋肉サンプルを採取された。また、若い学生たちは、九一歳の彼女が六〇ポンド（約二七・二kg）のベンチプレスをこなすのを、呆気にとられて見ていた。研究室における彼女の調査結果は、研究者たちの期待どおりに見事なものだった。

そうしたデータのなかで、たとえば最大酸素摂取量一五・五ml、最大心拍数一三五bpmなどは、評価がむずかしかった。九一歳の女性がトレッドミルを走っている最中のデータとして、いったいなにが「標準」かを示す十分なデータがなかったからだ。そうはいってもコテルコの筋線維に関しては、標準的なところがいっさいなかった。生体検査をおこなったところ、ミトコンドリアの機能に大きな低下が見られなかったのである。これは尋常ならざることだった。ミトコンドリアの機能低下は、六五歳以上になれば誰にでも見られると考えられていたからだ。それなのにコテルコは、なんらかの抵抗力をもっているようだった。それは度合こそ少し減るものの、この研究の被験者となったほかのアスリートにも見られる現象だった。たとえば、フィーとウィットロックは、アスリートではない人たちと比べて、筋肉細胞に含まれるミトコンドリアの数がおよそ二倍もあった。とはいえ、アスリートたちが全員、完璧な健康状態にあったわけではない。ウィットロックの血圧は少し高めだったし、フィーは六〇代になってからときおり頻脈に悩まされていた。それでも、アスリートではない健康な人たちと比較すると、運動単位（神経信号を筋肉に伝える筋線維群）が非常に大きく、信号を神経から筋肉に伝える機能が安定しており、その結果、神経からの刺激を受けて収縮する筋肉が多く残っていた。つまり、彼らの筋肉は予想したほど衰えておらず、それどころか驚くべき範囲で、もっと若い人たちと同じように機能していたのである。

当時のメディアの報道では、この研究はいずれ「老化の秘密を解き明かす」だろうと見なされていた。しかし、あきらかに、そうではなかった。被験者の抜きんでた生理学的資質がスポーツ活動による結果なのかも原因なのかさえ、明確にできなかったのだ。また、彼らの運動能力が遺伝的なものなのか、それとも後天的に獲得したものなのかは、その程度さえわからなかった。同様に秀でた運動能力をもつ八〇代の人たちの大きなサンプルを見つけてきて、さまざまな観点からデータを比較しないかぎり、そうした秘密を解明するのはむずかしいだろう。つまり、被験者が素晴らしい成績をおさめているのは、それが遺伝であるにせよ、後天的なものであるにせよ、秀でた運動能力の持ち主だからなのか、あるいは老化に対する抵抗力の持ち主だからなのかといった興味深い疑問の大半は、答えが得られないままなのだ。

それでもなお、この研究はある種の分岐点となることがわかった。その一〇年ほど前までは、非常に高齢のアスリートの生理学は、笑ってしまうほどあいまいな専門分野だった。しかし、マギル大学の研究が始まってから、これが科学的探究として重要で、かつ胸躍る未開拓の分野であるという認識が徐々に広まったのだ。新たな科学分野の例に漏れず、いったん流行すれば動きが広がる。当時、ロジャー・ロビンソンが指摘したように、エド・ウィットロックはレースに出場するたびに、「人間の老化プロセスに関するまったく新たな潜在的エビデンス」を積みあげていった。言い換えれば、これまでは誰もこうした問題に、本気で目を向けてこなかった、ということだ。そのため、まだ地図を描くべき広大な空白が残っていたこの分野は、聡明で野心ある研究者たちがテーマを見つけ、名声を得るためのチャンスとなった。いまではもう、高齢者のスポーツに関する生理学を嘲笑する者はいない。

しかし、この研究が画期的だった理由はほかにもある。「彼らは、まさに最上級の人たちでした」と、タニアが現在准教授を務めているフロリダ大学の理学療法・筋生物学教授のヘップルは言う。たとえば、ウィットロック、コテルコ、フィーに関していえば、この三人だけで約一二〇もの世界記録を樹立している。よって、世間に浸透している「標準的」な老化に対する固定観念と彼らのパフォーマンスは、まったく一致しないのだ。この研究に、カンザス州在住の短距離走者ボブ・リダ、アトランタを拠点にする中距離走者ジーン・ダプラーノ、バンクーバー在住のマラソン走者ベティ・ジーン・マクヒューなど、ほかにも数人のスター選手を加えれば、北米の高齢アスリートの黄金世代が顔を揃えることになるだろう。彼らはいわば「スポーツの枠をこえた」最初のマスターズ選手となったのである。

しかし、マスターズのスター選手は彼らが最後ではなかった。あなたがマスターズの熱心なファンではなくても、ジーン・ダイクスの名前は聞いたことがあるだろう。彼は七三歳、フィラデルフィア在住の自称「ウルトラじいさん」で、呆気にとられるほど何度もウルトラマラソンを完走しているランナーであり、何度か記録を塗り替えている。フルマラソンでは二〇一八年四月に七〇歳になってから一二カ月半のあいだに、三回もサブスリーで走った。そのなかでもフロリダ州ジャクソンヴィルで開催された大会では、ウィットロックのM70史上最高記録より二五秒速いタイムを叩きだした。だが、このレースは米国陸上競技連盟に適切な書類を提出していなかったため、公認されなかった。とはいえ、これまではウィットロックしか到達できなかった七〇代長距離選手のレベルに、ダイクスも到達したことに関しては、疑念の余地がなかった。さらに二〇二二年五月、ベルギーのリエージュで開催されたマース・マラソン・ド・ヴィゼで、七一歳のオランダ人ジョー・ショーンブロートが二時間五四分一九秒で走り、認められれば、これが世界新記録となる。

ショーンブロートは三六歳のとき、コレステロール値を下げるためにジョギングを始め、それから数十年経ったあとに記録を追いかけるようになった。ランニングを続けて成功した理由は「なにもかも、自分にとっては新鮮だったから」だそうだ。それにトレーニングとして、もっぱらトレイル（不整地）をゆっくりしたペースで楽しみながら走っているのがいいのかもしれない、と。またレースでは、カーボンプレートを搭載したアシックスのシューズも履いているという。そんなシューズがあるとは、いまは亡きウィットロックには想像もつかないだろう。またジーン・ダイクスに関していえば、モットーは「毎年ほんの少し、もっとを増やしていくことだ――もっと遠くまで走り、もっと速く走り、もっと冒険する」であるそうだ。彼はトレーニングとレースをめずらしく休んでいるときに、私のインタビューに応じてくれた（トレイルのレース中につまずき、肩甲骨を折ったばかりだった）。ダイクスは元コンピュータ・プログラマーで、にやりと笑みを浮かべながら、彼にとってはまだ新たなこの趣味で得られる喜びについて、快活に話しつづけた。ランニングを始めたのは、五〇代半ばになってからだ。そしていま、彼を駆り立てているのは、もっと記録を伸ばしたいという、その一心であるという。「いちばん健全な競争とは、鏡のなかの自分に打ち勝つことだ。去年、鏡のなかの自分がなにをしたにせよ、今年はこっちがその上を行かなくちゃならん」。この種のモチベーションの力が理解できるランナーは大勢いるだろう――ランニングを始めた頃には。ところがたいてい、七〇歳を迎えるずいぶん前に、そんなふうにランニングと向き合うのをやめてしまう。だがダイクス――五〇キロ、一〇〇マイル、二四時間の記録、そして、一年のあいだにアメリカの三大二〇〇マイルレースを完走するという快挙をなしとげた最高年齢者――は、やめる必要などないことを体現しているのだ。

さらに、もうひとりのマスターズの巨人、チャールズ・アリーが証明しているように、高齢ランナーが活躍できる場は長距離だけではない。彼の名前に聞き覚えがない方は、いますぐ覚えてもらいたい。この地球上でもっとも素晴らしいランナーのひとりだからだ――アスリートとしても、人間としても。アリーはピッツバーグ在住の元工芸美術教師で、二〇一三年と二〇一八年に二回、世界マスターズ陸上競技選手権で男子年間最優秀選手に選ばれている。マスターズ選手権が通常どおり開催され、ふたたび走れるようになったら、彼が三回目のタイトルを獲得するのは確実だろう。私が話を聞いたとき、彼はあと数カ月で七五歳になろうとしていて、マスターズの選手によくあることだが、新たな年齢区分に入るのを楽しみにしていた（ただし、彼の誕生日は二〇二二年の世界選手権大会で新たな区分に入るうえでは間に合わなかったが）。彼の話によれば、「マスターズ選手権に出場するようになったのは遅く、四〇歳になってから」だった。それでも、それから数十年のあいだに、一〇〇m、二〇〇m、四〇〇mで何度も世界チャンピオンになり、とくにM65とM70で活躍した。それに得意の四〇〇mでは数々の世界記録を樹立してきた。しかし、彼の大きな夢は同じ大会の三つの短距離すべての種目でM75の世界記録を樹立するという偉業を達成することだ――それ自体が前代未聞の偉業なのだが、加えて、七五歳の四〇〇mで世界初となる六〇秒切りを果たしたいそうだ。

世界記録が詰まった本では、そうした言葉はそれほど不思議に思えないかもしれないが、これは本当にものすごいことなのだ。だから、これらの偉業が意味するところを少し振り返ってみよう。二〇一六年のリオデジャネイロオリンピックで南アフリカ共和国のウェイド・バン・ニーキルクが樹立した四〇〇mの世界記録は四三秒〇三だが、四四秒を切ることができるのはエリートの頂点に立つ者だけだ（オリンピックの四〇〇m決勝進出者でも四四秒を切る選手は限られる）。イギリスの最高記録は四四秒三五、イギリスのジュニア最高記録は四五秒三六で、一般的に相当な才能と努力を続けた短距離選手でなければ五〇秒は切れない。[*]近年のオリンピックでは、予選で五〇秒さえ切れなかった選手が二人ほどいた。また年齢を問わず、熱心で才能があるとしても、四〇〇mで一分を切れないランナーは大勢いる。

ところがアリーは、二〇一三年五月、ノースカロライナ州ローリーで開催されたサウス・イースタン・マスターズ大会M65で、四〇〇mを五六秒〇九で走った。これはアリーが四〇年以上前に大学生選手として記録した自己ベストと八秒しか違わない記録で、偉大なアール・フィーが一九九五年に樹立したM65の世界記録より二秒近く速かった。そしてまた、アリー自身の年齢の数字より九つ下の数字の秒数で走るという驚異的な記録だった（どれほど驚異的かといえば、四〇〇mを「自分の年齢の数字未満」の秒数で走ることは、五〇歳以上の男性にとって大きなチャレンジであり、成功する可能性があるのはとてつもなく俊足で、とてつもなく体力がある男性だけだ。いっぽう、女性や五〇歳未満の男性にとっては、どうやら生理学的に不可能と見られている。それでもアリーは、自分の年齢から九を引いた数の秒数を叩きだしたのである）。

＊日本記録は佐藤拳太郎が二〇二三年に出した四四秒七七。

その五年半後、七一歳になったアリーはスペインのマラガで開催された世界マスターズ陸上競技選手権大会で同じ距離を五七秒二六で走った。それまでのM70の世界記録より二秒以上速く、今回は年齢から一四を引いた数の秒数より速かった。それでも、彼はこうした偉業を自分の口から吹聴するような真似はしない――謙虚で気さくで、どちらかといえば自分を卑下するタイプの男なのだ。だが、こうした成績は年齢相応の記録をはるかに上回っていたため、想像の域を超えていた。さらに、彼の全盛期はまだこれからなのかもしれない。彼はいまだに健康そのもので、トラック一周（四〇〇m）を一分未満で走ることができる。私が話を聞いたとき、アリーが新たな年齢区分で目標を達成する可能性は十分にあるように思えた。それはたしかに大きなチャレンジであり、七五歳という年齢を迎えれば、身体のあちこちに不調が出て当然だ（とりわけ一〇〇mの新記録を樹立するには、体調が万全であることが必須だ）。しかし、この困難な挑戦に本当に成功したら――四〇〇mを六〇秒未満で走ることも含めて――彼は何歳であろうと、史上最高の偉大なアスリートのひとりに数えられてしかるべきだろう。

　アリーはマギル大学の研究には参加していなかったが、ほぼ同時期にピッツバーグ大学でおこなわれた「マスターズ・アスリートのパフォーマンス・アンド・リサーチ・イニシアチブ」という、現在も進行中のプロジェクトの一環として実施された研究で、広範な検査を受けていた。二〇二一年、アリーは私に「一週間も検査を受けたんだよ。まず、三〇分もトレッドミルを走らされた」と言い、笑った（彼はよく笑う）。「それに採血、全身スキャン、骨密度、血圧……ありとあらゆる検査を受けた。無料《ただ》の健康診断ってとこでしょう」

　予想どおり、彼は驚異的に健康状態がいいことがわかった。データのなかでもっとも突出していたのは、速筋線維《そっきんせんい》の割合が非常に高いこと（七三・七％）、そして代謝率が非常に高いことだった。「ふつうの人が身体を動かしているときより、私が身体を休めているときのほうが、代謝量が多いそうです」と、アリーは言った。

ジーン・ダイクスに関しても、二〇一八年にジャクソンヴィルで開催されたマラソン大会で非公認の世界記録（年代別）を樹立したあと、生理学的に余すところなく研究された。彼の研究に当たったのは、ニュージャージー州ニューアークのデラウェア大学を拠点とする研究者たちで、二〇一九年四月、ニューイングランド・ジャーナル・オブ・メディシン誌に発表された彼らの研究結果は、物議をかもした。

ダイクスの心血管や代謝の健康状態を示すデータや最大酸素摂取量（一分間に体重一kg当たり四六・九ml）が、彼の年齢としては異常なまでに高いという事実に異論の余地はなかった（彼の年齢の男性の平均は二六ml程度）。しかし、二時間五四分二三秒というタイムでマラソンを完走できる男性にとっては、四六・九mlでも十分高いとは思えなかった。研究チームは、ダイクスの秘密は、最大心拍出量をきわめて高い割合で維持する能力にあるのではないかと考えた。レースのあいだ、エリートランナーはたいてい最大心拍出量の八〇〜八五％を維持できるのだが、ダイクスの場合、九三％で維持できたからだ。しかし、これについては、生理学的に不可能だと考えるほかの科学者たちが異論を唱えた。その後、この仮説がおそらく正しいことを示す調査結果が次々に登場したのだが、この論争に関しては次章で説明しよう。

さて、生理学的な謎はほかにも多々ある。たとえば、偉大な高齢ランナーの大半が「スロー・エイジング」とでも呼ぶべきものから、なんらかの恩恵を受けているのではないか、ということだ。例を挙げれば、彼らの筋線維はほとんど衰えていないことが細胞レベルで見てとれる。また、キャリアを重ねるにつれ、こうしたアスリートたちのパフォーマンスが相対的に向上していくことにも、それが見てとれる。チャールズ・アリーは大学時代、「そこそこの力はあるが、飛びぬけてはいない」アスリートで、オリンピックに出場したボブ・ヘイズ、リー・エヴァンズ、トミー・スミス、ジョン・カルロスといった同年代の選手と勝負することはできなかった。しかし、それから数十年が経過し、彼はライバルたちを凌駕するスピードで走れるようになった。ということは、若いときほど競争が激しくないのだろうか？　もちろん、そうだ。「機能年齢」（まだできること）に関していえば、誰もが衰えていくのが当然である。ところが、ほかの人たちが衰えるスピードは彼らよりずっと速いのだ。

九三歳の現在も記録の更新を続けているアール・フィーは、それを簡潔に体現している。「私のトレーニングのおもな秘訣は、ライバルたちよりもゆっくりと歳をとることだよ」と、彼は言う。

だが、それが本当にトレーニングの秘訣なのだろうか？　それとも、彼らはただ遺伝的に老化しにくいのだろうか？　マギル大学の研究者たちはデータの分析をおこなう際、被験者のテロメアの長さに着目した。テロメアとは染色体の末端にある構造で、その長さが老化の指標になる。そして研究に協力したエリート・アスリートたちのテロメアは、その長さがほぼ同じだった。同年齢の人と比べて、老化が非常にゆっくりと進む人であるなら、テロメアもまた非常に長いことが予測されるが、平均よりわずかに長いだけだった——アンジェラ・ブルックス＝ウィルソンの（第四章で前述した）健康加齢研究における「スーパーシニア」たちも同様だった。この結果は意外ではない。大病から身をかわし、長生きした人たちこそが「スーパーシニア」と見なされているからだ。そうなると、アスリートたちがこなしているトレーニングの量を考えれば、もっと危険をはらんだ疑問が頭に浮かんでくる。マギル大学の研究に協力したアスリートたちは、生まれつき、ちょうどいい長さのテロメアをもっていたのだろうか？　それとも、集中的なトレーニングを続けてきた結果、テロメアが「ほどよい《ゴルディロックス》」長さに落ち着いたのだろうか？

第4章で紹介した、アドベンチャーレーサーとしても活躍するカナダのマーク・タルノポルスキー教授は、長年この分野を研究してきた。「結局のところ、テロメアの長さを維持するには、ミトコンドリアの健康状態が非常に良好でなければならない」と、彼は言う。「細胞の発電所」とも呼ばれるミトコンドリアは、取り込んだ栄養素をエネルギーに変換する細胞内の小器官だ。ミトコンドリアは老化とともにダメージを蓄積し、その結果、身体機能が低下していく。ところが、身体を動かすトレーニングによって、ミトコンドリアは活性化する。「カギを握っているのは、ミトコンドリアです」と、タルノポルスキー教授は言う。「ミトコンドリアの機能障害と、人間の老化という基本的な構成要素のあいだには、明確なつながりが多々あります。ミトコンドリアが機能障害におちいると、筋肉が血液から酸素をとりだす能力が低下したり、老化が進んだり、酸化ストレスが亢進《こうしん》したり、炎症が生じやすくなったりするのです。テロメアも短縮する。だからこそ、ミトコンドリアの健康を保ち、テロメアの形成をうながすことが重要なのです。そして、運動をすれば、テロメアを刺激することができます」

タニア准教授とヘップルもまた、その後の研究でたびたびミトコンドリアに焦点を当て、新たな分析テクニックを駆使し、マギル大学の研究に協力したスーパースターたちから集めたデータを「深く掘り下げて」いる。最近のある論文では、「高齢になっても身体機能の高いレベルを維持する際に、ミトコンドリアへの輸送経路が大きな役割を果たしている」と結論づけた。しかし、高い身体機能を維持しているマスターズ・アスリートに「異なる発現」が見られる一七六種類のタンパク質のいくつかは、運動からの刺激を受けにくいと指摘している。つまり、「高い身体機能を維持するためのメカニズムはまだ明確には判明していない」ことが示されたのだ。そのうえで、彼らはこう推測した。もしかすると、一般の人たちから羨望されるほどの身体機能をアスリートたちが維持しているのは、「運動以外の遺伝的・環境的な要因が偶然、幸運な組み合わせ」に恵まれた結果なのかもしれない、と。

「私の印象では、彼らは本当に独特です」と、ヘップルは言う。「独特の老化の生態がある。それがなんであるのか、正確なところはまだ、われわれにもわかりませんが」。よって、彼の話によれば、未知のこと、理解できないことがあまりにも多い研究を、認めようとしない科学者たちもいるそうだ。「私たちの大研究を見て、『あんなものは情報収集にすぎない』という連中もいます。だが、少なくとも、私たちの大半がどれほど願っても実現できないレベルでよりよい生活を送っている人たちに対しておこなった情報収集ではある。ですから、私にとっては価値がある。いい魚を釣りあげられるかもしれないのですから」

とはいえ、一般の人たちにとって、その答えはそれほど重要ではないのかもしれない。世界水準のスポーツ選手がそうであるように、マスターズで活躍する巨人たちは、生まれつき才能に恵まれているから有利なのだろうと、私たちは考えている。さもなければ、私たちには誰だって世界チャンピオンになる可能性があることになる。それに、賢いライフスタイル（トレーニング法を含む）を選んでいることが、高齢になってからの良好な健康状態と運動能力に貢献しているのは当然だと思っている。さもなければ、高齢のアスリートたちがわざわざトレーニングに励むはずがない。つまり、世界レベルの遺伝子に恵まれた人たちと同じ遺伝子がないのであれば、私たちにできることはそう多くはない。それでも、彼らのトレーニング法やライフスタイルをよく調べれば、老化のスピードを遅らせる役に立つかもしれない。

しかし、それもまた簡単なことではない。私たちは科学者と同じ問題に直面しているからだ。すなわち、高齢にもかかわらず身体機能や健康状態を高く維持できている人の数が少ないため、原因と結果に関する観察が統計学的な信頼を得られないのだ。ときに、明確なパターンを発見したと思うことがあったとしても、偶然の一致にすぎないこともあるし、共通点らしきものを追いかけたところで、結局はどこにもたどり着けないこともある。たとえば、フィーとコテルコはカナダのサスカチュワン州の草原が広がるエルストウという町の近くで生まれた。フィーとウィットロックは人生の大半をトロント郊外ですごし（フィーが生まれ育ったミシサガはミルトンから十数マイルしか離れていない）、ウィットロックとコテルコは比較的長寿の家系に生まれた（ウィットロックの叔父アーサーはイギリス最高齢の男性だったことがある）。しかし、共通点として判明したのは、その程度だ。どれも普遍的な特徴ではない。

同様に、高齢のスーパースターのなかで、本書で紹介した人たちは、例外なく長く幸福な結婚生活から力を得ているわけでもなさそうだ。幸せな結婚生活を送った人（ウィットロック、ダイクス、アリー）もいれば、逆の経験をした人（コテルコ、フィー）もいたからだ。強い信仰心をモチベーションにした人もいれば、信仰になどまったく触れない人もいた。子ども時代に肉体的につらい思いをした人（コテルコ、フィー、アリー）もいれば、ウィットロックのようにほとんどなんの問題もなく育った人もいる。

フィーとウィットロックの場合、類似点と相違点のパターンがとりわけ興味深い。マギル大学が調査をおこなったとき、フィーは八一歳の元原子力エンジニア、ウィットロックは元鉱山技師だった。ウィットロックと同様に、フィーは若い頃、ランナーとして将来を有望視されていたが、その後、数十年はランニングから遠ざかり（それでも、わりあい健康だった）、中年になって（五七歳のとき）、ウィットロックの息子と同様、二人の息子が興味を示したのでランニングを再開した。そしてウィットロックと同様、信じられないほど多くの記録を塗り替え、タイトルを獲得した。

ところが、問題の核心であるライフスタイルやトレーニングに目を向けると、二人の類似点は消えてしまう。しかもフィーのトレーニング法は、ウィットロックとは正反対であることがわかった。フィーは非常に短い時間、集中して激しいトレーニングをおこなうのが効果的だと信じている。だから、一回に二〇分以上トレーニングすることはめったにない。すべてを計測し、詳細なトレーニングの記録を残し、軍事作戦を立てるかのように新記録を樹立する作戦を練る。一日に一三種類のビタミン・サプリメントを摂取し、砂糖、デンプン、加工食品を避け、毎日の食事の計画を一週間単位で詳細に立て、それを厳守している。たとえば、週四日の朝食はクルミとカボチャの種を混ぜた全粒オーツ麦のポリッジ、週三日は焼いたレッドポテトと豆を添えた卵を食べ、アマニシードをコップ二杯半の水で流し込む。またトレーニングに関しては、高齢者の肉体には大量のトレーニングはきついが、高負荷のものなら耐えられると考えている。そこで、たいてい週に三回、トラックでトレーニングをする。メニューは短距離ダッシュを何回かおこない、あいだにリカバリーの時間を長めに設ける。ランニングをしない日には、ウォーキングや水泳、アクアサイズ（水中でのランニングやウォーキング）など、負荷の少ない運動をする。ストレッチには熱心に取り組んでいて、ベッドから出る前にその日最初のストレッチをおこない、こわばっているところや痛みがあるところをほぐすためのフォームローラーもよく使う。その甲斐あって、大半の高齢ランナーとは異なり、ストライドが短くならずにすんでいるようだ。腕立て伏せ、腹筋、ゴムバンドを使った脚の筋トレなどもこなしているが、九〇歳をすぎてからは、ウエイトトレーニングはほぼ断念した。翌日、脚に疲労が残ってしまうからだ。

二〇二四年三月にM95になったらどの記録を狙うか、フィーはすでに計画を練っている。フィーについてもっと知りたい方には、彼の著書を紹介しよう。フィーは自分のランニングについてすでに数冊の著書を出している。『ランニング完全ガイド――九歳から九〇歳までの人がチャンピオンになる方法（The Complete Guide to Running: How to Be a Champion form 9 to 90）』（四二〇ページ、未訳）そして百科事典のような『一〇〇歳まで若さを保つ自然な方法（100 Years Young the Natural Way）』（六六四ページ、未訳）。成功したアスリートのなかには、独自のやり方を固く信じている人もいれば、自分の考えを書いたところで理解してもらえないと思う人もいる。異論を挟む余地がないのは、フィーの「運を天に任せるような真似はしない」というモットーが功を奏していることだ。彼は二〇〇五年と二〇一九年の二回、マスターズ世界陸上競技選手権大会の最優秀選手に選ばれていて、私が最後に見たときには、おもに四〇〇m、八〇〇m、一五〇〇m、ロングハードルといったタフな種目で六〇もの世界記録を保持していた。彼はまた、二〇二〇年に九〇歳で四〇〇m八九秒一五という世界記録を樹立し、四〇〇mを自分の年齢未満の数字の秒数で走った最年長記録保持者という栄誉にも浴した。

たしかに、老化を寄せつけないフィーのやり方に異論を唱えるのはむずかしい。だが、集中して激しいトレーニングに取り組む方法も、強迫的なまでに健康な生活を送るという方法も、ウィットロックのやり方とはほぼ共通点がないのである。

マギル大学の研究では、どちらの方法にも利点があることが示された。フィーの場合、四〇〇mから一マイルという距離を得意とする選手であることからわかるように、速筋線維がより多く残っていた。かたやウィットロックの場合、最大酸素摂取量の値には目をみはるものがあった。なんと、五四もあったのだ。おそらく、それぞれが得意とする距離に最適の方法を用いていたのだろうが、二人以外の選手にも目を向けると、こうしたパターンはぼやけてくる。現在のマラソン界の奇跡の高齢者ジーン・ダイクスは、ウィットロックとよく似た楽天的で、運まかせの手法をとっている。彼のトレーニングの基本は、とんでもなく長い走行距離にある。週末はほぼレースに出場し、主要なウルトラマラソン大会を走ることも多く、レースだけで年間一五〇〇マイル〔約二四〇〇キロ〕を走破することを目標にしている。食事はなんでも食べるのがモットーで(「私が近づいていくと、ジャンクフードのほうが逃げていくがね」)、トレーニングに関してはぜったいに手をださないものを決めている。「ストレッチ、柔軟体操、ウエイトトレーニング、体幹トレーニング、クロストレーニングはやらない。ジョン・ゴールドソープというトレーナーを雇っているが、おもにモチベーションを高めるためのようだ。彼を失望させたことはないと思う」。つまりダイクスに関していえば、トレーニングの秘訣は、とにかく「外に出て、走ること」に尽きるのだ。

ジョー・ショーンブロートは、似たような気楽な方法をとっている。「大切なのは、束縛なく、自由にやるということだ。これをしなきゃ、あれもしなきゃとは、思わない。とにかく、トレーニングを楽しむんだよ」。だが、ほかにもマスターズの長距離のスーパースターのなかには、ウィットロックよりもフィーのような方法をとる人がいる。六〇歳以上の女性として初めてフルマラソンでサブスリーを達成した(二〇二一年一月、六二歳にして二時間五二分一三秒で走り、自身の世界記録を更新した)弓削田眞理子《ゆげたまりこ》は、プロ並みに綿密な計画を立てるようになったからこそ、高齢になってから成功できたと語っている。日本ランニング界でセンセーションを巻き起こした弓削田は、東京を拠点に活動するアメリカのジャーナリスト、ブレット・ラーナーにこう語っている。「世界記録を狙うなら、ほかのトップ選手がしていることをよく研究して、自分のランニングに応用できることを探さなければなりません」。彼女の場合、これにはトレーニング（もっと走行距離を増やし、もっと坂道を増やす）だけではなく、栄養摂取（もっとレバーやマグロ、赤身の肉を食べる）、シューズ（ナイキの〈ヴェイパーフライ〉の最新モデル）、リカバリー（いまでは鍼療法、マッサージ、温泉なども利用している）も含まれている。

弓削田のやり方にアール・フィーなら同意するだろうが、スーパーアスリートの共通点を探し求める者は、いっそうわけがわからなくなる。つまり、ランナーによって適切な方法が異なるのだ。同じことは、偉大な高齢ランナーの多くが中年期になるまで真剣にランニングに取り組まなかったという経緯にも当てはまる。本書で紹介してきた巨人たちの多くが（すなわちコテルコ、ダイクス、マカヒュー、ダプラノなど）が本格的にランニングに取り組んだ時期は遅かった。そのいっぽうで、ほかの人（ウィットロック、フィーなど）は、二〇代のときに一度中断し、数十年後に再開した。ダイクス自身は、初マラソンに挑戦したのが五八歳のときだったので、これが連勝を続ける大きな要因になっていると考えている。「歳をとってから本当にいい走りがしたいのなら、若いときに必死に走らないほうがいい」と、彼は私に言った。しかし、重要な例外がある。アリー、リダ、弓削田、それにギード・ミュラー（M45からM70の年齢区分で、五年置きに世界記録を塗り替えているドイツの偉大なロングハードル選手）は、若いときからずっと真剣にランニングに取り組んできた。「重要なのは」と、アリーが私に助言した。「継続することだ」

というわけで、事例に関する話はこれくらいにしておこう。それでも、この探求がすべて無駄に終わったわけではない。注目すべき三つの点で、偉大なマスターズの選手には似ているところがある。第一に、彼らはほぼ例外なく、きわめて活動的だ。トレーニングをしていないときでも、座っていることはまずない。「朝、起きたら、すぐに動きだす」と、アリーは言う。それは、大勢の高齢のアスリートたちから聞いてきた台詞だ。灰色の顎ひげをきちんと整え、白い歯を見せる笑顔が印象的で、頭をきれいに剃り、こざっぱりしたアリーは、もう何年も前に仕事からは引退しているが、いつも忙しくすごしている――トレーニングをしたり、所属するクラブで若いアスリートを指導したり、〈コルベット〉のレースに出場したり。それに、身に付けた工業デザインの技術も活かしている。「自分のため、他人のためのプロジェクトになにかしら取り組んでいる。便利屋みたいな感じだね。夜になるとくたくたになっているから、よく眠れるよ」

第二の共通点は、前向きな姿勢だ。加齢にともない多くのランナーが感じる倦怠感が、まったく感じられないのだ。もう、昔の高みには二度と届かない。そんなふうに囁く声が、彼らには聞こえない。彼らにとって、全盛期はこれからやってくるのだ。

これもやはり、彼らがほぼ例外なく、若い頃にスポーツ人生を決定づけるような成績をおさめてこなかったからこそ、なのかもしれない。若い頃にはランニングなどまったくしてこなかったから、高齢になっても目新しくてめずらしいランニングを楽しめるのかもしれない。だからこそ続けられるし、向上のスピードも速いのだ。そのいっぽうで、若い頃にも競技はしていたが、思うような成績をあげられなかった人もいる。ウィットロックは若い頃、陸上に野心を燃やしていたが、その炎はケガのせいで消えてしまった。フィーも同様だ。ミュラーはオリンピック出場権を〇・五秒差で逃した。日本の弓削田は、結婚と出産のため、若い頃はマラソンへの情熱を抑えなければならなかったが、このスポーツの才能に秀でているという自覚を失うことはなかった。一九八四年、二六歳のとき、オリンピック初の女子マラソンでジョーン・ベノイト・サミュエルソンが優勝したのをテレビで見ていた弓削田は、「状況が違っていたら、あそこにいたのは私かもしれない」と、自分に言い聞かせたという。こうした忸怩《じくじ》たる思いは、中年期以降にマラソンを再開するランナーにとってみずからを奮い立たせる起爆剤になる。そして、ようやくそのときがきたら、チャンスをつかみとるのだ。

「年齢を重ねるにつれ、時間が少なくなっていくという感覚がある」と、フィーは言う。その整然とした物言いには、詩人の心が宿っている（実際、彼は何冊も詩集を発表している）。「だから、一時間一時間が、いっそう貴重になるんだよ」。この気づきがあるからこそ、彼は可能なかぎり最高のアスリートになるべく、寸暇を惜しんで努力しているのだ。

そして、偉大なマスターズのチャンピオンの第三の共通点は、ハードなトレーニングに対する並外れた能力だ。ボブ・リダのトレーニングの第一の方針は、トレーニングの最後に吐き気に襲われないのであれば、ハードさが足りていないということだ。エド・ウィットロックの場合は、一日に三時間のランニングを数週間、連続して続けることもある。ジーン・ダイクスは、質を重視した週に八〇キロほど走るスケジュールに加えて、二〇一八年には七回のマラソンと五回のウルトラマラソンを含む年間約四〇のハードなレースをこなした。ジョー・ショーンブルートは二〇二一年に七三〇〇キロ（週に約一三六キロ）ほど走ったが、これは彼が「車で走った距離の二倍以上」であり、弓削田眞理子の走行距離は週に最高一八四キロで、標高が高く酸素の薄い富士山の山腹を走っていることが多い。フィーの言葉を借りれば「成功したければ、本気で取り組まなくちゃならん」のだ。

競技で成功することが現実的な目標として掲げられるだけの、もって生まれた才能が十分にある人なら、こうしたハードなトレーニングをやる気になるかもしれない。だが、成功にはさまざまな形があり、真剣にハードなトレーニングに取り組んでいれば、とくに高齢者にはほかにも楽しみが得られる。アリーはこう語る。「とくに世界選手権といった大会で旅に出ると、同年代の選手と知り合える。すると、友だちみたいに親しくなる。もちろん、彼らは勝つ見込みがないことを自覚している。それでも、みんな大会に参加する。そんな姿を見ていると、私も奮起する。だから、同年代に自分ひとりしかいないから優勝した、というところまでは続けたくない」

私たちは年齢に関係なく、トレーニング不足の影響をたいてい過小評価し、自分をごまかしている。趣味でランニングを楽しんでいる人のトレーニングの平均的な走行距離は、エリートランナーの五分の一にも届かない。どんな言い訳を並べ立てても、トレーニング不足のせいで足が遅くなっているという現実は変わらないのだ。さらに高齢になると、習慣や優先順位が変わってくる。もっとトレーニングの量を増やす機会があったとしても、自分の力を過小評価しているため、試そうとしなくなる。

そして、おそらくそれこそが、マギル大学の研究をインスパイアした北米の黄金世代と、それに続く後進の巨人たちの真の偉大さなのだろう。彼らを見ていると、私たちが抱く「もう自分には無理だ」という感覚が根拠のないものに思えてくる。だから、彼らを変人扱いすれば、肝心な点が見えなくなってしまう――ともに陸上競技のレジェンドであるロジャー・バニスターやエミール・ザトペックを変人扱いするのと同じことだ。彼らはパイオニアであり、固定観念として存在していた限界を突破する勇気を後進に与えてくれた。そのおかげで何百人もの人たちが彼らの足跡をたどってきたのである。同様に、アリー、ダイクス、フィーといった選手たちも、進むべき道を示している。いまは亡きオルガ・コテルコがよく言っていたように、「自分で思っている以上に、あなたには多くのものを与える力がある」のだ。

だが、その彼女でさえ、こうした巨人たちのあとを追う現代の選手たちの野心には驚くかもしれない。

第10章 かなわぬ夢

トミー・ヒューズは私より二カ月ほど年上だが、私より走るのが数光年は速い。出会ったのは互いに六〇歳をすぎてからだが、彼はいつだって私より足が速かったに違いない。外見も似ておらず、彼は小柄だが、筋肉質の身体は引き締まり、髪の毛を剃りあげている。そして、この点も私とは正反対なのだが、ひと目見れば、ランニングに真剣に取り組んでいるアスリートだとわかる。

彼の名前は聞いたことがあるかもしれない。近年の大活躍のおかげで、彼は世界的に知られるランナーになった。とはいえ、彼が育った村では、数十年も前から有名人だった。

いまでも彼は、その村で暮らしている。北アイルランドのロンドンデリーとベルファストのあいだにあるマグヘラという村で、カトリックの信者が多い地域だ。父親はバス運転手で、彼は八人きょうだいの長子であり、若くして結婚したあとランニングを始めた。体重が増えていたし、ちょうどその頃、地元の〈ゲーリック・フットボール・クラブ〉のレギュラー入りを狙って奮闘していたからだ。

初めてマラソン大会に出場したのは一九八二年、二二歳のときだった。トレーニングらしいことはしていなかった――週に三回、六キロを走る程度だったが、それでも三時間一分二八秒というタイムで完走した。その後はトレーニングの量を増やし、一年もたたないうちにタイムを二時間三五分にまで縮めた。そして、この頃になると、ランニングが生きがいになっていた。一九八〇年代のマグヘラでの生活には、北アイルランドの紛争が影を落としていた。「あの頃はひどいもんだった。銃撃戦がしょっちゅうあった」と、トミーは言う。おまけに不景気が続いていた。彼は電気技師の見習い期間を終えていたが、就職先を見つけられずにいた。そこで失業手当をもらいながら、鬱積したエネルギーと情熱と知性をランニングに注ぎ込んだ。最新のトレーニング法を研究し、一週間の走行距離を一六〇キロ以上に増やし、賢くハードなトレーニングを心がけた。すると驚くほどの効果があったうえ、その効果は持続した。一九八四年には初めて二時間半を切り、デリー・マラソンを二時間二四分で制した。翌年、こんどは二時間一九分で優勝。一九八八年にはベルファスト・マラソン、メルボルン・マラソンで優勝し、もっとも驚異的だったのは、マラケシュ・マラソンで二時間一五分四八秒というタイムで優勝したことだった。以来、彼は地元の人たちに「マラケシュ急行《エクスプレス》」と呼ばれるようになった。一九九二年にはバルセロナオリンピックの代表選手に選ばれたが、足の疲労骨折でメダルの望みは絶たれた。しかし、なんとか回復してオリンピックに出場し、七二位でゴールした。オリンピック・スタジアムに戻ってきたときには満面の笑みを浮かべ、最後のトラック一周を走りきった。

それがトミーのランニング人生の終わりになったとしてもおかしくなかった。もう一〇年以上、いわばフルタイムのアスリートを続けてきたのだから。オリンピック代表選手に選ばれたときには、自分も驚いたし、家族や友人も驚いた。そして帰国すると、彼を待っていたのは仕事のチャンスだった。人なつっこい笑顔が魅力的でハンサムな若者なら、友人たちにも、若い女性たちにも、そしてパブでも人気者になるのは当然というものだ。そこで彼は国際的なアスリートとしての生活に別れを告げ、ふつうの生活に戻っていった――ビール、タバコ、深夜のケバブなど、若者らしい遊びにふけった。

だが、それでもランニングをすっかりやめたわけではなかった。そしてライフスタイルをだいぶ変えてしまったにもかかわらず、一九九八年、ベルファスト・マラソンに出場すると、三八歳にして二時間二三分三三秒というタイムで優勝した。しかし、彼の人生はもはやスポーツを中心に回ってはいなかった。夫として、四人の子どもの父親として、そしてすぐれた専門技術をもつフルタイムで勤務する電気技師としての役割を担うようになっていたのだ。仕事があればどこにでも出かけた。「イングランド、アイルランド、スコットランドは各地に行ったし、中国やサウジアラビアにも行ったね。長年、スーツケースひとつでの旅から旅の生活だったよ」

そして二〇〇八年、四八歳になったトミーの頭に、もう一度栄光をつかめるかもしれないという思いが浮かんだ。「ベルファスト・マラソンの開催日が近づいていたんだ。私は一九八八年に優勝して、一〇年後の一九九八年にも優勝していたから、こう思ったんだよ。『また二〇〇八年に優勝するのも悪くない』とね。それで、ランニングを再開することにした」

それからの数週間は、オリンピック前と同じような厳しいトレーニングに、一日に二回以上取り組んだ。だが、オリンピックのときと同じような身体をつくる時間はなかった。それでも、大会当日はかなりよく走れた。そしてケニアやエチオピアの有力選手がひしめくなか、なんとか六位に食い込んだ。タイムは優勝者より一二分も遅かったが、二時間二八分三八秒というタイムは、四八歳としては驚異的だった。「だから、また目標を立てることにしたんだ。『二年後には、五〇歳になる。五〇歳でナンバーワンのマラソンランナーになってやる』と」

最高の状態に戻るまでにはしばらく時間がかかったが、二〇一〇年には調子をあげ、ノッティンガムで開催されたロビンフッド・マラソンを二時間二九分一二秒で制した。その後、仕事が比較的落ち着き、二〇一一年から二〇一四年にかけては、レスターですごすことが多かったため、地元のランニングクラブ〈レスター・コリタニアンズ〉に入会した。時間の経過をとめることはできなかったし、トレーニングに励んだ効果は、押し寄せる老化という波にやすやすと押し流された。パブでくつろぐ夜が多すぎると、さらに悪化した。二〇一一年、五一歳のとき、トミーはベルファスト・マラソンで五位に入賞し、順位こそ上げたものの、タイムは二時間三三分一六秒に落ちていた。翌年は二時間二九分四三秒まで縮めたが、順位は八位に後退した。

そして二〇一三年、デリー／ロンドンデリー・マラソンが、ウォールド・シティ・マラソンという新たな名称で復活した。「一九八四年と一九八五年に優勝したんだが、その後、開催されなくなったから、三年連続では優勝できなかった。だから復活したと聞いたときには、よし、もう一度やってみせると意気込んだ」と、トミーは言う。「まあ、実現できそうにない夢だとは思ったが」。だが、いったん目標を定めたら、がむしゃらに邁進するのがトミーだ。レース当日は、地元の若手ランナー、グレッグ・ロバーツとの一騎打ちになった。勝てる見込みはなかったが、最初の二二キロほどを激しく競り合ったあと、年長のトミーの鋼《はがね》のような根性がものを言った。結局、トミーが二時間三〇分三二秒というタイムで優勝した。五〇代になってから三回めの優勝を果たした彼は、この大会でいわばハットトリックを決めたのである。

それは間違いなく、彼のアスリート人生における最大の偉業だった。だが、その直後、ついに年齢が彼に追いついた。「トレーニングは続けていたのに、以前と同じようなペースでは走れなくなってね。『思っていたより早く老いぼれてきたのかも』と思うようになった」。彼は急激に活力を失い、うつ状態に陥るようになった。そして「ひどい気分の波」に悩まされ、状態はどんどん悪化していった。これに加えて、さらに危険な問題が生じた。「私はいつもアルコールの問題を抱えていたんだが、フルタイムのランナーだったときには、何カ月も飲まずにいられた。酒が残っていると走れないからね。だから一回フルマラソンを走ったら、その後、一日か二日は酒を飲み、そのあとはまた、トレーニングに戻っていた」と、トミーは言う。

「ランニングをやめたあとは、フルタイムで働くようになった。そして自宅から遠く離れた地で働き、仕事のあとはパブに行って飲んだ。それが職場の文化だったんだ。私は依存しやすい性格だから、すっかりアルコールに依存するようになった」

五〇代半ば――五三歳から五七歳くらいまで――はアルコールに支配され、家庭生活を含め、人生が崩壊しはじめた。「コントロールできると思っていたが、結局はいつも酒にコントロールされていた」。気分の波はいっそう激しくなり、いっそう深酒をするようになった。二〇一七年には、その状態が三カ月も続いた。

結婚生活は、そのしばらく前に終わっていた。「私の飲酒のせいで、家族はもっとつらい思いをしていただろう」。当時の彼には新しいパートナーのアンがいて、近くに暮らしていた。アン、彼の子どもたち、彼のきょうだい、その妻たちが懸命に試みたものの、彼と心を通わせることはできなかった。「そもそも、こっちにはやめる気がないんだから、なにを言われたところで右の耳から左の耳さ」

最後の数カ月は、一晩にウオッカをボトル一本飲んでいた。「パブに行くとカネがかかる。だから、ただ家で座ったまま、飲んだくれてた」。ランニングはといえば、「ゼロ。一歩も走っちゃいなかった」

ついに、アンが文字通り、彼をクリニックに引きずっていった。彼は死にかけていた——おまけに、検査の結果、問題はアルコール乱用だけではないことが判明した。甲状腺の異常のせいで、骨からカルシウムが大量に血中に溶けだしていたのである。これは副甲状腺機能亢進症という病気で、気分障害、抑うつ、筋肉疲労、エネルギーレベルの低下といった症状をともなう場合が多い。さらに、長引けば症状はいっそう悪化する。しかし、こうした症状は簡単に抑えることができる。トミーは点滴を受け、入院を認められ、甲状腺を切除した。術後、数日もたつと、体調がよくなった。そして数週間後の二〇一八年九月三日、彼は断酒した。

いずれにしろ、それが、彼と最後に話したときに聞いた話だ。飲酒の誘惑は強く、トミー自身も断酒のむずかしさはよく理解している。しかし、彼はまた酒を飲まなくなってからの歳月が、アスリート人生のなかでもっとも驚異的であったことも自覚している。

最後のボトルを空にしてから二週間もたたないうちに、彼はアイルランド代表として、マラガで開催された世界マスターズ陸上競技選手権大会でハーフマラソンを走った。「タイムは自分史上、最悪だった。八六分もかかったが、チームは銅メダルを獲得した」。これこそ、彼が必要としていた起爆剤だった。ふたたび夢をもつ準備がととのったのだ。

二〇一九年には、その夢がかないはじめた。この年の四月、彼はロッテルダム・マラソンを二時間三〇分一五秒で走り、これが五九歳の史上最速記録となった。さらなるモチベーションは、三四歳の息子、オーンとランニングの夢を分かちあうようになったことだった。オーンはマラソン初心者だったが、父親ゆずりの才能を開花させつつあった。その前年の九月、ベルファストでは惜しくもハーフマラソンでの親子ペアによる世界記録を更新することができなかった。しかし、オーンはどんどん速くなっていたので、これから自己ベストを更新できるという希望をもつだけの理由があった。

この年の一〇月、二人はドイツに向かい、親子ペアによるフルマラソンの世界記録更新という目標を掲げ、フランクフルト・マラソンに出場した。オーンは終盤に苦戦し、自己ベストとなる二時間三一分二〇秒を出したものの、失望を隠せなかった。だが、トミーにとっては最高のレースとなった。二時間二七分五二秒というタイムは、彼にとって過去二一年間で最速の記録で、一九九二年のバルセロナ五輪の成績より五分も速く、自身が半年前に樹立した五九歳の世界記録より二分も速かった。そして親子ペアの記録はといえば、二人合わせて四時間五九分二二秒で、それまでの記録を三分近く縮め、ギネス世界記録に認定された。

トミーは言う。「ランニングで結果を出す。それが自分にとってはいちばん意味があることだ」。だから、彼はこうした結果に満足せず、また新たな目標を立てた。二〇二〇年一月、彼は六〇歳になった。史上最高の六〇歳のマラソンランナーとして確固たる地位を築くための舞台は完璧にととのっているように思えた。それに、個人的な目標も立てていた。マラケシュでの二時間一四分四六秒を含め、二〇代では二時間三〇分を切るタイムを何度か出していた。三〇歳になってからも、一九九二年にオリンピックの出場権を獲得した二時間一三分五九秒（同じくマラケシュ）を出していた。四〇代では二〇〇八年のベルファスト（同じくマラケシュ）で二時間二八分三八秒を出している。そして五〇代になると、二〇一九年一〇月の二時間二七分五二秒を含め、四回、二時間半を切っている。

そのフランクフルトでの記録を、彼は目標に据えることにした。あのレースを走ったのは、六〇歳の誕生日まであと二カ月半という頃で、七年前より二分速いタイムを叩きだした。六〇代でも二時間半を切ることもできるのでは？　そうなれば、二〇代から六〇代までという五つの年代で、フルマラソンで二時間三〇分を切った史上唯一の選手になるだろう。

彼はその目標に向かって努力しようと決意し、トレーニングを強化した。海外での高給の仕事のオファーを断ったこともあった。個人事業主だったので、生活できるだけの収入は得ていたからだ。老後の小遣い稼ぎのために、この一風変わったランニングの夢を実現するチャンスを逃してなるものか。これが、トミーの強さの秘密のひとつだ。目標のレースが迫ってくると、万難を排してトレーニングだけに集中する能力があるのだ。そこで、またオリンピックに出場したときのようにトレーニングに励んだ。おかげで六〇歳の誕生日を迎えたときには、これなら目標を達成できるという自信を覚えていた。だが、ひとつだけ、さすがの彼にも予想できなかったことがあった。新型コロナウイルス感染症の世界的大流行によって、彼が六〇歳になる頃、世界各地の主要なマラソン大会がほぼすべて中止されたのである。

彼が目標としていた大会の開催が次々に見送られた。二〇二〇年四月のロンドン・マラソン、七月の世界マスターズ陸上競技選手権大会（トロント）、一〇月のレクサム・エリートマラソン（俊足の選手だけが走れる特別な大会）。それでも彼は数カ月にわたるトレーニングをしっかりと続け、一日二回のトレーニングに集中して取り組んだ。週に二二〇キロ以上の距離を走ることもあった。そして万全の体調を維持したにもかかわらず、報われることはなかった。その年はほぼ絶好調ですごし、ロックダウンの合い間にM60の世界記録（一五キロ、一〇マイル、ハーフマラソン）を樹立した。しかし、出場を予定していたマラソン大会は開催されなかった。一〇月下旬のリズバーン・フェスティバル・オブ・ランニングは、四日前になってから中止が発表された。「あの大会のために、必死でトレーニングに励んでいたからね」と、トミーは明るい口調で言う。「そりゃあ、がっかりしたさ」

パンデミックの期間にこうした失望を味わったランナーは彼だけではない。とりわけ、競技志向のマスターズの選手にとっては酷だった。レースが開催されないうちに、時間は刻々とすぎていく。どれほどトレーニングを重ねて調子をあげたところで、大会が開催されなければ記録は残せない。

だが、六〇歳であるのがあと二カ月半になっていたトミー自身も、そして地元のランニング仲間で彼を尊敬する人たちも、諦めきれなかった。そこで新たな計画が浮上した。開催を見送ったリズバーンの大会関係者が、ダウン・ロイヤル競馬場（その前月に、トミーが一〇マイルの記録を樹立した場所）の公認されているマラソンコースを利用して、北アイルランドの新しいサーキット・ブレーカー〔一定の条件を満たせば感染症対策を強める方式〕のルールがあるなか、〝スポーツイベント〟として認定される程度の小規模でマラソン大会を企画したのだ。つまり、当日集まるのは最大一五人で、うち四人が事務局員、残りがランナーということだ。彼らは当初、同じく延期された「迷路」のイベントと同じ一〇月二四日（土）の開催を考えていたが、天気予報を確認したうえで、日曜日に延期することにした。

結局、この判断が裏目にでた。「日曜の天気のほうが、土曜より悪かったんだ」。雨こそ降らなかったものの、南風が吹き、寒かった。おまけに、どんな距離を走るランナーでも、心が折れそうな強風だった。トミーは当初、集中しすぎていたので、風の強さに気づかなかった。ただ頭にあったのは、一〇カ月間待たされて、ようやくマラソン大会に復帰できたという思いだった。そしてスタートからずっと、記録を破れるペースで走りつづけた。ほどなく、一緒に走っていた地元ランナーたちは追いつけなくなった。しかし、トミーにとっても苦しい状況であることに変わりはなかった。

ふつうの日なら、ここはじつに気持ちよく走れるコースだ。ほぼフラットで、車も走っていない。何カ所か、風があまり強く吹かない場所もあり、競馬場には青々とした芝生が広がり、つい右側（周回コースの外側）に視線を向けたくなるし、左側（周回コースの内側）にはゴルフコースが見える。ところが、ランナーたちが出発地点のホームストレートに戻ってくるたびに、正面から強風が吹きつけてきて、周回を重ねるたびに（合計で一四周半走る）、身体にこたえた。「あれにはまいったね」と、トムは言う。

それでも、彼は自分を奮い立たせ、風なんぞに負けるものかと突き進み、一瞬でも疑念が頭をよぎらないように集中した。最後まで自分のリズムをキープして、士気を維持しなければならないことがわかっていたからだ。

最初は、それでうまくいっていた。一六キロをすぎたあたりで、彼と四〇歳のコリン・ヘロンの差は二分しかなかった。だが、ペース判断で頼りにしていた息子のオーンは、足のマメと体調不良のため、すでに途中棄権していた。トミーとコリンはかまわず走りつづけていたが、トミーは集中できなくなっていた。おまけに寒気も襲ってきて、やる気を失いかけた。だが、彼は敢然と前を向いた。

中間地点では、二時間二九分〇四秒でゴールできるのではと計算していた。そして三二キロをすぎた時点では、二時間二九分四九秒でゴールできるペースだった。当時の世界記録保持者をこの時点で五分以上上回っていたことを考えれば、驚異的なスピードだ。だが、トミーはもうペースを上げることができなかった。いっぽうコリン・ヘロンはペースを上げるべく、勝負に出ていた。この時点ですでに、コリンのタイムは自己ベストを二五分上回っていた。ほかの選手たちは、もう半周遅れとなっていた。

トミーは残り三キロとなったとき、自転車で伴走を始めていたオーンに尋ねた。「二時間半切りにまだ間にあうか？」

「いや」と、オーンが言った。「このペースだと、もう無理かな。でも頑張れば、ひょっとすると……」。

トミーはショックを受けたが、もう悩んでいる時間はなかった。

「それからはもう、無我夢中で走ったよ」と、レースを終えたトミーは私に話した。「残り三キロで夢を諦めるわけにはいかない。だから全力を振り絞ることにした。死力を尽くすぞ、とね」彼は最後の一キロを三分三一秒で走った。それは数字で見るよりもずっとタフで、速いペースだった――それまでに四一キロ走っているとは信じられないほどだ。「ホームストレートでは、向かい風にまっすぐ突っ込んでいった。長い、長い、ストレートだった。やがて、オーンが『残り一六秒、一五秒……』とカウントダウンを始めた。そしてフィニッシュしたが、二時間半は切れなかった」

結局、二時間三〇分〇二秒というタイムで、二位に一分近い差をつけて優勝し、M60の世界記録を六分半も更新した。だが、彼が切望していた目標には、たったの二秒、及ばなかった。

「二時間半を切れなかったことはよくわかっている」と、彼は悔しそうに言う。「落胆したよ。あと、もう少しだった。それでも、世界記録を六分半も縮めたんだ」。そう言うと、彼は笑った。「世界記録を六分半も縮めたのに、がっかりしているやつなんているか？」

彼は奮起し、また挑戦しようと意を決した。だが、いつ？　六一歳の誕生日が近づき、すぎていった。六〇歳最後の週、カレンダーに記されていたマラソン大会はふたつとも中止になった。そして二〇二一年四月、チェシャー・エリートマラソンがようやく開催された。新型コロナウイルス感染症のワクチン接種を受けた数週間後のことだった。トミーは強い副反応に襲われ、大切なトレーニングが一〇日間もできなかった。そうした状況下での二時間三一分一八秒というタイムは見事だったが、五つの年代で二時間半を切るという夢は実現できなかった。

それから、延期して開催された二〇二一年一〇月のロンドン・マラソンでは、夢を実現できる可能性が高いように思えた。しかし、トミーはスタート地点の混雑を予想しておらず、レース直前、トイレに行くことができなかった。その結果、レース中盤に木陰でストップすることになり、一分以上ロスした。結局、タイムは二時間三〇分四六秒だった。「がっかりだよ」と、彼は言った。それは、感心するほど控えめな表現だった。「だが、挑戦は続けた」

その二カ月後、スペインで開催されたバレンシア・マラソンでは万全を期すことにした。スタート地点からわずか三〇〇mのところにあるホテルを予約し、混雑とは関係なくスタート前にトイレに行けるようにし、ふたたびオリンピック選手のようにトレーニングを重ねた。その後、オミクロン株の新型コロナウイルスが流行し、残り一週間となったところで、スペインは予防接種を二回受けていない旅行者の入国を禁止した。トミーは四月に最初の予防接種を受けていたが、そのときの副反応があまりもひどかったため、二回目は受けていなかった。だが、もう予防接種を受ける時間の余裕はなかった。「また運に見放されたんだ」と言って、彼は肩を落とした。

六二歳の誕生日がすぎていったが、夢を追いかけようという強さはまだ残っていた。次のチャンスは二〇二二年四月のマンチェスター・マラソン。「目標達成のためにベストを尽くす」と、レース直前、彼は言った。だが、またしても、ほんのわずかオーバーした。記録は二時間三〇分〇七秒だった。

失望という表現では足りないほど、彼は落ち込んだ。だが、そのいっぽうで、そのタイムは六二歳では史上最速だった、六〇歳のときに自身が樹立した見事な世界記録とは五秒差だった(年齢で調整すれば、もっと速いタイムに換算される)。失望する理由などないのでは? だが、想像を絶するほど厳しいトレーニングを重ねたにもかかわらず、わずかに目標に届かない結果が続けば、落ち込むのが当然だ。虚脱感という言葉では表現できないほどだった。まるで目に見えないバリアが張られているように感じた。

それでもくじけることなく、トミーは一カ月後のベルファストシティ・マラソンに照準を合わせた。ところが、こんどは鼠径部が痛みはじめ、大会二日前に出場を断念した。これまでの激しいトレーニングを考えれば、もっと早い段階で、身体が悲鳴をあげていてもおかしくなかった。だがこんどは、私たちと同様、彼もひとつのジレンマに直面した。治療のための時間をたっぷりとるか、身体を犠牲にしてもトレーニングを再開するか。時計の針が刻む音が容赦なく大きくなっていることを、彼は痛感した。

あなたが本書を読んでいる頃には、彼にも運が向きはじめているかもしれない。私たちが最後に話したとき、彼はまだ諦めていなかった。だが、時間という逆風が吹いている事実に変わりはない。年齢はすでに自身の区分の後半にあり、これまでの世界記録保持者の記録を見ていると、ひとつ歳をとるたびに、マラソンのタイムが一分ほど遅くなることがわかっていた。そのため、フルマラソンに挑戦するたびに、改善すべき点が増えていった。彼ならやってのけるかもしれない。でもさすがのトミー・ヒューズも、ある日、それがかなわぬ夢であることを痛感するのかもしれない。

しかし、その夢はあと少しのところまで来ていた。だからこそ、トミーの経験はふたつのことを示唆している。ひとつは、ある日、どこかで、六〇歳の男性が二時間半という壁を破るだろうということ（マンチェスター・マラソン前の二年間、出場しようとしていた大会がすべて中止にならなければ、トミーがどれほどのタイムを叩きだしていたか、想像してもらいたい）。そして、もうひとつは、当面、六〇歳の男性マラソンランナーが達成できる限界は、二時間三〇分前後であることだ。

それでも、まだ大きな疑問が残っている。トミーの強さの秘訣とはなんだろう？　もちろん、目標に向けてトレーニングに取り組む際、修道士のように禁欲的に、かつ一心不乱に集中していることが挙げられるだろう。午前中に一六キロほど、レースの七五％ほどのペースで走り、午後も同じように、またレースペースの七五％で走る。それに老化に抗《あらが》うべく、時間とエネルギーに余裕があれば、体力、バランス能力、安定性を身に付ける運動もおこなっている。「腹筋、腕立てはたくさんやる。ガレージにウエイトトレーニングの器具も少し置いてあるから、それも使う。スキップも少しするし、パンチバッグもやる。サイクリングや水泳、有酸素トレーニングもかなりやる」。それに、フォームローラーで筋肉のこわばりをほぐしているし、毎日、ビーツジュースを欠かさず飲んでいる。主要レース前の数日間は、カーボローディング（高糖質食）を厳密におこなっている。

彼の最初の「引退」（三二歳のとき）からロッテルダム・マラソンでの記録樹立（五九歳）までに、二七年間もの歳月が流れたというのに、トミーの運動能力はたった一一％、つまり一〇年当たり五％ほどしか低下しなかった。その理由は、こうしたトレーニング量の多さにもあるのだろう（ふつうは三五歳をすぎると、一〇年当たり七〜一〇％の低下が予想される）。トミーの年齢区分で、それまでM60のマラソン世界記録保持者だった保坂好久《ほさかよしひさ》も、同様に低下率は小さかった。そして保坂もまた年に四、五回はマラソン大会に出場し、数十年間、休むことなくトレーニングを続けていた。対照的にトミーのほうは、三二歳から四八歳にかけて本格的なトレーニングを何度もやめている。こうした中断期間があったにもかかわらず、彼はどうして偉業を達成できたのだろう？　それとも中断した時期をつくったことが、かえって幸いしたのだろうか？

いまのところ、この疑問に対する答えはない。トミーの年齢で、有意義な比較ができるほどの能力をもつランナーが十分にいないからだ。だがそれでも、スポーツ科学者たちにとってトミーは魅力的なランナーだ。フランス国立衛生医学研究所（ＩＮＳＥＲＭ）のロミュアルド・レパス博士が率いる研究チームは、二〇一九年四月にロッテルダムで注目を集める活躍をしたトミーを、リヴァプール・ジョン・ムーア大学の調査に初めて招いた。そして親子ペアでのマラソンの記録更新という野望に関する話を聞くと、彼らはいっそう興味をもち、さらなる研究のためにオーンとともにふたたび協力してもらった。親子二人のトレーニングは、フランクフルト・マラソン前の二カ月間モニターされ、研究チームはレース中の二人のペース配分と栄養摂取計画についても分析をおこなった。

すると、驚くべきことがわかった。トミーは最大限の努力に近い状態を、長時間維持することができたのである。研究室とレース中の測定結果からは、オーンが最大酸素摂取量の八四・五％を維持していることがわかった。これはきわめて有能なマラソンランナーが必死で走っているときと同じような状態だ。しかし、トミーはさらにその上をキープしており、なんと九〇・九％を維持することができた。これは科学的に可能であると考えられていた限界を超えていたが、同様の現象はジーン・ダイクスでも観察されていた。いったい、これはなにを意味するのだろう？　ひとつ考えられるのは、最高の能力をもつ高齢アスリートは、研究室では絶対的な限界を超えるのがむずかしいという説だ――だから、最大酸素摂取量が研究室では実際よりも低いのかもしれない（これは、トミーがトレッドミルで疲労困憊するまで走りきったとき乳酸値が五・七ｍｍｏｌ／Ｌと驚くほど低かったという事実でも裏づけられている）。しかし、またべつの可能性もある。すぐれた高齢ランナーは、若いランナーよりも自分の限界ぎりぎりまで走れるという、理解しがたい能力をもっているということだ。

なぜそんなことができるのかは、謎のままだ。もしかしたら、単なるトレーニング量がものをいうのかもしれない。ほかの選手なら故障してしまうほどの量のトレーニングやレースをこなせるのは、先天的あるいは後天的に、身体の回復力が高いからなのかもしれない。もしかすると、年齢のなせる業《わざ》なのかもしれない。あるいは、トミーの場合、私には〝気骨《ハート》〟としか表現できない、データにはあらわれない資質があるからなのかもしれない。

六〇代になると、すぎさってしまった青春時代を懐かしく思いながらすごす人は多い。だが、トミーはいまの自分を存分に楽しんでいる。そして、やる気満々だ。さもなければ、あれほどハードなトレーニングを続けられるわけがない。それに聡明で、トレーニングがもたらす効果をよく理解しているし、情報にも通じている。さらに、科学的に見れば肉体には生理学的限界があることなど、ほとんど意に介さない。彼は毎朝、安静時の心拍数（たいてい一分間に四四回）をチェックし、体調が悪くないことを確認する。そして体調がよければ、ひたすら〝頑張る〟。頑張れば、なんだってできるというシンプルな信条をもっているのだ。たとえ失望することがあっても、客観的に考えるようにしている。そして、自分のランニングの成果は、断酒の大きな成果のひとつにすぎないことを自覚している。だから、こうして元気に毎日をすごせていることに感謝している。これほど人間らしく、いきいきと生きていることを実感できていたのがいつだったのか、思い出せないほどだ。

これは研究室では測定できない資質である。勇気をもち、そこに楽観主義もまじえて、リスクを冒すことを怖れずにやってきたのだ。挫折することがあっても、そのたびに新たな希望を胸に立ち直った。そしてつねに、〝あともう少し頑張れば、夢を実現できる〟と信じてきた。トミーの場合、実際にそうなのだろう。まだ実現できていないだけなのだ。

「思うに」と、彼は陽気に締めくくった。「私はまだ自分のキャリアを終えていない。というより、まだ始まったばかりなのさ」

第11章

筋力とバランス能力

トミー・ヒューズの生理機能に関する細かいパーセンテージの数字を知ったところで、大半の人にはあまり意味がない。彼のような才能がないので、彼のように走ることはできないからだ。しかし、彼が闘っている目に見えない敵――ほかの条件が同じであれば、マラソンのタイムを一年ごとに一分遅くする力――は、万人の敵でもある。加齢によってランナーとしての能力が衰えていくのだ。だから、そのプロセスを知っておくだけの価値はある。

私たちが直面している明確な事実を、次にいくつか挙げてみよう。

（1）中年以降、筋肉が衰える。雪だるまが溶けていくようなものだ。五〇歳から八〇歳までまったく同じ種類のトレーニングを同じ強度で続けたとしても、筋肉量は一年当たり一～二％の割合で着実に減り、筋力が一・五～五％の割合で低下する。七〇歳になると、最大筋力が四〇歳のときより二五％低下し、八〇歳になると筋肉量は四〇％減少する。ただしこれは、筋肉量の減少に応じてトレーニングの量を減らすことなく、同じ強度のトレーニングを続けた場合の推定だ。

（2）これに加えて、肺機能もいちじるしく低下する。低下がどの程度かについては意見が分かれているが、従来の見解では、最大酸素摂取量が一〇年ごとに七〜一〇%低下する。つまり、七〇歳のランナーは四〇歳のときより二五%ほど機能が低下した肺でなんとかやりくりしなければならないのだ。

(3) 最大心拍数（激しい運動をしている最中の一分当たりの最大心拍数）も低下する。肺機能ほど急激に低下するわけではないが、四〇歳から七〇歳のあいだに約二一%低下し、これにともない、ランニングのパフォーマンスも低下する。

(4) 一回拍出量（心臓が一拍の収縮によって拍出する血液の量）が減少する。

(5) 全身の血液量が減る。

(6) 筋肉に栄養を送る効率が悪くなり、運動によって筋肉を再生させるのがむずかしくなる。座りがちな生活を送っている六〇歳の人は、やはり座りがちな生活を送っている二〇歳の人と比べると、二倍の速さで筋肉を失い、それを取り戻すにはやはり二倍の量のレジスタンス運動*をしなければならない。

(7) 七〇歳に近づくと、速筋が反応しなくなる。

(8) 筋肉にエネルギーを放出する際に必要な酵素の働きが低下し、量も減るため、筋肉のエネルギー代謝が低下する。

(9) 乳酸閾値《いきち》〔疲労の原因となる乳酸が血液中で急増を始める運動強度〕が低くなり、有酸素運動で維持できる強度が下がる。

(10) 性ホルモンの分泌がおおむね減少する（いわばドーピングと正反対の自然現象と考えていいだろう）。

(11) 靭帯や腱が弾力性を失い、もろくなる。

(12) 関節の可動域が狭くなる。
(13) 骨密度が低下し、骨折しやすくなり、場合によっては骨粗鬆症《こつしょうしょう》になる。
(14) 免疫系の機能が低下する。
(15) 運動神経細胞の働きが衰え、筋肉の動きを制御する運動単位《モーターユニット》(筋線維群)が減少するため、神経系の機能が低下する。するとバランス能力が徐々に衰え、筋肉量が減少し、筋肉がパワーを生みだす力が低下し、ケガのリスクがぐんと高まる。

これは老化の症状を網羅したリストではないが、大半のランナーをがっくりさせるには十分な内容だろう。こうした症状に見舞われるのは、ランナーが自分を律するのをやめて好き勝手やった結果ではない。ただ、時間が経過するというそれだけの理由で起こることなのだ。それは重力と同様、生物に課された根本的な制約であり、新たな一日を迎えるたびに、少しずつ悪化していく。なお悪いことに、老化にまつわる個々の症状が、ほかの症状を悪化させる。生理的なシステムの一部が適切に機能しなくなると、すでに自分の仕事をこなすのにしゃかりきになっているほかの部分が、それを補うためにさらに懸命に働き、しまいには自分の仕事をきちんと果たせなくなるのだ。循環器系が極度に疲労すれば、エネルギー不足におちいった筋肉にダメージを与える。こうしてバランスが悪くなれば、故障しやすくなり、すでに弱っていた骨にもダメージを与えかねない。関節が硬くなれば、負荷がかかりすぎた腱にも損傷が及ぶだろうし、

＊スクワットや腕立て伏せなど、筋肉に抵抗《レジスタンス》をかける動作を繰り返す運動。

筋力が弱くなったり、バランスを崩して転びやすくなったりする。だが、加齢とともに減らないものがひとつだけある。それは、ケガをするリスクだ。

そして、ケガといえばもうひとつ、お伝えすべき老化現象が残っている。

(16) 年齢を重ねるにつれ、ケガが治るまでに時間がかかるようになる。

さすがに心が折れるというものだ。いくら障害物を乗り越えようと努力したところで、結局は走れなくなってしまうのだから。それに、どんな年齢層であろうと、世界のランナーの半数が一年間に一度はランニング関連のケガに悩まされていることを考えれば、永遠にケガをせずに走れるなどと想像するのは非現実的だ。むしろ、年齢を重ねたアスリートは、ほかのアスリートと同様、思いもよらないタイミングで休養をとらざるをえないことを覚悟しておくべきなのだ。唯一の違いは年を重ねるごとに休養期間が延びるということだが、そうなれば体力や筋力が低下し、健康的な習慣の効果が弱くなり、体脂肪率がじわじわと高くなる。そうなると、もうストイックに努力するのが馬鹿らしくなる。その結果、ランニングを再開したときにはいっそう体力が落ちていている。当然、大半の人は、また頑張ろうという意欲を多かれ少なかれ失うことになる。

それでも根気よく頑張ろうとする少数派のランナーには、もっと悪いニュースを伝えなければならない。あなたの七〇歳から八〇歳の誕生日のあいだのある時点で、本当の衰えが始まるのだ。その原因は完全には解明されていないが、七〇代半ばの落ち込みはスポーツ生理学的に不変の事実に数えられる。さらに男性、女性、ランナー、サイクリスト、短距離走者、長距離走者など、いずれの分野でも、生理学者スティーブ・ハリッジが体力の衰えを示したグラフでは、七〇代のどこかの時点で急激な下降が見られる。大都市で開催されるフルマラソンの大会が参考までに挙げている「年齢相応」のタイムを見ればわかる。四〇代から五〇代にかけてタイムは徐々に落ちはじめ、五年ごとの年齢区分で五分、つまり一〇年で一〇分遅くなる。さらに六五歳から七五歳にかけては、一時間一五分（女性は一時間二〇分）も遅くなる。これをグラフで見ると、「七〇代半ばの落ち込み」を迎えるまでは加齢による衰えが曲線的なのだが、以降は指数関数的に落ちる、ということだ。その原因はおおむね、筋肉と運動神経細胞の減少である。M60、M65、M70、M75の三〇〇mハードル世界記録保持者であるドイツの偉大なギード・ミュラーは、きわめて高機能の個人における加齢の影響について、長期にわたる信頼の置けるデータを提供している。ミュラーでさえ、老化の悪影響からは逃れられなかったのだ。エド・ウィットロックも同様だった。それは、グラフの傾斜は七〇代半ばまでは穏やかで、それほど変化は見られなかったが、七〇代半ば以降は急降下が見られたのである。

これほど不利な状況にあるのだから、高齢になっても走りつづけている人がいるという、ただそれだけで、驚異的に思える。大勢のランナーが寄る年波に負けずにランニングを続けているのだから。そして大勢のランナーが、自分なりのベストを尽くしているのだ。その大きな理由は、どれほどの困難があろうとも、諦めるよりは続けるほうがはるかに報われることが多いからだ。たとえ、目標にしていた目的地（たとえば八〇代でメダルを獲得して表彰台に立つ）にたどり着けなくても、長期的な目標を立てていれば、十分に報われる。希望をもって前進していけば、活動的にすごせる期間が何年か長くなり、人生に輝きをもたらすことができるのだから。

さらに、可能であるならば努力を続けていくうえで、励みになる理由はほかにも多々ある。これまでリストに挙げてきた生理学的な衰えは、ぜったいに避けられないものばかりではないのだ。

「これを見てください」と、スティーブ・ハリッジは言い、私にある個人の太腿の筋線維を断層撮影した画像を見せてくれた。「病理医なら、これを見て、これは若者の筋線維だと言うでしょう」。だが、この画像は八四歳のサイクリストで、彼の同僚でもあるノーマン・ラザロのもので、三一歳の人の画像と見分けがつかない。筋肉が密で、なめらかで、量が多く、ほとんど脂肪がない。座りがちな八五歳の画像に見られる、隙間があって、しなびていて、脂肪が多い筋線維とは対照的だ。

ハリッジの研究が示すもうひとつのグラフでは、筋肉に酸素を活用させるミトコンドリアの融合（よい）と分裂（悪い）に関する加齢と活動の相対的な影響を示している。だが、真剣にトレーニングに励んでいる高齢アスリートの場合、〝座りがちな高齢者〟よりも、若者たちのほうにスコアが近い。

また、もうひとつの断層画像は、異なる年齢の被験者の筋肉の形態を比較している。そしてここでも七九歳のマスターズ・アスリートの画像には、五五歳の被験者の画像と同様、タイプ二型筋線維（速筋線維）が散在しているように見える。いったい、これはなにを意味するのだろう？ 本格的なマスターズのアスリートは、生理学的な時計の針を実際に巻き戻しているのだろうか？

ハリッジはこう説明する。「こうしたデータが示しているのは、生来の老化の限界がどこにあるのか、まだ明確にわかっていないということです」。つまり、時計の針が巻き戻されているわけではない。ただリセットされるのだ。ラザロスのようなアスリートは、人体の賢い利用法に関する私たちの意識を少しずつ変えているのだ。ハリッジは、西洋医学の父ヒポクラテスの二五〇〇年前の言葉を引用するのを好む。いわく、「使えば発達し、使わなければ衰弱する」。

あるレベルでは、これは明白だ。身体を使えば使うほど持久力がつくが、のろのろとしか動かなければ身体は衰えていく。そして驚くべきことに、成功がさらなる成功につながる——というより、少なくとも衰弱を抑えることができる。肉体は例外なく老化するが、可能なかぎり高いレベルでトレーニングをしていれば、老化によるハンディキャップをかなり軽減できる。その結果、身体はよりハードなトレーニングをこなせるようになり、うまくいけば、老化のスピードを遅らせることができる。そうなれば、ケガから回復する時間も短縮できるかもしれない。アスリートの心血管系、免疫系、ホルモン系は、ほとんど衰えないからだ。

こう述べているのはハリッジだけではない。ここ一〇年ほど、世界各地の研究者たちが研究結果を報告してきた。カナダではマーク・タルノポルスキーが、週二回の筋力トレーニングを六カ月続ければ、老化した筋肉の生化学的・生理学的・遺伝的特徴を一五〜二〇年ほど元に戻せるという研究結果を発表した。アメリカでは、ペンシルベニア州ピッツバーグ大学整形外科学部のアンドリュー・P・ウロブレフスキが「定期的な運動により、マスターズの選手たちは筋肉量を維持している」という結論を出した。日本では、神奈川県の慶應義塾大学スポーツ医学研究センター／健康マネジメント研究科の小熊祐子《おぐまゆうこ》が「これまでの私たちの考えとは異なり、筋肉は高齢になっても強さを維持することができる」と述べ、そのエビデンスを報告している。

運動は役に立つ。しかし、それならなぜ、この数十年、運動を日課にしてきた私の身体はどんどん弱っているのだろう？

マンチェスター・メトロポリタン大学（MMU）のスポーツ研究所は環状道路マンクニアン・ウェイに面する四階建ての真新しい建物にある。高齢アスリートの研究に関して数十年の歴史をもつ研究所で、とくにエリート選手のスポーツ科学、健康に影響を及ぼす運動、そして筋骨格系の衰えなど老化にともなう健康問題の研究に取り組んできた。そして、ようやくいま、この三点に関する研究が同じ方向に向かいはじめた――エリートの高齢アスリートの健康とパフォーマンスに運動がもたらす恩恵が明確にわかってきたのだ。

この研究所には、うらやましいほどの設備がととのっている。活力あふれる四〇代の所長、ジェイミー・マクフィー教授によれば、人工気候室では極端な低温・高温・湿度・高度をシミュレートできるそうだ。また「3Dパフォーマンス・キャプチャー・ホール」のトレッドミルを利用すれば、「ランニング中の全身の関節の動きを記録できる」という。また3テスラMRIスキャナー（「一般的な病院にあるスキャナーの二倍の性能」）を備えている研究所は、おそらく「スポーツ科学界ではここだけ」だ。こうした機器を揃えているからこそ、関節、神経細胞、筋肉、脳機能などを高品質で画像化できるようになり、多様な分野の研究者たちから注目され、ほかの研究分野との交流が可能になっている。つまり、関係者全員の利益となっているのだ。

マクフィー自身、学際的な研究の産物だ。当初はスポーツ科学の分野で研究を始め、筋肉と骨の健康へと関心を向けるようになり、徐々に、自分が研究しているプロセスの多くが老化と関係していることを自覚するようになった。つまり、彼も老化のエキスパートになったのである。こうして彼はイギリス医学研究会議の大規模な研究プロジェクトや、老化による筋力低下を調査するEUの汎ヨーロッパ研究プロジェクト「MYOAGE」に関わることになり、彼とMMUの研究チームは老年期の筋力低下や衰弱に関する世界的権威になった。その結果、彼はふたたびスポーツ科学の分野に戻ることになった。そして、老化による衰えに最小限の影響しか受けないように見える高齢者の研究を始めたのである。

このような研究を二〇年ほど続けてきたMMUスポーツ研究所は、高齢アスリートを科学的に研究する世界有数の研究所であると自負している。マクフィー自身は、生涯続ける運動と〝外側広筋《がいそくこうきん》の深部および表層における均質な運動単位の特性〟との関係や、若い選手とマスターズ選手におけるデヒドロエピアンドロステロンおよびテストステロンの分泌と運動単位機能との関係など、複雑なテーマに関する研究をおこなってきた。彼はまた、ヨーロッパ各地で開催されたマスターズ選手権大会でのデータ収集の指揮もとっている。

マクフィーは現在、生理学的な衰えに対する神経系の役割に関心をもっている。これまで、ほとんど研究の対象となってこなかったテーマだ。「これがじつに重要でね」と、彼は言う。「神経系は脳と身体のほかの部位を結びつけているからだ。身体の動きを調整する信号を出したり、三次元空間における身体の位置、身体に生じている痛みや損傷を脳に伝える信号を受け取ったりしている」。彼は、標準的な老化では「神経系の変化のほうが、筋肉や機能の変化の先に生じる」のではないかと推測しており、MMUの最先端の機器によって、このテーマを研究したいと考えている。そして彼は、いま計画している実験について説明を始めると、目を輝かせた。脳画像や筋肉の断層撮影、さまざまな年齢のアスリートが実際に運動中のデータなどを利用するという。

アスリートを研究対象にする理由はおわかりだろう。だが、最先端のスポーツ科学の多くがアスリートを対象としているため、その研究結果は一般のランナーにはあまり関係がないように思えるかもしれない。しかし、私もいささか驚いたのだが、マクフィーは非常にシンプルかつ実践的なアドバイスを授けてくれた。いわく、高齢ランナーは次の二点を最優先にすべきだ――〝筋力〟と〝バランス能力〟を。衰えていくのはこの二点だけではないが、急激に衰える傾向があるうえ、当人はそれを自覚しにくいからだ。そしてまた、高齢者の健康において、この二点はきわめて重要であるからだ。

マクフィーはこのメッセージを重視しており、数年前、MMUはこのメッセージを一般の人たちに伝えようと『筋力とバランス能力（*Strong and Balanced*）』という小冊子を作成し、好評を得た。とはいえ、私のように中年の長距離ランナーにとって、それは気落ちする内容だ。ポジティブな点を挙げるとすれば、私は長年、定期的にトレーニングをしているので、心血管系が健康で、心肺機能が平均より良好である確率が高いし、筋肉の代謝もいいはずだ。しかし、バランス能力、筋肉量、骨密度に関しては、ほとんど運動をしていない同年代の人たちよりも、それほどいいわけではなさそうだ。あと一〇歳か二〇歳若ければ違っただろうが、老化によって土台自体が変わってしまったのだ。意識して活用しなければ、身体はどんどん衰えていくのである。

すでに、私の筋肉量は四〇歳のときよりも二〇％も減っているらしい。私自身は二〇年前には筋肉量を測定する必要性など感じていなかったので、実際には、もっと減っているかもしれない。四〇歳のときには、いまよりもっと重いウエイトでトレーニングをしていたからだ。バランス能力に関しては、私はアスリートではない高齢者よりすぐれているわけではない。健康な若者は、片足で立ったまま平均二七秒間、目を閉じてバランスをとっていられる。平均的な高齢のマスターズ選手、つまり体力的には高齢者人口のトップに君臨する人たちでさえこれをおこなえるのは、たった八秒間だ。「つまり、神経系のなにかが変わるわけです」と、マクフィーは言う。「運動能力の高い高齢者であろうと、身体から送られてくるシグナルを読み取れなくなる。そのシグナルがとてつもなく誇張されていないかぎりは」

最初に片足立ちに挑戦しとき、私は利き足ではないほうの左足で立ってみたが、五秒も立っていられなかった。数週間練習を重ねて、ようやく七秒から八秒まで立っていられるようになったものの、それは右足でできる最高記録だった。どちらの数字も励まされるものではない。なぜなら、バランス能力が落ちると、ケガをするリスクがぐんと高まるからだ（高齢女性の三〇％、高齢男性の一〇％に当たる骨粗鬆症を患っている人の場合は、とくに望ましくない）。

バランス能力に有効なエクササイズによって、こうした問題をすべて解決できるわけではないが、それでも効果はある。バランスをとるには、太極拳や気功のような動きをベースにしたエクササイズや片足スクワットなどをするといい。さもなければ、片足でじっと立って目を閉じる運動を毎日続けるだけでも、改善できる範囲に限りはあるが徐々にバランス能力を改善できる。

筋肉量の減少には、定期的なウエイトトレーニングかレジスタンス運動をおこない、異なる筋肉群を活用し、さらに食事で十分なタンパク質を摂取するといい（ナッツ類には認知症のリスクを下げるというボーナスがある）。週に二回以上、本格的な筋トレをおこなえば、速筋線維の減少を遅らせ、最大筋力と爆発的筋力、床反力《ゆかはんりょく》を向上させ、歩幅を広げ、接地時間を短縮することができるため、最大スピードを大きく上昇させることができる。たとえば、九五歳で短距離走を始め、二〇一五年に九六歳で世界チャンピオンになったイギリス系スイス人の元歯科医の故チャールズ・オイグスターは、ランニングを始めるまでの八年間、ボディビル大会での優勝をめざしてトレーニングに励んでいた。筋肉があるからこそ、私たちは走れるのだ。

だが、マクフィーによれば、高齢ランナーが敬遠しがちな強度のある激しい運動にも大きな役割がある。「長距離ランナーは長時間走っているあいだに、筋肉の短い収縮を何度も繰り返します。結果、たしかに筋肉の代謝はうながされますが、筋肉の成長をうながす刺激にはならないのです。持久走ランナーはたいてい、筋肉に成長しろと告げるシグナルを読み取れないのです」。その結果、彼ら、つまり私たちは、筋肉を失っていく。短距離走者と跳躍の選手に関しては、それほど悪いわけではない。「短距離走者は、筋肉に大きなシグナルを送っている。すると、筋肉は力強く動きだす。それが成長に強い刺激となり、筋肉は少しずつ大きく、強くなるというわけだ」

さらなるボーナスとして、全速力で走る強い衝撃によって、短距離走者は骨が弱くなりにくくなる。「これに関しては、われわれは時間をかけて調査した」と、マクフィーは言う。「骨は衝撃に反応する。すると骨密度が上がり、骨が衝撃を受けたり、ねじれたりしても、折れにくくなる」。これはすべてのランナーにとっては朗報だ。「踵が地面にぶつかるたびに、骨に刺激を与えることができる」からだ。ところが、高齢ランナーではこうした恩恵を受けるのは少数派であるらしい。「アスリートと非アスリートを比べると、短距離走者に関しては、筋肉量とパワーと骨密度に違いが見られる。しかし、長距離走者には、そうした違いが見られない」。やはり、短距離走や跳躍の選手は、激しい衝撃によって力強いシグナルを送れているのだろう。かたや長距離ランナーは神経系の衰えにより、繰り返される動きによるシグナルを受け取る力が弱まっているのだろう。

中高年ランナーの大半は長距離ランナーであるため、これは残念な知らせだ。そもそも、中高年になると走る回数も距離も減る。そして短距離をダッシュすることなど、ほとんどなくなる。だからこそマクフィーは、目標を絞って行動を起こしてほしいと考えている。「もちろん、第一の優先事項はアクティブであることだ。しかし、すでにアクティブな人は、自分がどんな活動をしているのか、その細部に目を向けるといい」。レジスタンス運動やバランス運動とともに、ランニングの日課に短時間、ダッシュを取り入れるのもいいそうだ。

マクフィー自身は「仕事が忙しくて、なかなかトレーニングができない」こともあり、理想とするほどには健康ではないそうだが、大半の基準と比較すれば活発に身体を動かしているし、定期的に走っている。四〇代になったばかりであるにもかかわらず、老化による衰えから身を守るべく、すでに先手を打っているのだ。「飽きてしまうから、ジムですごす時間は極力、短くしている。それでも、日課として、筋トレとバランス運動はかならずこなしている」。同じことをするほうがいいだろうと、彼は私に助言した。

とはいえ、ランナーが必要とするトレーニングはそれぞれ異なるので、彼は決まりきったプログラムではなく、幅広いやり方を提案している。「必要なのは量ではない。トレーニングのプログラムに、ほんの少し、調整を加えるだけでいい。たとえばウォームアップやクールダウンにバランス能力を鍛えるエクササイズを足す。とくに長距離ランナーは、筋トレも取り入れるべきだ」。ジムで週に数回、幅広い筋肉群を鍛えるトレーニングをするのがベストかもしれない。「あるいは、スクワット一〇回を三セットやるだけでもいい。負荷を増やしたければ、バッグを背負ったり、肩に重い物を載せたりする」。ダッシュの衝撃を再現したければ、トラックでダッシュするのが理想だが、それが無理なら「その場に立って、垂直にジャンプする。片足でぴょんぴょん跳ぶのもいい」

とくにバランス能力を高めたい人は、次のエクササイズを日常生活に組み込むといい。靴ひもを結ぶとき、片足で立ち、もう片方の足を手が届くところまで上げる。あるいは、地味なエクササイズだが、歯を磨くときや列に並ぶときに、できれば目を閉じて片足立ちをしてみよう。最初は少し恥ずかしいかもしれないが、これなら忙しい人でも簡単におこなえる。

だが、これだけでは足りない。これまで述べてきたように、老化現象のいくつかは避けられず、筋力とバランス能力に大きな衝撃を及ぼすからだ。「老化により、例外なく運動神経細胞は減っていく」と、マクフィーは説明する。「七五歳になる頃には、すでに脚の筋肉の運動神経細胞を四〇%ほど失っている」。そうなれば筋力が衰え、バランス能力も衰える。それでも、行動を変える工夫をするだけの価値はある。なぜなら、マスターズのアスリートたちは、ほかの高齢者と同様に神経細胞を失っているにもかかわらず、健康な神経細胞との新たな結びつきを確立し、筋肉を「救出」しているように見えるからだ。

強度のあるレジスタンス運動を続けていれば、長年にわたって筋肉が衰えたあとでも、筋肉量を回復させることができる。「古い筋肉が適応するからだ。筋肉が強くなれば、代謝も改善する。すると、パワフルになる」と、マクフィーは言う。しかし、使われなくなった筋肉に脂肪が入り込むと、ブドウ糖を取り込むといった基本的な代謝機能（そしておそらく運動によって誘発された筋肉の損傷の修復にも）に支障が出るため、元に戻すのはむずかしいかもしれない。「私の感覚では、元に戻すことは可能だが、それにはかなりの努力を要するだろう」

せっかく頑張ろうと決意したのに、だんだん気力が萎えてくる。二〇年前にこうした背景を知っていたら、私がマスターズのいわば「高機能アスリート」になれる確率はもっと高かったかもしれない。だが無知な私は四〇代から五〇代にかけて、ときに自分を甘やかしてすごし、自分は健康だ、体力もあると言い聞かせていたが、そのあいだに筋肉量とミトコンドリアはどんどん減少していたのだ。そしていまは、私の六〇代初期のスタート地点に戻るためだけでも、何カ月も激しいトレーニングをこなさなければならない。そして、そうやって毎月頑張ったところで、かならず一カ月分、歳をとるのだ。

それでもマクフィーは、「遅すぎることはない」と、強調する。「高齢者の筋力でも適応できる。だから、始めるのに遅すぎることはない」。実際、これまでまったくスポーツをしたことがない人でも「生まれてこのかた、ずっとトレーニングをしてきた人が受けている恩恵の多くを得る」ことができるそうだ。MMUのある研究では、生涯に渡って運動をしてきた人（平均年齢は約七〇歳）と、中年期になってからトレーニングを始めた人とを比較した。すると「体脂肪率、骨密度、筋肉量に、ほとんど違いは見られなかった」という。

人生の大半をトレーニングに費やしてきた私のような人たちは、この最後の説明に失望しないわけにはいかないだろう。しかし、生涯にわたるランナーは、この最後の説明について熟考する価値がある。過去にしてきたことは、もう終わったことだ。だが、高齢になってから健康にすごせるかどうかは、私たちがいま選ぶ選択にかかっている。これはおそらく、人生のあらゆる分野で当てはまることだろう。そして、ランニングにはきわめて明確に当てはまる。私たちは若いときにこなしたトレーニングの貯金を崩して生きていくことはできない。トレーニングをせずにすごした歳月を取り戻すこともできない。しかし、いま変化を起こす決断をくだせば、日々の生活の質を大きく向上させることができる。そのためには、ただ、自分がいまいる地点を把握し、そこから断固として正しい方向に向かっていくしかない。

三〇年物のダンベルを掘りだしてきて、錆《さび》を落とした。そして（それとは別に）、片足で立ったまま、靴ひもを結んでみた。

エド・ウィットロック（写真撮影当時 70 代半ば）。トロントのミルトン・エヴァーグリーン墓地を走っている。
©Jim Ross / Toronto Star via Getty Images

オルガ・コテルニ（2014 年、95 歳）。最後の競技会にて。
©Alex Rotas

アール・フィー（2018 年、89 歳）。世界マスターズ陸上競技選手権大会にて。
©Alex Rotas

中野陽子（2018年、82歳）。スペインのマラガで開催された世界マスターズ陸上競技選手権大会で優勝したところ。これを含め、彼女はこの大会で4つの金メダルを獲得し、800 mの世界記録を樹立した。
©Robert Jerome

スタニスワフ・コワルスキー。（2014年、104歳）。ポーランドのヴロツワウで開催された陸上競技選手権大会でM100の欧州記録を樹立した。104歳になってから4週間後のことだった。右側は、110歳の誕生日の前日にシュフィドニツァの自宅にて。
（左）©Maciej Kulczynski/EPA/Shutterstock　（右）©Richard Askwith

アイダ・キーリング（2019 年、104 歳）。腕立て伏せを披露している。
©Poon Watchara-Amphaiwan

エレナ・パグ（2016 年、90 歳）。オーストラリアのパースで開催された世界マスターズ陸上競技選手権大会で、ふたつの世界記録を樹立し、それを祝っている。
©Valeriu Rosetnic

80 歳以上の人たちのパークラン。2021 年、ブッシー公園にて。
©Carol Dickinson

ジネット・ベダード。80 代のマラソンランナー、ニューヨークにて。
©Don Emmert / AFP via Getty Images

ファウジャ・シン（写真中央ゼッケンナンバー G0007）。100 歳のマラソンランナー。香港にて。
©Jayne Russell / Getty Images

トミー・ヒューズ。60 歳以上のマラソンランナーとして世界記録を更新した。北アイルランドのアントリムで開催された大会にて。
©Malcolm McCausland

アラン・カーター（2018 年、81 歳、写真左）。スペインのマラガで開催された世界マスターズ陸上競技選手権大会のハードル走で、金メダルに輝いた。
©Alex Rotas

チャールズ・アリー。75 歳の誕生日の前日、1 分を切るタイムで 400 m を走り切った。
©Alex Rotas

アンジェラ・コプソン。W70 のカテゴリーで優勝を果たした。
©Alex Rotas

ジョー・ペイヴィー（41歳）。ヨーロッパ陸上競技選手権大会〔訳注　これはマスターズの大会ではなく、世界陸上競技選手権大会の中間年におこなわれる大会〕で金メダルを獲得した。
©Olivier Morin / AFP via Getty Images

ヴァージニア・ミッチェル（2021年、58歳）。英国マスターズ陸上競技選手権大会の400 m走で優勝に向かって力走中。W55カテゴリーの400 mと800 mで優勝した。
©Alex Rotas

第12章

スターティングブロック

世界チャンピオンがぐんぐん私を引き離していく。彼は外側のレーンを楽々と走り、私をおびやかす。ふさふさとした淡い色の髪が後頭部になびき、リズムよく跳ねている。私のほうが身体は大きいし、背も高く、脚にはもっと筋肉がついている。私のほうが有利なはずだ。なのに、彼は無駄のない動きで音も立てずに、軽々と私の前を走っていく。

視野の端のほうで、彼の白いシューズがちらちらと動く。さっきより距離が開いただろうか？　私は無理やりギアを上げる。私が内側のレーンを走っていたというのも有利に働き、そのまま加速して追いあげると、彼が驚く。そしてホームストレートに差しかかると、彼が負けを覚悟したような雰囲気をかもしだす。それでも私は、吐き気がするほど全力を振り絞る。相手は世界チャンピオンだ、油断はできない。そして力強くフィニッシュした。エンフィールドのクイーン・エリザベス二世スタジアムのスタンドが応援の観客で埋まっていないのが残念だ。それでも、私は誇らしい気持ちでいっぱいだった。

だが、話はここで終わらない。二人一緒に休憩に戻ると、世界チャンピオンのアラン・カーターは息を切らしながら、「ふだんはもっと速いんだが」と言い、笑った。「それに、途中ではハードルを五つ、跳び越えたりもする」。そして、彼は奥ゆかしくも、私のほうが二三歳も年下であることや、私がもっと大差をつけて勝ってしかるべきであることには触れなかった。それでも、私に言わせてもらえれば、彼は世界チャンピオンなのだ。

その後、アランのコーチを務めるニック・ローダーが、私たち二人の改善点を洗いだしてくれた。私たちは二〇〇m走を繰り返し、ニックはそのようすを注意深く観察していた。毎回、走っているようすを撮影し、最大速度でのストライドの問題点を指摘できるよう、静止画を作成した。その動画や静止画は、私にとってホラー映画そのものだった。アランの動きはスムーズかつ正確で、エレガントで無駄がない。ところが私ときたら、幼いゾウのように大きな手足を不格好に振りまわしながら、ドタドタと進んでいる。彼が二三歳差というハンディキャップを与えてくれたのも当然だ。

ストライドをとらえた静止画は、より具体的に私の問題点をあばきだした。そしてニックが、私のランニングフォームの欠点を特定した。まず、腕の動きがあまりにも大雑把だ（大きく横に振り上げている。もっとタイトに力強く、高くまっすぐ後ろに引き、フォロースルーを意識すべき）。そしてストライドでは、ベタ足になっているので、重みに負けて前かがみになる傾向もある。そのせいで体力を消耗しているうえ、力強く前進するのではなく、上下に無駄に動いている、と。その後、私は自宅に戻り、ニックが作成したチェックリストを利用して分析したところ、股関節のひらきが不十分であることがわかった。それに腿上げが足りないため、駆動力が足りない。すねを振りだすときに足指を十分に曲げていないし、肩を過剰に回転させているなど、ほかにもたくさんの問題点が見つかった。しかし、ニック自身は「頭に詰め込む」ことを望んではいなかった。

そのとおりだ。ランニングフォームのすべての欠点を一度に修正しようとすれば、私は倒れてしまうだろう。それでも、これほど多くの欠点があるのだと思うと、どこかほっとした。老化とは違い、欠点なら修正できるからだ。

とはいえ、重い腰を上げて実際にフォーム改善に取り組むかどうかは、またべつの問題だ。私はもっと若くて身体が締まっていたときでさえ、短距離走向きではなかった。とくに最近は速筋がすっかり落ちているから、なけなしの能力を発揮しようと努力したところで、たいして効果はあがらないだろう。だが、私はここのところ、妙な疑念にさいなまれていた。もしかすると、それこそが重要なのかもしれない、と。短距離のスピードを上げる、それがいまの自分にまさに必要なことなのかもしれないし、自分もそれを望んでいるような気がした。長年、薄々、そう察してはいたのだが、故障がない状態であれば、そして無理をせずにゆっくりしたペースで走るのであれば、いつまでも走っていられるような気がしていたのだ——ランニングをやめるという誘惑に負けないかぎり。大勢の高齢ランナーも、ゆっくりと走ることならできる。それは、ほとんどのマラソン大会で最後のほうを走るランナーを見ればわかる。さらに、もっと長いレースになると、ウルトラランナーの大半は四〇歳以上であり、五人に一人は五〇歳を超えている——私の友人のウルトラランナーの大半がこの範疇に入る。だからといって、ウルトラランニングは楽にこなせるものではないが、高齢になると、非常に長い距離を非常にゆっくりしたペースでなら、走れそうな気がしてくる。ところが、トラックを一、二周、猛スピードで走るのは——たとえば八〇〇m走、四〇〇mでさえ——非常にタフなものになる。そして、私が気持ちよく走れる範囲の外にある（考えるだけでぞっとする）。だが、ジェイミー・マクフィーの言うとおり、短距離選手は老化による衰えのいくつかの症状にあらがう力があるのだから、私もトラック恐怖症をどうにかして克服すべきなのだろう。

とにかく、ここのところ、私はそう自分に言い聞かせていた。そもそも、私がアランの日曜朝のトレーニングに参加したのは、ニックに勧められたからだった。私が興味をもつと思ったらしい。ニックとは長い付き合いではなかったが、私は彼の判断力を信頼するようになっていた。そのおかげで、私はふたつの重要な教訓を学んでいた。ひとつめは、最高齢の年齢区分で、どんな距離でもいいから世界チャンピオンになりたいのであれば、ウォームアップに長い時間を割くこと。実際、アランはウォームアップに最低一時間を費やし、ハードル走のトレーニングをこなせるだけの身体をつくっている。偶然かどうかわからないが、彼はめったにケガをしない。

もうひとつの教訓は、周囲に人がひしめいていないトラックでは、ランナーの欠点がよく見えるということだ。ランニングフォーム、テクニック、そして基本的能力までが、残酷なまでに露呈するのだ。私が過敏になりすぎているのかもしれないが、アランの走りと私の走りをビデオで見比べると、勝てる見込みがあるはずがないという気になる。

ところが、ニックはこれに同意しない。数々の欠点があるにもかかわらず、私のフォームのほうがアランより理想に近いと指摘する。私のいいところは、上半身の姿勢がいいこと。いっぽう、アランは前かがみになりがちだ（「だって、彼は二〇歳も若いんじゃないか！」とアランが反論する）。ニックはアランの後ろ足の上げ方にも問題があると言う。「あんなに踵を高く上げなくてもいいと思いますよ」。それでも「彼にはそれで効果があがっている」と認めている。これは、厳しい事実を浮き彫りにしている。アランが世界チャンピオンになれたのは、ニックが言うところの身体的「能力」にもともと恵まれているからなのだ。コーチのなかには、こうした基礎的な能力を「ランニングのＡＢＣ」と呼ぶ人もいる――Ａ（敏捷性《アジリティ》）、

B（バランス能力）、C（コーディネーション：一連の動きを円滑におこなう能力）だ。つまりアランは、アスリートとしての基盤を生まれもっているのだ。私は、違う。

それが、それほど重要なんですか？　私がそう尋ねると、ニックは「イエス」と応じる。「身体を間違った場所に置くと、筋肉に負荷がかかり、ケガにつながりやすい」。だが、完璧な人間などいないし、工夫すれば不完全な部分に対処できる。だから、きょう、ニックが学んでほしいのは、自分にできないこと、してはならないことを覚えるのではなく、自分になにができるのかを実感することだ。それに、将来、自分にできそうなことも実感してほしい、と。ニックは、指導するアスリートたちが「毎回、少しずつ背が高くなっているように」感じられるトレーニングを好む。そして実際、その手法には効果がある。

その一因は、すぐれた素質をもつアスリートと一緒にトラックを走るというわかりやすい感動にあった。なにしろ、相手は世界チャンピオンなのだ。思うに、これもまたニックの意図したことなのだろう。そして私は、アランのこれまでの経歴を知り、いっそう嬉しくなった。彼はずっとチャンピオンだったわけではない。それどころか、マスターズ陸上の頂点にいたるまでには、苦労を重ねて遅々とした歩みを続けてきた。こうしたアランの経歴には、じつに励まされる。

一九四〇年代後半、病気がちだった一二歳のときに、アランは初めてロンドンのイーストエンドにある陸上クラブに入会した。ところが母親からは、陸上はやめるほうがいいと言われた。胸の具合が繰り返し悪くなるのは陸上のせいだと思ったのだ（のちに彼は喘息《ぜんそく》と診断された）。しかし、アランは陸上をやめなかった。「初恋だったんだよ」と、彼は言う。

陸上クラブは、彼を歓迎した。「私は小柄だったが、足が速かった」。短距離走とハードル走が得意だったが、ほとんどの距離の種目に出場し、二〇年ほど、それを続けた。やがて、とあるオープン記録会で、三〇代後半のクラブの仲間が最下位に終わるのを目の当たりにした。「四四〇ヤードのレースだったが、彼はじつに苦しそうで、みんなが同情するように拍手を送った。そのとき、私はこう思ったんだ。あんな醜態をさらすのはごめんだ。それで、ランニングとは距離を置きはじめた」

ランニングへの情熱を取り戻したのは、それから二〇年ほどがたった頃だ。そのあいだに彼は家庭をもち、自分で会社（プラスチック射出成形金型製造《しゃしゅつせいけい》）を起こし、離婚し、人生に新たなチャレンジが必要だと思うようになった。サッカーとスカッシュを定期的にプレーしていたので、それなりに健康は維持していたが、友人の友人である女性と話していたときに「父がね、老人のオリンピックに出場して、帰ってきたばかりなのよ」と聞き、がぜん興味をもった。

しかし、問題がひとつあった。「まだ、かなり速く走れると思っていたんだよ。スカッシュをやっていたし、サッカーの試合ではみんなを抜いて走っていたから」。ところが初めてマスターズ陸上の大会に出場したところ、完膚なきまでに叩きのめされた。それに、自分が負けた選手のなかには、自分よりかなり年上の男性が何人もいた。「だから、どこかが間違っていると思った」

なんとかして悪いところを修正しようしたが、「老人の陸上競技会」に出場するのは大きなチャレンジなのだと、すぐに痛感した。それでも、徐々にトレーニングの成果があがりはじめた。そして懸命に努力すればタイムがよくなることがわかり、嬉しくなった。「初めて二〇〇m走に出場したのは五一歳のときで、タイムは二六秒九だった。でも五五歳のときには、二五秒六に縮めたよ」。そのときには上の年齢区分に入っていたので、国内ランキングが急上昇した。「イギリスでは三位か四位だったはずだ。でも、私より上位の選手たちは、はるかに先にいた」。彼はトレーニングの量と強度を上げ、段階的な目標を定めた。まずは国内で決勝に進むこと、次にメダルを獲得すること、それから金メダルを獲得すること。そのあとはヨーロッパの大会で同じ段階を踏み、最後には世界大会で同じ結果を残すこと、だ。そして五八歳のとき、ニューヨーク州バッファローで開催された世界マスターズ陸上競技選手権大会に初めて出場した。二種目いずれにおいても予選で敗退したが、夢がかなったような気がした。「素晴らしい体験だった。きちんと整備された大学のトラックで走れたんだから。まるで別世界だった」。そう言うと、彼は灰色の目を輝かせた。「それで、完全にハマったね」

このまま努力を続ければ、もしかすると世界大会でメダルを獲得できるかもしれない。彼はそう考え、帰国すると、トレーニングに励んだ。最初のうちは、うまくいった。とくに短距離走から四〇〇m、そして昔から好きだったハードル走へと種目を増やしていったときには。「ところが、しばらくすると壁にぶつかった。六〇歳までは調子がよかったが、その後はタイムがどんどん悪くなった。どんなに厳しく自分を追い込んでも、いっこうに成果があがらなくなった」

私は耳をそばだてる。

アランは問題の根本にあるものを探しはじめた。それは容易なプロセスではなかった。もしかすると、世界チャンピオンになるのに一五年かかるかもしれない。それでも、試行錯誤を重ねていくうちに、正しい道を歩んでいると自信がもてるようになり、費やした時間と労力が報われるようになった。

その秘訣は「〝よりハードに〟ではなく、〝より賢い〟トレーニングにある」と、アランは言う。これは、マスターズの短距離走の複数の種目のチャンピオンで、スポーツ心理学者でもあるスティーブ・ピーターズ（後述する）から言われたフレーズであるそうだ。アランはバッファローで開催された大会で初めてピーターズに会ったが、彼のトレーニング哲学を知ったのはそれから何年もたってからだった。そのあいだも同年代のランナーたちからヒントをあれこれ得てはいたものの、「成功の鍵はハードな練習にある」という強い思い込みを捨てきれなかった。だからタイムが伸び悩むと、トレーニング量を増やした。でも、うまくいかなかった。「よりハードに、よりハードに、よりハードにトレーニングを続け、より多くの反復運動をこなし、疲労困憊して、また翌日、同じことを繰り返す。そして『よし、これだけやれば大丈夫！』と思うんだ。ところが、いざレースに出場すると、どんどんスピードが落ちている……」

徐々に、そして渋々ながら、練習量は少ないほうがいいという考え方を受け入れていった。そして二〇〇七年、イタリアのリッチョーネで開催された世界マスターズ陸上競技選手権大会に向けて、彼は大きく方向変換をした。この大会はアランが七〇歳の誕生日を迎えた数カ月後に開催されるため、理論的に考えれば、上位に入るチャンスだった。しかし、それは適切なトレーニングをおこなえばの話だ。リッチョーネで世界トップクラスのタイムを出せる可能性があるのは四〇〇mだけだったが、それさえも、彼が予想していたよりも可能性は低かった。そして、彼は前述のチャールズ・アリーと同様の挑戦をしようかと考えはじめた。「自分の年齢の数と同じタイムで四〇〇mを走れたら、まあ、満足できる。だから、それを目標にすることにした。六七歳のときに六七秒三で走ったことがあって、以来、年齢と同じ秒数では走れていなかったが、たぶんできると思ったんだ」。選手権大会の二カ月前、彼は練習としてふさわしいレースを見つけた。ベッドフォードで、さまざまな年齢層の中高年が参加するオープンレースが開催されたのだ。しかし、彼の思惑どおりにはいかなかった。「私はそのレースで最年長だった。ところが、三〇〇m

走ったところで、棄権しそうになった。ものすごく気分が悪くなったんだよ。そのままよろよろと前進を続けた。どうしても完走したいと思って走ったが、タイムは八四秒だった」

同じ距離を七〇秒台で走ることを望んでいた男にとって、残された選択肢はふたつだけだった——自分には無理だと受け入れるか、二カ月で四〇〇mのタイムを一四秒縮める方法を見つけるか、だ。「息子がクリスマスに『ランニング完全ガイド——九歳から九〇歳までがチャンピオンになる方法（The Complete Guide to Running: How to be a Champion from 9 to 90)』（未訳）という本をくれたことを思い出してね。アール・フィーというカナダのアスリートが書いた本で、それを読んで人生が変わった」。アランは、フィーの長々しい本の内容を、見事に三つの文章に要約してみせた。「五五歳からは、そして六〇歳を超えると確実に、肉体は大量のトレーニングをこなせなくなる。だが、強度を保つことはできる。だから強度を重視して、量を減らすんだ」

多くの高齢アスリートと同様、アランもその正反対のことをしていた。タイムが悪ければ悪いほど、一回のトレーニングを長時間おこない。回数も増やしていたのだ。その結果、強度は低下していた。このやり方が、アランをスローランナーにしていたのだ。「彼は本当に自分の言っていることをよく理解していると思う。彼は私より八歳ほど年上で、何度も世界チャンピオンになっていて、世界記録保持者でもあるから、試してみることにした」

その効果は驚くべきものだった。アランはフィーの基本原則をトレーニングプログラムに取り入れ、もっとも重視しているトラックでのトレーニングを週一回に減らした——するとほんの数カ月後には、四〇〇mの記録を一三秒も縮めることに成功したのである。リッチョーネの選手権大会での記録は、準決勝で七〇秒八〇、決勝で七一秒四一。優勝は逃したものの、三つの決勝（四〇〇m、二〇〇m、三〇〇mハードル）に進出し、よりスマートなトレーニングを続ければ、まだ改善の余地があると確信して帰ってきた。

その後、アランはフィーと同様、ハードル走に打ち込んだ。ハードル走は、高齢ランナーにとって、間違いなくもっとも過酷な種目だ。とくに、二人の男性のように〝ロングハードル〟を得意としている選手にとっては。若い選手にとって、それは四〇〇mハードルを指す。トラックを一周する距離に八四㎝の高さのハードルが一〇台置いてあるのだ。この種目を「人殺し《マンキラー》」と呼ぶ人もいるほどだ。ハードル走が競技に加わる前は、ハードルを置かないふつうの四〇〇m走をそう呼ぶ人もいた。どちらの種目にも、無酸素運動と有酸素運動を組みあわせた苦しみがともない、年齢を重ねれば重ねるほどその苦しさは増していく。人間は三五〜四〇秒以上、無酸素で走ることはできないので、ハードルが置いてなくても、世界記録レベルのオリンピック選手は、血中の乳酸値が絶えられないほど高い状態で、わずかな酸素にしがみつくようにして四〇〇mを疾走しなければならない。そして歳をとり、走るスピードが落ちると、レース終盤の苦しい時間が長くなる。六〇代以上の選手は、身体が異常な状態におちいるところまで自分を追い込む危険を考慮し、四〇〇m走を三〇〇m走に短縮してレースすべきだという意見もあるほどだ。しかし、これは依然として少数派の意見であり、実際には最高齢の四〇〇mランナーたちは、このレースを中距離の種目として扱っているにすぎない。

この試練は四〇〇mハードルでも同様だ。そのうえ、ハードルの練習に時間と負荷をかけたトレーニングが必要となるため、極度の肉体疲労により、体力とコーディネーション能力が低下する。すると、高齢のハードル選手がケガをするリスクが受け入れられないほど高くなるのだ。また老化によって身体が硬くなるため、いっそうケガをしやすくなる。ハードルを跳ぶ際に脚を横から抜いて上げる能力が失われていくのだ。そのため、マスターズ陸上の年齢区分が上がると、ハードル走の種目は距離が変わってくる。六〇歳以上では四〇〇mハードルが三〇〇mハードルになり、八〇歳以上では二〇〇mハードルになり、ハードルの高さとトラックに置く台数の数も徐々に減っていく。つまりアランは、五九歳のときに四〇〇mを高さ八四cmのハードル一〇台で走っていたのに、六〇歳では三〇〇mを高さ七八・二cmのハードル七台で走るようになり、二〇年後の八〇歳以降は二〇〇mを高さ六八・五cmのハードル五台で走るようになったのだ。女子の場合も、男子で言えば一一〇mハードル（ショートハードル）に相当する距離で、同様の減少がある。このように加齢を考慮して距離が短縮されているからこそ、高齢者のハードル走は成立しているのだが、その過酷さは変わらない。

私たちの大半は、避けられるものなら、そのような苦しい思いをせずに生きていければ十分に幸せだと思っている——なにが幸せなのかは、また別問題として。ところが、一部の人たちはそうしたチャレンジに抵抗できず、アランもすぐに夢中になった。そして彼はまた、この苦しい競技が得意だった。二〇〇九年、彼はロングハードルでイギリスのマスターズ陸上競技選手権大会で初の金メダル（M70）を、二〇一二年にヨーロッパのマスターズ陸上競技選手権大会で初の金メダル（M75）を獲得した。「いい気分だった。それなら、本気で練習してみよう。それで、どんな成績を残せるか、見てみようと思った」

いま、アランとニックは強い友情で結ばれている。ニックは何回かトレーニングの指導をおこなったあと、アランの非公式のコーチになったのだ。ニックのほうが年齢は三〇歳若いし、経験もはるかに浅い。同じ短距離選手ではあるものの、ランナーになったのは三五歳近くになってからで、出場した大半のレースはマスターズの大会だ。彼はまだ世界レベルのランナーではないが、マスターズのヨーロッパ陸上競技選手権大会でメダル（リレーの銅メダル）をひとつ獲得しており、思慮深く忍耐強い手法の効果で、将来はもっと多くのメダルを獲得する見込みがある。コーチとしての指導が成功した例としては、九〇代で世界記録を樹立したスプリンター、故チャールズ・オウグスターなどの選手が挙げられる。

ニックはいま、エンフィールド近辺で有能なマスターズの選手を指導しており、アランはなかでもスター選手だ。冷静な分析を好む彼は「表計算ソフトでデータを分析するのが好きだ」と言う。二〇一二年、二人はまだパートナーになったばかりだったが、アランがハードル走に特化した練習をするようになると、ニックの貢献が不可欠になった。それはいまも変わらない。私たちがトレーニングをしているとき、アランのストライドのパターンには安定感がなく、ハードルめがけて伸ばすほうの「リード足」がようやくハードルを越える程度だった。だがニックから少しアドバイスをもらうと、すべてが変わった。二人がこうして長く師弟関係を続けているのもうなずける。

二〇一三年、ブラジルのポルト・アレグレで、アランは初の世界タイトルを獲得した。M75の三〇〇mハードルを五七秒二八で制し、これは自身にとっても最速のタイムだった。そして彼が勝利をとげた写真は地元紙の一面を飾った。彼の息子は空港でその新聞を買い占めた。

アランは八〇代になっても、年齢によるプレッシャーに負けず、さらなる向上を目指して努力を続けている。それでも、加齢が勝利をおさめるように思えたときもある。二〇一五年の世界選手権大会では、大きな失望を味わった。しかし、二〇一七年、デンマークでのヨーロッパ選手権と、二〇一八年、スペインでの世界選手権のあいだに、一年、年齢を重ねたにもかかわらず、ロングハードルの世界記録を〇・

五秒縮めた。「人生で、ランニング以外の世界で起こっていることが、確実にタイムに影響を及ぼす」と、ニックは言う。「そして二〇一五年には、アランは個人的な問題をいくつか抱えていた」

しかし、最近は、世界一になることに全力を注いでいる。私たちが会ったとき、アランの頭のなかを大きく占めていたのは、次の大きな挑戦である二〇二二年の世界マスターズ陸上競技選手権大会（フィンランドのタンペレで開催）が、八五歳の誕生日の前日に開幕することだった。つまり、実際のレースを迎えたとき、彼は八五歳になっているのに、M85ではなくM80の年齢区分のなかでメダルをめざさなくてはならないのだ——大会事務局に、ルールをもっと柔軟にするよう説得しないかぎり。ならば、メダルのことは忘れて、M85の世界記録を樹立することに集中するしかない（記録にとって重要なのは、当日の年齢だけだ）。「八〇歳の選手全員に勝てるとは思ってないよ」と、彼は淡々とした口調で言った。

この目標は、トラックから離れているときでさえ、彼の頭から離れることはない。たとえば、食生活には細心の注意を払っている。「脂肪、糖分、塩分の摂取量に気をつければならないし、水はたっぷり飲まなくてはならない」。それに、ウエイトトレーニングにも多くの時間を割いている。「自宅には専用のウエイトがある——ダンベルとかバーベルとかね。工場にも、もう一セット置いてある」

ハードワークだけではない。アランのトレーニングでもっとも印象に残ったのは、休憩に当てる時間の多さだった。私の場合、ダッシュを終えると、一、二分休憩して、またダッシュする。でもアランは、五、六分ほど身体を休めてから、また前回と同じようなスピードで気持ちも新たに走りだすのだ。どうやら、これが高齢になってからのスマートなトレーニング法のポイントらしい。リカバリーのための休養の時間を、トレーニングの最中にも、トレーニングとトレーニングの合い間にも、長めにとるのだ。「スティーブ・ピーターズも、リカバリーにたっぷり時間を当てるやり方で有名です」と、ニックは言う。「リカバリーはトレーニングのなかで、相も変わらず、いちばん過小評価されている要素なんです」

予想もしなかったことだが、私はだんだん、アランをロールモデルにしようと思うようになった。だからといって、アランがトラックで残したような成績を自分も残したいと思っているわけではない。ただ――正直に言うと、ハードル走と比べれば、私が慣れている長距離をゆっくり走ることなど、ずいぶん単調に思えた。ウルトラマラソンなら誰だって参加できると、私はぼんやり考えた。でも、自分の年齢の数より少ない秒数で四〇〇mを走れるほどタフになれるかといえば……それこそまさに、高齢ランナーにとっては本物の挑戦になるだろう。

そんなふうに、口先だけで言うのは簡単だ。だが、いまの私でさえ、アランの年齢より少ない秒数で四〇〇mを走るのはむずかしいだろう（もちろん、ウルトラマラソンだって簡単ではないが）。それでも、肝心なことは変わらない。アランは驚くほどすぐれたアスリートであり、老化に立ち向かう方法を見つけた。そして私は、彼の「やればできる」というポジティブな姿勢にとりわけ感銘を受けた。問題にぶつかると、彼は解決策を探そうとする。そして、なんとしても見つけようとする。彼だってシーズン終盤には自信を失い、ハードルをうまく越えられないことがあった。「ハードルを見ちゃあ、こう思うんだ。おいおい、毎年、高くなってるぞ、とね。本当にあれを跳び越えられるのかと、自問したものだ」。そこで彼は軽量で調整可能なプラスチック製のハードルを練習用に自作した――私と話しながら、彼はじつに手際よく組み立てている。当面は〝本物〟のハードルよりも低い。彼が自信とリズムを取り戻したら、もっと高くするつもりだ。

ゼロから自力でプラスチックの会社を立ちあげ、八四歳になったいまでも経営者を務めている人なら、それほどポジティブなのも当然だと思う人もいるかもしれない。だが、それこそが、彼の抜きんでたところなのだ。老いとはこういうものだという固定観念を、徹底して拒んでいる。彼が自分を律する方法にはエネルギーがみなぎっている。それに、適切な行動をとれば望むだけの成果をあげられると信じていて、その自信にこちらが戸惑うほどだ。私はそこを見習いたい。ハードルのすぐれた技術ではなく、胸のうちで勢いが弱まることなく燃える炎を、私も点灯したいと思うのだ。

アランは、そうした情熱をもちつづけていられるのは、自分がまだ働いているからだと説明する。「引退すると、活力がなくなる。万事がおっくうになってしまうんだ。でも、私は以前とまったく変わらない。いまでも前を向いている」

「アランはときどき、自分に厳しすぎることがある」と、ニックは言う。「でも、彼はいまでも情熱を燃えたぎらせている。それはすごく大切だ。実際、マスターズの選手にはそういう人が多い。でも、そんなことは、あなたもとっくに気づいているでしょうが」

第13章 スマートなトレーニング法

スティーブ・ピーターズに私と話す時間があるかどうか、わからなかった。引っ張りだこの人物だからだ。スポーツ心理学者としてイギリスの自転車競技チームや、イングランドとリヴァプールのサッカーチーム、それにスヌーカー〔ビリヤードの一種〕の世界チャンピオンであるロニー・オサリバンの心理マネジメントを担当し、大きな成果をあげてきたため、大勢の人たちが引きもきらず、彼のアドバイスを求めているのだ。また、イングランド北部のミドルズブラ生まれの「心の修理工《マインド・メカニック》」として、ベストセラーとなった著書『チンプ・パラドックス』や、この著書から生まれた心理マネジメント・プログラム〈チンプ・マネジメント〉で大きな影響力をもつようになった。いまでは学問の世界でもスポーツの世界でも複数の重責を担っており、ＷＭＡ（世界マスターズ陸上競技協会）ではアンチドーピング・メディカル委員会の委員長を務めている。しかし、だからこそ私は、世界レベルで活躍する高齢の短距離選手としての彼の人生について話を聞きたいと思っていた。

インタビューの時間はそれほど長くないだろうと踏んでいた。ピーターズは時間の浪費を嫌うからだ。彼はこれまでマスターズ陸上競技界でめざましい成功をおさめてきたが、ランニングの練習にはごくわずかな時間しか割いていない。三回の世界マスターズ陸上競技選手権大会で三つの金メダル（一〇〇m、二〇〇m、四〇〇m）を獲得し、M45からM65までの年齢区分のイギリスとヨーロッパの記録を樹立したというのに、彼は週に一回、たった一五分しか走っていないのだ。

冗談に聞こえるだろうが、本当だ。実際、ようやく彼に会って話を聞いたとき、彼のトレーニング時間はいっそう減っていた。新型コロナウイルス感染症が流行したあと、二年近く、まったく走っていなかったのだ。トレーニングは陸上トラックでおこないたいのに、どこのトラックも閉鎖されてしまったからだ。そして、トレーニングをようやく再開したあとも、彼はきわめて少ない練習量だけをこなす方法を変えなかった。

ピーターズの一回のトレーニングはたいてい――選手権大会に向けて集中したトレーニングをおこなっている場合でも――ウォームアップを含めて一二〇〇mほどしか走らない。ウォームアップは四〇〇mのジョギングを一回、それに軽いストレッチをおこない、仰向けになって脚を上げるレッグリフトで身体に刺激を与える。その後、一〇〇mスプリントを三回おこない、合い間に一五分ほど休む。ここのところ、一〇〇mのタイムは遅くて一五秒程度だが、三回目のスプリントでは一二秒切りをめざす。それから三〇分ほどたっぷり休んでから、三〇〇mか四〇〇m（最近はたいてい三〇〇m）のロングスプリントを一回。以上、それで終わりだ。

体調がよければ週三回走るのだが、ウォームアップを含めても、週に走る累積時間は二五分を下回る。彼から話を聞いた時点では、二年間のブランクのあとだったので、走る量は以前よりわずかに減っていた。しかし、走力を取り戻すべく、週一回はマルチジム・マシンで筋トレをしている。そして、彼は申し訳なさそうにこう言った。大腿四頭筋を伸ばしたり、ハムストリングスを鍛えたりするだけだから「せいぜい三分くらい」しか時間をかけない、と。

それが、スマートなトレーニング法なのだろうか？「私には効果がある」と、彼は言った。「科学的なエビデンスがあるわけじゃない。ただ、自分に効果があるトレーニングをするという方針で、質の高いハードなトレーニングをする。全力を出しきらないトレーニングは好きじゃない。ひたすら全力でダッシュする。身体がこうしたいと望むことだけをやっているんだ」

彼が言うには、これまでの成功の大半は偶然の産物だ。学生時代はそこそこの陸上選手だったが、卒業後は走らなくなった。社会人として、まずは数学の教師になり、復学して博士号を取得し、二〇年以上、イギリスの国民保険サービスNHSの精神科医として働いた（そのうち一二年間はランプトン・スペシャル病院で精神障害のある患者の治療に当たった）。そして一二年ほど前、初めてイギリス代表のオリンピック選手にアドバイスをするようになった。これが〝エスカレート〟し、その三年後には、もっぱらスポーツ心理学者として活動するようになり、自分の考えをまとめた著書を執筆した。その核となるメッセージは（大雑把にまとめると）、人間の脳の一部は、チンパンジーの心で成り立っていて、それをなだめ、理性的に管理する方法を身につけないと、肝心なときに思考を乗っとられ、悲惨なほど感情的に反応してしまうというものだ。実際、大勢の一流スポーツ選手たちが、この思考法を活用し、成果をあげてきた。

彼がランニングに出会ったのも、偶然だった。地元の陸上競技大会で審判をしていたとき、四×一〇〇mリレーの選手が直前になって出場を断念した。すると、関係者に説得されたので、彼は急遽、ショートパンツを借り、その選手の代わりに一〇〇m走ることになった。トレーニングをまったくしていなかったので、走ったあとはおそろしく気分が悪くなったが、彼の走りを見たほかの選手たちはその天性のスピードに驚嘆し、トレーニングをしてみたらどうだと勧めた。そこでトレーニングを始めたところ、どんどんタイムがよくなった。だが、実際にレースに出場すると、自分よりずっと若い選手たちに苦戦した。そして四〇歳のときに、マスターズ陸上の存在を知った――そして自分には世界レベルの走力があることに気づいたのである。

以来、彼は数々のメダルを獲得し、何度も記録を樹立してきた。そして表彰台のいちばん高いところにいつも上がっている以外には、特別な努力はほとんどしていなかった。当然のことながら、ライバルたちは彼に嫉妬したり、苛立ちを見せたりしたが、彼自身はじつに穏やかで気さくなので、憎まれなかった。いずれにせよ、彼のトレーニングは楽にできることではない。短距離走は身体にこたえるし、疲労困憊する。「量を減らしたよ。もう以前のようにはできない」。たとえば、一回のトレーニングで四〇〇m走を二本こなしていた時期もあった。「でもいまは、三〇〇m走を二本でさえこなせない。もう無理だ。じき七〇歳だからね」

がっしりとした体格で、真っ白な髪は後退し、顔を洗ったばかりのようにすっきりとした明るい表情。口数は少ないが、とても急いでいる人のように早口だ。しかし、彼はよく笑うし、自分の偉業については謙遜する。「向き不向きはある。私は四〇〇m以上は走れない。ただ、走れないんだ。長い距離はジョギングさえできない。バスに乗り遅れまいとバス停まで走るだけでも、息が切れる。でも、週に三回、トレーニングをすれば、じわじわとタイムは改善するだろう。でも週に二回では、じわじわと遅くなるだろうね。週に四回だと、ケガをする確率が高まる」

彼の意見に賛同する人はあまりいないはずだ。それでも彼に勝てる人間がほとんどいないのも、また事実だ。「何人ものコーチから、こう言われつづけたよ。『きちんとトレーニングすれば、特別な存在になれますよ』とね。だが自分では、これでいいと思っていた」。そして、彼はこう付け加えた。「いずれにしろ、コーチたちに言われたようなことが、私にはできないんだ。身体が言うことを聞かないんだよ。全力の七五％のペースで繰り返し走るなんて無理な話だ。繰り返し走れるスプリンターのことは心から尊敬する。でも、私には無理だ」

彼にできること、そしてM65としてやってきたことは、一〇〇mで一三秒、二〇〇mで二六秒、四〇〇mで六〇秒を切ったことだ。私なら三〇代の頃でも苦戦する記録だ。よって、ピーターズのやり方は、私のように足の遅い人間が真似たところで意味がないのだろう。それでも、彼の控えめな自信と、独自のトレーニング法が効果をあげているようすを見ていると、やはり学ぶところはあるのかもしれない。それに、高齢ランナーのチャンピオンたちと話していると、よく〝レス・イズ・モア〟という言葉を耳にした。少ないほうが大きな成果をあげる、ということだ。だから、彼から学ぶものがあるという可能性を捨て去ることはできなかった。

彼の次の打ち合わせの時間が迫っていた。そして最後に、彼はシンプルなアドバイスを授けてくれた。「自分の身体のことを学びなさい」。とくに、身体の疲れと心の疲れの違いをよく認識することが重要だ、と。身体が疲れているときには、休養するのがいちばんだ。「私は休養の大ファンでね。すっかり回復したと感じられるのが好きなんだよ。疲労を感じたら、トレーニングをやめる必要があるのを見きわめる賢さも、身に付けたと思うよ」。そのいっぽうで、ハードな練習が必要だと察すれば、彼は自分を追い込むだろう。それでも、彼は最後にこう付け加えた。「自分の状態がよくわからなければ、休養するほうがいい。オーバートレーニングにおちいるよりは、よほどいい」

肉体的疲労と精神的疲労を区別する能力が、アスリートとして成功できるかどうかを予測する強い要因になることを、多くの研究結果が示している。私にもその能力が欲しかった。それどころか、自分がオーバートレーニングで疲れているのか、それともトレーニングが足りないから疲れているのか、それさえもわからず、いつも混乱していた。それでも、自分が疲れていることだけは明確にわかった。それでも、いっこうに強くなれなかった。

しかし、それは私だけではなかった。アンビー・バーフットも年齢の重みを感じていた。「歳をとるにつれ、足が遅くなることは、いつも自覚していた」と、アメリカの長距離ランナー界の長老は言った。その口調は、熟慮に熟慮を重ねたかのように淡々としている。「それでも、ゆっくり走るのなら簡単だとも思っていた。だが、実際のところ、ゆっくり走るのは簡単じゃないことがわかったよ」

彼は一九六八年のボストン・マラソンで優勝し、以前は二時間一四分台で走っていたマラソンランナーだ。現在はコネティカット州に暮らし、いまなお定期的に大会に出場している。バーフットはまたランニング・ジャーナリズムの分野でも大きな影響力を持つ人物だ。ランナーズ・ワールド誌の編集者兼ライターとして四〇年以上をすごし、中高年者向けランニングの実践的ガイドブック『ラン・フォエバー(Run Forever)』(未訳)などランニングに関する著書も六冊ある。現在、七六歳のバーフットには、執筆活動もランニング活動も諦める気配はまったくない。彼は毎週 Podium Runner のウェブサイトで「長く走れ、健康に走れ(Run Long, Run Healthy)」というニュースレターを執筆し、ランニングと加齢に関する最先端の研究に関する情報を伝えている。そして、読者が本書をお読みになっている頃には、彼は連続して六〇年、地元コネティカット州では有名なマンチェスターロードレースの四・七五マイルに出場し、完走していることだろう。

「あと五年、一〇年、一五年は走っていたい」と、彼は言った。「だが、いまはすこぶる元気でも、人間はいずれ死ぬべき運命にある。それに、人生ではいつなにが起こるかわかったもんじゃない」。彼はいまでも、自分の年齢区分では一位でありたいと漠然と思っているが、時間がじわじわと才能を奪いつつあるようだ。「私より速く走れる七五歳は、めったにいないわけではない」。実際、彼のランニング仲間のなかには、走るスピードが衰えるペースが、彼より遅い人もちらほらいるようだ。「解せないね」と、彼は笑った。「私はハードなトレーニングを欠かしていないと自負している。それなのに、老化が描くグラフの曲線は人によってまったく違う」

彼はいつものトレーニングをできるだけ続けることにしている。長い距離をゆっくり走るのだ。コネティカット州の田園地帯で五〇年ほど前に決めたルートを（「昔の一・五倍くらい時間がかかるが……」）、平均、一時間ほどゆっくりと走る。「会話ができるくらいのペースで一〇キロ弱の距離だ」。それから雑誌を読みながら、エアロバイクを一時間ほどこぐ。

ときどき坂道ダッシュもおこない、たいてい週に二、三回、ジムにも通っている――そこでもやはり、ずっと室内バイクに乗っているのだが。「筋トレを三、四カ月間、もっと力を入れてすべきだと、自分に言い聞かせている。でも、どうしても気が乗らなくてね。だから、筋トレは増やさないかもしれない。筋トレをするより、エアロバイクに乗るほうが健康にいいような気がしてならない。走るのはわりと得意だが、筋トレには全然、向いてない。だからどうしても、自分が心地よく感じられるトレーニングをしてしまう」

彼の話を聞いていると、ほっとした。彼の考え方は、私の考え方とよく似ていた。そして、彼が輝くばかりに健康であるのは一目瞭然だった。明るいグレーの瞳、きちんと手入れした白い顎ひげ、戸外ですごすのが大好きな男性らしく、日焼けした顔には皺が寄り、思慮深い表情が浮かんでいて、賢人にも魔法使いのようにも見えた。それでも、彼の言葉に私はまた驚いていた。なぜなら、バーフットはとてつもなく好奇心が強く、こちらが委縮するほどランニングと老化の全般的な生理学について詳しかったからだ。そうなれば、彼の習慣はもっと最先端なものに違いないと、私は思い込んでいたのである。

そうではなく、ピーターズと同様、彼は自分がしていることは「自分の身体がいま、できること」にすぎないと、こころよく受けいれている。ある年齢になったら「新たな一日を迎えるたびに、以前よりも動作がのろくなっている。この現実を見ると、浮かれた気分にはならない」。それでもまだ「このイカれた世界でベストを尽くす」のはいいことだと信じている。それでも、以前ほどにはゴールに向かって邁進しようという気概が湧かなくなってきたが、一点だけは違う。「できるだけ長いあいだ、ランニングを続けていたい。それで、本当に走れなくなったら、歩いていたい。大切なのは、身体を動かしつづけることだ」

いまのところ、彼はよく動けている。だから、適切なトレーニング法をおこなっているのだろう。それでも、老化の曲線をできるだけ下げないようにするには、彼のやり方は最適ではないのかもしれない。彼のランニングのヒーローのひとりであるエミール・ザトペックは、かつてこう言った。「なぜゆっくり走る練習をしなければならないんだ？　ゆっくり走る方法なら、よくわかっている」。もしかすると、バーフットのトレーニング（つまり私のトレーニング）は、老人らしく走るための、高齢者の自然な本能を強化しているだけなのかもしれない。もしかすると、私たちは走る量を減らすと同時に、速く走る練習をすれば、恩恵を受けるのかもしれない。

バーフットがふたたび微笑み、こう告白した。「ときどき、こう思うこともあるよ。ゆっくり長距離を走るんじゃなく、週に四時間くらい、ダッシュのトレーニングを取り入れれば、もっと速く走れるようになるのかもしれないと。でも、自分のやり方を変えたいという強い欲求はない。このやり方がすっかり習慣になっているから、同じことを続けるほうが楽なんだよ。でも、本当のところは、どうなんだろうね……」

第14章

限界点

私を改心させたのは、ピーター・ハーバートだった。七八歳の生理学教授だが、そんな肩書きだけでは、彼の筋骨隆々とした肉体、陽気でエネルギッシュな存在感はとても説明できない。彼はトレーニングを短時間、強度とスピードを上げておこなうトレーニング法と、生理学的老化によるスピードの低下との関係について、この一〇年ほど研究してきた。さらにウェールズ南部のカーマーゼンを拠点に、ラグビー、ボクシング、自転車競技など、さまざまなスポーツのエリート選手と仕事をしてきた。ウェールズのラグビーチームではストレングス&コンディショニング・コーチとして数年をすごし（ウェールズのラネリに拠点を置くラグビーチーム〈スカーレッツ〉でも同様に貢献した）、「六〇歳をすぎてから、人生はやたらにおもしろくなった」と、彼は言う。自身はここのところ、サーフィン、ボート、サイクリングに熱中している。マンチェスターで開催された二〇一八年世界マスターズ陸上自転車競技選手権大会の五〇〇mでM70の銅メダルを獲得したが、自宅近くのトゥイ川でボートを漕ぐのも好きで、室内でマシンを漕ぐ「インドアローイング」の元世界記録保持者でもある。それにハイキングも、海で泳ぐのも、カヤックを漕ぐのも大好きだ。とはいえ、人工膝関節置換術を受けてからは、ランニングを控えめにしてている。

大半の人が引退について考える時期に、彼は学術的な研究を始め、その対象は広い分野にわたり、いまだに多忙をきわめている。最近のプロジェクトには、がん患者のリハビリにおける運動の活用に関する大規模な研究や、空気抵抗を負荷にしたトレーニングマシン〈ワットバイク〉の検証研究などがある。しかし、彼がとくに注力している研究分野は高強度インターバルトレーニングの生理学で、なかでも高齢男性に対する効果だ。

彼がこの研究テーマに出会ったのは、自身が中年期にスランプにおちいっているときだった。彼はずっと健康そのものだった。全盛期は本格的なラグビー選手として活躍し、体育教師も務めていた。ところが、五〇代後半から年齢が重くのしかかってきた。彼は時間をかけてトレーニングを続けたが、「身体が反応しなかった」。それは、彼だけではなかった。その頃、彼は大学で講師を務めていて、同じくらいの年齢の二人の友人と定期的にトレーニングをしていた。彼らは走り、自転車に乗り、ハーバートの研究室のおかげで、かなり正確にトレーニングの効果をモニターで測定した。ところが、その結果はかんばしくなかった。同年齢の人の平均よりは高い数値をキープしてはいたものの、トレーニングの効果がどんどん低下していたのである。

やがて、二人のトレーニング仲間が三カ月間、海外に出張することになり、週に一回しかトレーニングできなくなった。ハーバート自身は、ウェールズで週に三回のトレーニングを継続していた。そして仲間たちが帰国し、三人で数値の計測をおこなった。すると、意外なことに、海外に出かけていた二人のほうが最大酸素摂取量の値が改善しており、ハーバート自身は以前と同じだった。

これをきっかけに、彼は身体の調整に関する知識、とりわけ高齢者に関する知識のすべてを見直すことにした。そして自問自答と試行錯誤を繰り返し、ついに二〇一二年、六七歳のとき、彼の名を世に知らしめた重要な研究に着手した。五五歳から七四歳の被験者を集め、ふたつのグループに分けた。ひとつのグループは生涯スポーツを続けている〝スーパー・エクササイザー〟で、もうひとつのグループは座りがちな生活を送っている人だった。そして、座りがちなグループの人たちは、検査を受ける前に六週間、軽い運動プログラムをこなしていたので、安全に実験に協力することができた。そのうえで、このふたつのグループの人たちに六週間にわたり、高強度インターバルトレーニングをおこなってもらったのである。

プログラム自体はシンプルだった。五日に一回、高強度インターバルトレーニングを一八分間おこなう。残りの日は一日に三〇分間、軽い有酸素運動をおこなう——たとえばウォーキングやゆっくりとしたジョギングなどを。それで全部だ。いちばん問題となったのは、〝スーパー・エクササイザー〟たちに、いつもよりトレーニングの量を減らしてもらうことだった。というのも、彼らは最低、週に三回はハードなトレーニングをこなしていて、それに慣れていたからだ。それに、ハーバートも認めたように「がくっと体力が落ちるのではないかと不安に思う人も多かった」。だが、どうにか説得した。すると、一八分間の高強度インターバルトレーニングは、最低限のものではあったが厳しいものであったことを、全員が認めた。三〇秒間のスプリント（エアロバイクを漕ぐ）を六回おこない、リカバリーのため三分間のインターバルを入れる。各スプリントは九〇％の力でおこなわなければならず、身体能力の絶対的な限界にまで自分を追い込まねばならない。だが、五、六回目のスプリントでは、大半の人が脚を完全には使いこなせなくなっていた。

座りがちな生活を送っていたグループの人も、同様のトレーニングをおこなった。もちろん、それほどのパワーは出なかったが、各スプリントでは最大限発揮できる力の九〇％を発揮し、スプリントが終わる頃には足に力が入らなくなっていた。肉体の限界に挑むという新たな行為がつらいと不平を言う人も多かったが、全員がプログラムをきちんとこなした。そして最後に、全員が検査を受けた。

その結果に「圧倒された」と、ハーバートは言う。それまで座りがちな生活を送っていたグループでは見違えるほどの効果があった。酸素消費量、筋力、筋肉量がすべて増え、脂肪が減少し、血圧が下がり、テストステロン値が上がったのである。さらには生活の質の向上まで報告された。これは喜ばしいことではあったが、驚くほどの結果ではなかった。それまでの研究で、ほとんど運動をしない人でも高強度インターバルトレーニングの恩恵を受けられることが示されていたからだ（というより、実際にはどんな運動でも効果があった）。しかし、これまでずっとスポーツを続けてきた〝スーパー・エクササイザー〟たちも、ほぼ同じ数値がいちじるしく向上していることに驚いた。運動していない人たちと比べると、もとの数値がはるかによかったので、それほど劇的に数値が改善したわけではなかったが、それでも見事な結果が出た。たとえば、最大酸素摂取量の値は平均三八ml／kgから四四ml／kgに向上し、脚力は平均一五%向上した。トレーニングを日課にしていたアスリートたち（平均年齢六四歳）にとっては、たった六週間での大きな成果だった。彼らがこれほどトレーニングで大きな効果を得たのは、すでにもう遠い記憶の彼方だったからだ。そして、彼らはこうした成果を、ハーバートが好んで強調するように「以前より少ない頻度のトレーニング」で達成したのである。

この研究を基盤にハーバートは論文を執筆し、七一歳のときに博士号を取得した。そして翌年、ウェールズ大学トリニティ・セント・デイヴィッドが開設した健康加齢研究所の所長に就任した。二〇一二年のハーバートの研究からは四四本の査読付き論文が生まれ、その後もさまざまなフォローアップ研究がおこなわれ、彼の研究は健康加齢研究所のアウトリーチプログラムの基盤をなしている。つまり、それまで座りがちな生活を送っていた高齢者が最大酸素摂取量と脚力（健康寿命のもっとも強い要因）を改善するうえで、もっとも効果的な方法をあきらかにしたのだと、彼は考えている。

また、彼の研究はその後も成果をあげている。たとえば高強度インターバルトレーニングは高齢男性の炎症バイオマーカー（〝炎症による老化《インフラメージング》〟の目安となる）を低下させることを示した。さらに、当初の研究のあとにおこなわれた四年間の追跡調査では、プログラムを継続した参加者は、二〇一二年以降、最大酸素摂取量に予想された加齢による低下が見られないことがわかった。継続しなかった参加者でさえ、低下のスピードは予測より遅かった。一〇年間の追跡調査の結果はじきに発表される予定だ。

厳密にいえば、ハーバートが推奨するプログラムは、長距離ランナーより短距離ランナーに適している。しかし彼は、基本原則はすべての高齢アスリートにとって有効であると主張する。〝レス・イズ・モア〟なのだ。多すぎるトレーニングは逆効果で、高強度インターバルトレーニングは、必死になって長時間トレーニングを続けるよりもはるかに効果が高い。そして、長めのリカバリー時間を置くことが欠かせない。これは「高齢アスリートにとっては議論の余地がない」と、彼は言う。実際、五日に一回トレーニングをする方法は、アメリカの運動生理学者スティーブン・サイラー（現在はノルウェーのクリスチャンサンにあるアグデル大学教授）が提唱する「八〇：二〇」のトレーニングの原則と重なる部分がある。持久力アスリートであっても、トレーニングの八〇％を低負荷の〝グリーン〟ゾーンで、残りの二〇％を高強度の〝レッド〟ゾーンでおこなえば、トレーニングの効果を最大限に得られると、サイラーは論じている。高齢ランナーがやりがちなように、中間の〝イエロー〟ゾーンでのろのろと走り、疲労を蓄積させるトレーニングを続けていると、もっとも低い効果しか得られない、と。

ハーバートは、彼の高強度インターバルトレーニング法を採用する長距離走者が、たとえば「限界ぎりぎりのダッシュを四分間続けて、四分間のリカバリーを挟む」といったようにプログラムを微調整したいと望む場合は、それを認めている。また、リカバリーの日に「低強度、長時間のウォーキングやジョギング」をおこない、体重の増加を防ぎたいのであれば、それもべつに悪くはないと言う。いずれにしろ、「成功を望むなら、スタミナを要するスポーツでは、より高いレベルの強度のトレーニングを維持しなければならない」。同時に、トレーニングの量を減らすことで、身体への負担を相殺しなければならないのだ。

この方法がハーバート本人に有効なのは、一目瞭然だ。なにしろ、八〇歳の誕生日を目前にしているとは、とても見えない。細身の筋肉質で体重は八〇kg、体脂肪率一一・五%の引き締まった身体つきで、「いまがいちばん締まってるよ」と言う。二〇一四年、七三歳のときに初めて世界マスターズ陸上競技選手権大会でメダルを獲得した彼は、自身が開発したトレーニング法の恩恵を受けつづけている。とはいえ、一年中、サボらずに続けているわけではない。それだけの集中力を維持するのはむずかしいのだ。しかし年に三カ月間は、競争意欲の高まりに応じて、高強度インターバルトレーニングを「かなり厳密に」こなしている。「高強度インターバルトレーニングとウエイトトレーニングをたくさんこなす。そして、最適な向上のためにたっぷりと十分な回復時間をとる」のだ。それ以外の時間は、科学と同様、天候の導きによって、「必要最低限」のことだけする。サイクリング、水泳、ボート、ランニング——そして、そのすべてが遊びだと考えている。「とにかく楽しんで、つらすぎないようにする……たいてい、子どもの頃、遊んでいたようなことをしているんだ」

ハーバートは、この手法にまだ発展の余地があると考えている。たとえば、メダルを獲得しているマスターズのエリート選手たちなら、適切な準備さえすれば、高強度インターバルトレーニングのリカバリーに当てる期間を五日間ではなく三日間か四日間だけですませられるかもしれない。その場合、「たとえば三カ月の間に九回もトレーニングを追加することができる――そうすれば銀メダルではなく、金メダルを獲得できるかもしれない」と、彼は熱く話しつづける。「この調査は次におこなう予定なんだ。もう少し時間ができて、忙しさが一段落したら……」

かたや、私はといえば、実験を始めるのを待つ理由などなかった。そこで私は中くらいの程度で走るという慣れ切ったトレーニングをやめ、ハーバードの指示にできるだけ従い、数週間のトレーニングを試みることにした。最初の一週間は素晴らしかった。トレーニングの回数が減ったので、毎日の生活も楽になり、高強度インターバルトレーニングをおこなう日がくるとワクワクしたし、やる気満々だった。ところが三週目に入った頃、私は高強度インターバルトレーニングを始める気になれなかった。自分の身体にこれから起こることを、身体が察したのだ。

それでも、私は頑張って高強度インターバルトレーニングを続けた。念のために、ほかにも老化に効果があると言われている運動を付け加えた。ジャンプ、ホップ、スクワットなどだ。すると、長年感じたことがないほど、身体の調子がよくなった。それに、やる気も出てきた。老化に抵抗してやろうという気概が湧いてきたのだ。つらい高強度インターバルトレーニングの日でさえ、これだけ身体を動かせるのはラッキーだと思うようにした。そして、もっと強度を上げ、成果を出そうとした。そして四週目も半ばになった頃、臀部に刺すような痛みがぶり返した。それは、これまでに感じたことがないほどの激しい痛みだった。

のちに、問題はハムストリング上部の炎症であることが判明したが、またもや診断とともに「老化現象でしょう」というコメントをもらった。つまり、私のトレーニングは振り出しに戻ってしまったのだ。それでも、奇妙なことに、この新たな挫折にそれほど失望はしなかった。そして、こう思うようになった。いつの日か、私は目標を定めた本来のランニングを取り戻すことができるはずだ。と。

いまは、まだそのタイミングではないだけだ。

第15章

重力をやっつけろ！

ドイツの生理学者、バーギータ・ギャンセはそれまで数年ほど、マスターズのアスリートに関する研究を続けてきた。そして、ある日、自分も挑戦してみようと思い立った。彼女はそれまで、投てき種目の砲丸投、円盤投、やり投で、かなり活躍してきていたのだ。そこで三五歳になった二〇一七年、デンマークのオーフスで開催された欧州マスターズ陸上競技選手権大会に出場した。すると「たいしてトレーニングをしていなかったのに、楽々と」投げることができた。その結果、投てき五種競技で七位になった。もう少し頑張ればメダルを獲得できるかも。そう考え、一年後、独マスターズ陸上競技選手権大会に出場したが、「ほかの選手が私よりほんの少し長く投げたんです。『私がもう少し長く投げていれば、ドイツのチャンピオンになれたのに……』と思いましたね」。それどころか、膝の調子が悪くなった。以来、膝は元には戻っていない。

こうしてマスターズでトップを競うレベルでの選手生命は断たれたわけだが、高齢アスリートに関する学術研究においては、いまなお第一人者でありつづけている。

生理学者であり、整形外科医でもあるギャンセは、キャリアの初期に高齢の患者を多数診た経験から、老化に関心をもつようになった。その後は、子どもの頃から魅了されていた宇宙旅行の分野で働く機会に恵まれた。そして、このときの経験が、マスターズ陸上競技の研究へと続く必然的な流れを生みだしたのである。

理屈に合わないように思えるかもしれないが、生理学・整形外科学・宇宙旅行という三つの分野には重なっている部分があると、ギャンセは説明する。老化、あるいはそれに似たプロセスは、宇宙旅行における最大のリスクのひとつだ。健康な若い宇宙飛行士が長期間、無重力状態を経験すると、筋肉が萎縮したり、骨密度が低下したりといった症状が出るリスクが生じる。どちらの症状も、座りがちな生活を送る年金受給者によく見られるものだ。よって、長期の宇宙旅行に無重力状態だけではなく運動不足がともなえば、生理学的な衰えが進む。「宇宙で二週間運動しないでいると、たいてい、筋肉量は二〇％減少します。まったく運動をせず、骨粗鬆症の薬も服用せずにいれば、骨にも同じことが起こります。すると、心臓が萎縮します——心臓も筋肉でできていますから。さらに、血管にも変化が起こります」。これではまるで、スピード老化だ。ところが、どうやらマスターズの選手たちは、このプロセスを激しい運動をすることで逆転させる、少なくとも遅らせることができるという説得力のあるエビデンスを提供しているらしい。

スポーツ科学者と同様、宇宙科学者もまた老化にともなう衰えのうち、避けられるもの（運動不足やバランスの悪い食生活などが原因）と、避けられないもの（時間の経過や宇宙飛行士の場合は微小重力などが原因）を区別したいと考えている。そして、避けられない衰えのなかに、逆戻りさせることが可能なものがどの程度あるのか、明確にしたいと考えている——まずは身体を動かすことで。つまり、そのような逆戻りを可能にするための最適な運動プログラムを開発したいと考えているのだ。

もちろん、運動量は多すぎても少なすぎてもよくないため、適切なバランスを見つけなければならない。

ギャンセは次のように説明する。「衰えるのは筋肉や心血管系だけではありません。細胞も、組織も老化します。組織によっては再生が不可能なものもありますから、関節周辺の組織が硬くなります。もろくなる腱もありますし、高齢になると断裂しやすくなります。筋肉や血管の機能も低下しますし、解剖学的な限界も迎えます。その結果、高齢者はうまく動けなくなるんですよ」。私自身、身体が思うように動かないのでいまいましくてならないのだが、やはり、老化で動かなくなっているのだ。

マスターズの新米選手は、自分の限界がよくわからず、事態を悪化させる人が多い。「まだ頭のなかに、〝昔はこれくらい動けた〟という認識が残っているからです」と、ギャンセは言う。「だから、すぐに一〇〇％の負荷をかけてしまう。ところが、身体のほうはもう、それほどの負荷には対処できません」

いっぽう、マスターズの競技会に何度か出場している選手は、自分の限界について現実的な感覚をもつようになるため、身体を壊しにくくなる。とりわけマスターズの大会で優勝した人たちに関しては、骨格筋、結合組織、血管、心機能、安静時代謝、骨密度など、一般に老化によるものとされる変化に関する豊富なデータがある。そのため、老化による生理学的な衰えと運動強度との関係を調べやすいのだ――実際に関係があると仮定しての話だが。彼らはまた、ライフスタイルによる衰えをまったく、もしくはほとんど感じていないため、実験に協力してもらうあいだ、耐えられると思われる限界まで身体を追い込むことを嫌がらない。そうした意味でも、彼らは貴重な存在なのだ。

だからこそ、アメリカ航空宇宙局（ＮＡＳＡ）や欧州宇宙機関（ＥＳＡ）といった機関が、二〇年以上に渡ってマスターズの選手権大会に研究者たちを送り込んできたのだ。ＥＳＡはマンチェスター・メトロポリタン大学（ＭＭＵ）の複数のプロジェクトに資金を提供しており、ギャンセ教授はＥＳＡとＮＡＳ

Aの両方と共同で研究をした経験があり、近年ではおもにドイツ航空宇宙センター（DLR）と共同で研究を進め、ここ一〇年ほど、マスターズを始めとする高齢者のスポーツ大会に足を運んできた。こうした経緯で、彼女はMMUのジェイミー・マクフィー教授や同僚のハンス・ディージェンス教授らとも知己を得た。「私たちは国際宇宙ステーションで共同実験をおこなっています」と、ギャンセは誇らしげに語る。彼女はまたMMUの客員教授でもあり、私が話を聞いたときには、英仏共同観測基地「コンコルディア基地」で〝越冬〟中の人たちの運動不足の影響について調査するため、南極大陸に向かおうとしていた。

ドイツ航空宇宙センターの研究チームは、二〇一八年にマラガで開催されたマスターズ世界陸上競技選手権大会で、七三歳のイギリス人競歩選手イアン・リチャーズらの調査に多くの時間を費やした。リチャーズはヴェネツィアで開催された欧州マスターズ陸上競技選手権大会での活躍を認められ、二〇一九年の欧州最優秀選手賞を受賞した選手である。「ありとあらゆるテストを受けましたよ。垂直跳びをしたり、代謝を測定するために、一晩、終夜睡眠ポリグラフ検査を受けたり」と、リチャーズは言う。すると、検査の結果、自分の最大酸素摂取量の値が、健康な四〇歳のそれと同じくらいであることがわかった。「私が三回、金メダルを獲得し、世界記録をひとつ樹立したので、彼らは私に関心をもったのでしょう」。リチャーズはがぜん興味をもち、のちにMMUのスポーツ運動科学の通信教育課程に申し込んだ。「科学に関しては中等教育が終わってから無縁でしたし、記憶力も昔のようにはいきませんでしたがね……」

ドイツ航空宇宙センターは二〇〇一年からマスターズ陸上競技選手権のデータを収集している。二〇一八年マスターズ陸上競技選手権のフィールド調査で重点を置いたのは、ふくらはぎの筋肉、結合組織、可動性、それに動脈の特徴、血圧、心臓の構造と機能、安静時代謝、垂直跳びの能力、精神状態や積極性などだった。しかし、それらはすべて〝純粋な〟老化の生理学においてまだ不完全な理解を埋めることを目的とした、より大規模に進行中の研究プログラムの一部にすぎなかった。プログラムの責任者であるヨルン・リットヴェガーは、同僚のギャンセと同じような経緯を経てマスターズの研究に関わるようになった。当初は高齢者を研究対象としていた「地味な生理学者」であった彼は、骨の強さを維持するうえでの筋活動の重要性に関するデータを集めるために、生涯にわたってスポーツを続けている人に着目した。さらに研究を進めるべく資金源を探している最中に、宇宙機関に目を向けた。リットヴェガーの話によれば、当時は「老化の悪影響を補うためにどれだけの運動が必要かといった疑問が十分に調査されていなかった」という単純な理由もあり、生理学・整形外科学・宇宙旅行の三つの分野の研究者たちが次第に情報を共有するようになったのである。

そして、当時もいまも、幅広く一致した見解がある。もうひとりの専門家、スコット・トラップ教授の言葉を借りれば、「強度が勝つ」のだ。インディアナ州マンシーにあるボール州立大学のヒューマン・パフォーマンス研究所の所長であるトラップ教授は、NASAの依頼で老化とトレーニングの関係について多くの研究を主導してきた。そして二〇〇九年の画期的な研究で、数十年にわたり定期的に運動してきた七五歳の心血管の健康状態は四〇代前半の人と同様であり、筋肉の健康状態は活動的な二五歳と同等であることを示し、〝歳をとったらペースを落とさなければならないという考え方、そこに問題の一因がある〟と述べた。これには、リットヴェガーも同意見だ。「なにをするにせよ、筋トレの要素を増やす必要がある。トレーニングに関していえば、いま最先端の研究は〝プライオメトリクス・エクササイズ〟です」。これは、筋肉を収縮させる激しい動きをしたあとに、ある程度の高さのある台に助走なしで跳び乗るなどの筋肉を伸ばす動きをするエクササイズだ。「筋トレより効果があると思いますね」と、リットヴェガーは言う。「腱や筋肉を伸ばせば、神経回路が活性化します」。片脚で跳びあがる、スキップする、両脚でジャンプする。あるいはただ坂道を駆けおりるだけでもいい。「筋トレよりも筋肉・腱・骨の内側に大きな負荷をかけられますから」。こうした動きには、関節や腱のしなりによって、筋力を前進する力に変える〝剛性〟を高められるというさらなる利点もある。「プライオメトリクス・エクササイズには、高強度インターバルトレーニングが多く含まれているので、代謝も上がります。さらに、長くゆっくりとした持久力トレーニングのように、延々と膝に衝撃を与えずにすむのです」と、リットヴェガーは言う。

だが、世間には、高齢者はゆっくりとしたジョギングを長く続けるのがいいという考え方が浸透している。高強度トレーニングはまだ異端視されているのだ。実際、あまり運動をしない医療関係者たちは、無理をしないよう、高齢のアスリートたちに絶えず助言している。「そんなに走ってはいけません。膝を壊しますよ」と、釘を差すのだ（それは事実ではない。走る習慣がない人のほうが、人工膝関節置換術を受ける確率が七倍高いのだから）。「あまりスピードを上げずに走ってください。さもないと、身体が疲弊しますから」とも注意する（これも事実ではない。身体が疲弊しやすいのは、ゆっくり走っている人のほうだ。テキサス州ダラスにある有酸素性運動研究所のマイケル・ポロックが一九八七年に発表して広く知られるようになった研究によると、一〇年にわたって快適なＬＳＤ（ロング・スロー・ディスタンスの略。長い距離をゆっくり走ることを指す）以上にはペースを上げずに同じ距離を走りつづけた人たちは、走行距離は同じでも、レースに出場していた人たちと比べると、最大酸素摂取量が七倍以上、低下していた）。

たしかに、「走りすぎると心臓発作を起こしますよ」という昔ながらのアドバイスには一理あるが、それが当てはまるのはごくわずかな人たちだ。極端に高強度、かつ／または極端に長時間のトレーニングを長年ずっと続けてきた人は、時間の経過につれ、不整脈を起こしやすくなるかもしれない。しかし、それは上記の条件をすべて満たした場合にすぎず、その〝極端〟さが、じつに極端な場合に限られるのだ。「私は二五年ほど、だいぶイカレたトレーニングを続けてきた」と、四二歳から四七歳にかけて心房細動の治療を三回受けたアドベンチャーレーサーのマーク・タルノポルスキー教授は言う。「当時は、一日一二時間のレースを四日間連続で走ったものだ。血便が出てね。目もほとんど見えなくなった。フィニッシュ地点が狭いトンネルの向こうにちらつくようにしか見えなくなる状態まで、身体を追い込んだ」。そして、心房細動の原因となっている部分を焼き切るアブレーション治療を三回目に受けたあと、彼は活動量を減らした。六〇歳の現在では、週に七〇キロほどのランニングと、一回当たり約五〇キロのサイクリングとクロスカントリースキー、そして毎日欠かさず二四〇回の腹筋運動と二四〇回の腕立て伏せをして、しのいでいるという（私が初めて話を聞いたとき、彼は混雑した空港の真ん中で腕立て伏せを終えたところだった）。「手術を受けてからは、検査で異常が出たことはないよ」

私たちの大半にとって参考になるのは、定期的なランニングは心血管の健康に非常に効果があるということだ。ランニング中のわずかなリスクの増加は、それ以外の時間におけるリスクの大幅な減少によって相殺される。ランナーは非ランナーと比べて、心血管疾患で死亡する確率が四五〜七〇％低い。レース中に心臓発作で亡くなる人の大半が四〇代であることにも着目すべきだ（たいてい健康な男性で、遺伝的な欠陥があらわれる年齢に差しかかっている）。定年間近、あるいは定年をすぎても走りつづけているのであれば、おそらくあなたの心臓はランニングに耐えられているのだ。

注意しなさいと言いたがる人のもうひとつの定番は、「慎重に走らないと、ケガしますよ」だ。たしかに、これにも一理ある。ハードル走に挑戦しなければ、ハードルでつまずくことはない。だが、そのリスクはあなたが想像している程度より低い。私が知っているなかで最大規模でおこなわれた研究によれば、健康なマスターズの選手は、まだマスターズに参加資格がない若い選手よりも競技中にケガをするリスクが低いそうだ。とはいえ、これには但し書きがつく。あなたは競技レベルまで、じわじわとスピードを上げなくてはならない。これが判断のむずかしいところで、どの程度までトレーニングの強度を上げなくてはならないのかが、ギャンセ（この研究の責任者）にもまだ特定できていないという。私がさんざん迷ってきたのも当然なのだ。

それでも、高齢ランナーがケガから身を守る最善の方法は——あるいは、ケガをしたとしても、できるだけ早く回復するには——強度を下げるのではなく、強度を上げてトレーニングすべきだという可能性は十分にあるようだ。高齢ランナーが最大酸素摂取量を維持する最善の方法は自分を追い込むトレーニングをすることだと、すでに判明している（コロラド大学のダグラス・シールズ教授が一九八四年に発表した有名な研究では、高強度トレーニングをおこなった六〇代のアスリートは、低強度のトレーニングしかしなかった同年代の人と比較して、最大酸素摂取量が五〇%高かった）。しかし、こんにちのスポーツ科学や宇宙旅行の研究からあきらかになったのは、高強度トレーニングが高齢アスリートの筋肉量だけでなく、筋線維組成やミトコンドリア機能をも改善し、その影響が全身に広がっていることだ。さらにそれは、強度がもたらす好循環の始まりにすぎない。筋線維組成が改善すれば（つまり脂肪の浸潤が減れば）、代謝機能が向上し、運動後の筋肉の回復力が高まり、より大きいトレーニング負荷に耐えられるようになる。このプロセスにより、心臓や肺の働きが向上し、いっそう強度の高いトレーニングに適応できるようになるのだ。

高強度トレーニングを続けていれば、骨も強くなり、再生する。「以前は、骨は再生しないと考えられていました」と、バーギータ・ギャンセは言う。「でも、私たちの研究により、高齢でも骨量を増やし、骨折のリスクを減らせることがわかったのです」。軟骨の再生でさえ、ランニングのように体重をかける運動を定期的におこなうと促進されるようだ。ランニングで一歩足を踏みだすたびに、軟骨が圧迫され、老廃物を絞りだし、栄養分と酸素を豊富に含む体液を取り込むという。しかし、いずれにしろ、自分で努力する必要がある。老化にもっとも強く抵抗しているのは、マスターズ陸上競技の成績優秀者であるそうだ。ブラジリアカトリック大学のサミュエル・ダ・シルバ・アグイアールとカイオ・V・スーザの最近の研究によれば、高齢者の衰えの加速化に屈服するのがもっとも遅いのは、なかでも短距離走者であるという。

だが、どれほど懸命に走っても、老化にあらがうのは簡単なことではない。成長ホルモンとテストステロンの値が下がると、筋肉を増やす能力が制限されるのだ。クレアチンリン酸の生成量も減り、ダッシュやプライオメトリクス・エクササイズを繰り返すための短期的なエネルギーも減る。また、バランス能力やコーディネーションを鍛える運動をどんなに激しくおこなっても、神経系の衰えを遅らせる以上の効果はない。

それでも、努力するだけの価値はある。高齢ランナーには、事実上、ふたつの選択肢しか残されていないのだから――好循環を起こせるよう必死に努力するか、努力を放棄して急な下降線をたどるか、だ。衰えた筋肉では、脂肪浸潤やミトコンドリアの機能低下が進み、力を発揮できなくなる。さらに代謝が悪くなり、とくにインスリン感受性が低下する。また、運動の効率（与えられたエネルギーによる出力）が低下する。骨が弱くなり、負荷の強いトレーニングに耐えられなくなる。その結果、心血管の機能が落ちるのだ。

それは、この世には不公平がまかりとおっているという見慣れたパターンでもある。富める者はさらに富み、貧しい者はさらに貧しくなる。なんとしても前者になってやると思ったところで、うまくいくとはかぎらない。よって、結局のところ、オルガ・コテルコが表現した「トレーニングが足りなければ、ゴールにたどり着けないかもしれない。でも、トレーニングしすぎれば、スタートできないかもしれない」というジレンマに対する正しい答えはないのだろう。それでも、トレーニングをめざすべきなのだ。それでも、トレーニング不足のほうがリスクは高いようだ。つまり、賢いやり方でのオーバートレーニングをめざすべきなのだ。それがダメなら、運に恵まれて、たまたまいい塩梅《あんばい》でトレーニングできることを願うしかない。

混乱させてしまったかもしれないが、高齢者の運動について確実にわかっていることがひとつだけある。〝運動しなければ、衰える〟だ。それ以外はすべて、研究途中の課題にすぎない。

迷ったら、トレーニングをしなさい。可能であれば、ハードなトレーニングをしなさい。リカバリーの時間も十分にとりなさい。頑張ると決めたのなら、頑張りなさい。うまくいかないこともあるだろうし、周囲の人から反対されることもあるだろう。競技での栄光をめざしていない場合には、無駄に思えることもあるだろう。それでも、座りがちな生活を送るという誘惑に抵抗するうえで、説得力のある理由がふたつある。第一に、トレーニングの強度を上げれば、健康寿命の延長、身体的回復力の向上、可動性の改善、依存心の軽減、自尊心の向上といった、いい副産物をたくさん得られる。そうなれば、残りの人生を大いに楽しむ能力をいちじるしく強化できる。そして第二に、多くの人にとって、焼けつくような熱い努力は、それ自体が報酬になるからだ。

スポーツの世界では、〝登るべき山〟、すなわち厳しく困難な闘いについて語ることがある。気概をもち、体力の限界までそうした山に登ろうと奮闘すれば、人生を豊かにすることができるのだ。私たちの努力では、その山をなだらかにすることも、低くすることもできない。それでも、苦しみながら困難を乗り越えようと試練に立ち向かうからこそ、自分を変え、成長することができるのだ。

これこそが、高齢になってもランナーであり続けるために知っておくべき、もっとも重要なことかもしれない。勝ち目のない闘いではあるが、あなたは闘いを挑むという選択をすることができる。それは下りのエスカレーターを駆けあがるようなものであり、湖水地方で私を悩ませた、あの滑りやすい斜面を這いあがるようなものだ——あのときの光景はよく私の頭によみがえる。険しい山頂から少し下ったところにある断崖絶壁に立っていて、足元の石が滑りやすく、危険な状況だ。そこは重力に支配されていて、なにも行動を起こさなければ、私たちは容赦なく奈落の底へと滑り落ちていくだろう。それでも、自分で選ぶのであれば、ふたたび山頂に向かって突き進み、全力を尽くすことができる。だが、頂上にはけっして到達できないだろう。どれほど這いあがろうとしても、足元の地面が滑るからだ。そして最後には、私たちは誰もが奈落に落ちたままになる。しかし、全力を振り絞れば、落ちていくスピードを遅くすることはできる。そう信じていれば、肺が破裂しそうなほど苦しい思いをして獲得したわずかな時間のなかで、おのれの意志の力と、頭上にそびえる山の圧倒的なまでの美しさに感嘆することができる。そしてときおり、奇跡のような瞬間が訪れる。重力と老化の呪縛を解きはなち、ごく短時間にすぎなくても、自分が上昇していると実感できるのだ。

第16章

失われた時間

「観客」でいることへの焦り

灰色の空が広がる湿気の多い八月の土曜日、私はダービーの環状道路Ａ５１１１からすぐの陸上競技場の、半分ほどしか人が埋まっていないスタンドに数時間座っていた。数週間前であれば、こうした集まりは禁止されていただろうが、イングランドでは新型コロナウイルス感染症流行による規制が緩和され、人々はつかの間の解放感を味わっていた。そして関係者は、この機会を最大限に利用しようとしていた。

周囲がざわついているのは、隣接する建築現場で轟音を立てている電動工具のせいだけではない。快活な高齢者が大勢いたからだ。数百人もの高齢者がトラックに散らばっていて、スタンドに座っている人もいる。アップのために歩きまわる者、用具のチェックに余念がない者。でも、大半の人は湿気の多い風を気にすることもなく、ただ歓談し、少人数で輪をつくってお喋りを楽しんでいる。夏の休暇のあと互いに近況報告をする同僚のように気楽な物腰で、それほど身を入れずに相手の話を聞いている。

あたりには陽気な興奮とともに、そこはかとない不安感も漂っていた。とても大きなことが、これから間違いなく起こるのだ。休み明けの学期初日の校庭のようすを想像するといい――ただし、そこにいるのは白髪頭で皺だらけの顔の人たちだが。その日は二〇二一年、英国マスターズ陸上競技選手権大会の初日だった。しかし、それだけではない。年齢層の高いイギリスの陸上選手たちが、一年半ぶりにスポーツで全力を発揮するために集まったのだ。そして彼らは、大会が開催されることが、まだ信じられない気持ちだった。

嬉しそうにかわす挨拶から、楽しそうなどよめきが生じていた。「久しぶり」「元気そうだね」「ようやく会えたな！」。一カ所にこれほど多くの笑顔を見たのは、私にとっても久しぶりのことだった（マスク着用が義務づけられていたのは更衣室だけだった）。

「みなさん、お変わりなく！」。走幅跳の助走路のあたりでウォーミングアップをしていた女性のグループに、ひとりの女性が明るく声をかけると、歓迎の声と笑い声が同時に起こった。「彼女たちはアスリートであると同時に、人間でもあるんです」と、写真家のアレックス・ロタスが説明した。パンデミック以降、アスリートたちを撮影する初めての機会がようやく訪れて、いかにも嬉しそうだ。「選手たちにとっては、ここで会う人たちは第二の家族のようなものなんです。それに、久しぶりの再会ですから」

前回、開催されたマスターズの大会は、二〇二〇年三月にエドモントンのリー・ヴァレーで開催された英国マスターズ陸上競技室内選手権大会で、クラスター発生を起こさずに閉会したことはよく知られている。その月、やはり開催された大規模なスポーツ大会では、チェルトナム競馬場でのチェルトナム・フェスティバル、チャンピオンズリーグでリヴァプールがホームで戦ったアトレティコ・マドリード戦などがあったが、どちらも感染拡大を引き起こす結果となった。ところが、理論的には感染しやすいはずの高齢者たちが数百人も集まり、屋内で二日にわたって激しく運動したにもかかわらず、どうやらひとりの感染者も出なかったのだ。これは、体力には奇跡的な免疫効果があるという証なのだろうか？　それとも、単に幸運だったのだろうか？　いずれにせよ、その後の数カ月に渡るロックダウンはつらい日々だった。そして、この日、ようやく再会したマスターズの選手たちは、体調やトレーニングに関する近況報告をするだけではなく、悲しい事実とも直面しなければならなかった——馴染みのある顔が減っていたのだ。がん、心疾患、認知症、関節の故障など、誰それが思いもかけぬ病気やケガに襲われた、という説明が低い声で告げられた。たとえば短距離・ハードル・十種競技の八〇代の選手で、人気者のトニー・ボウマンは、新型コロナウイルス感染症で妻を亡くしただけでなく、先日、心臓発作に見舞われ（これまでの二回とは違い）「じつに恐ろしい思いをした」。そのため、今回は出場種目を投てきに絞っている。それでも、きょう、こうして集まれたのは「素晴らしいことだ」と明言した。

競技は、気づいたときには始まっていた。プラスチックの座席の上には、観客よりもデイパックの数のほうが多く、観戦している人よりもお喋りに興じている人のほうが多い。スピーカーから聞こえてくるのんびりとした口調のアナウンスを聞いていると、村祭を思い起こした。それでも、派手なファンファーレこそ聞こえてこないものの、高齢の男女たちが明るく奮闘しているようすは断続的な霧雨のように伝わってきたし、しっかりと見ていれば、そこには激しい情熱が込められていることも伝わってきた。

私は「高齢の」と表現したが、実際には、私より年下の選手もいた。でも、いちばん若い選手でも五五歳以上だった。それより若い年齢層の選手たちは、感染予防対策のため、翌日の大会に参加することになっていたからだ。というわけで、その日の選手たちはほぼ六〇代、七〇代、八〇代で、長年の習慣から、私はついそうした年代の人たちを「高齢者」という枠に押し込めて考えてしまう。もちろん、自分は除外して、だ。

しかし、私がひとりだけ部外者だったのは、想像上の自分の若さゆえではなく、もっと不快な事実があったからだ。私は「観客」だった。ほかの人たちはみんな、走ったり、ハードルを跳び越えたり、投てきをしたりと、活発に動いていた――あるいは、いきいきと審判を務めたり、親戚や友人を応援したりしていた。学校の運動会と同じように、大切なのは見物することではなく、自分が参加していることなのだ。

実際、たまたま通りかかった人が目をやれば、そこには素晴らしい光景が広がっていた。デレク・ジャクソンは一五〇〇mを五分八秒二七で走り、M70の英国記録を二秒も縮めた。W80の四〇〇mでは八二歳のカス・スチュワートが英国記録を樹立した（九一秒八四）。リサ・トーマスはW55の二〇〇〇m障害で史上二番目のタイム（七分五二秒一二）で優勝した。バリー・マースデンはM55のハードルで、ロングとショートの両方で圧倒的な強さを見せ、優勝した。スー・フリスビーはW60の同種目で二冠を達成。ヴァージニア・ミッチェルは、踵のケガのため、二〇二〇年の大半をろくに練習できずにすごしたが、W55の四〇〇mと八〇〇mで、自分だけべつのレースに出場しているかのように大差をつけて優勝した。

しかし、注意深く見ていなければ、そうした偉業に気づくことはないだろう。実際、自分の出場種目しか見ていない人や、応援する相手しか見ていない人が多かった。それでも、どういうわけか個々の勝手な行動が混然となって強いカクテルとなり、集団としての熱狂や一体感を生みだしていた。スタンドの半分ほど空いた湿った座席の列を、そうした善意が温めているような雰囲気もあった。

その雰囲気はトラックをも温めていた。自制する者はおらず、パフォーマンスのレベルが信じられないくらい高いことが多かった。六〇歳の女性が八〇mを走り、そのあいだに高さ六八・六センチのハードルを八回跳んだ記録が一二秒九八なのだから、驚くしかない。しかし、大きく遅れている選手もいた。短距離走では、スターティングブロックを使うかどうかは任意だったし、着ているウェアもばらばらで、イギリス代表のロゴが入ったウェアを着ている選手もいれば、レギンス姿の選手もいた。M60の種目のなかには、私が出場したとしても最下位にはならずにすんだだろうと思われたレースがふたつあった（ただし、いずれも最下位の選手は足を引きずって歩いていた）。

レース最後の完走者は、優勝者の一・五倍、ときにはもっと長い時間をかけてゴールすることがよくあった。それでも、かならずと言っていいほど、先に走り終えた選手がフィニッシュラインのあたりで（M65の一五〇〇mでは三分以上）待っていて、最後のランナーがゴールするまで拍手を続けた。この相互の尊敬と励ましは、マスターズでずっと変わらず受け継がれてきた伝統のひとつだ。人生も半ば以上をすぎ、心身ともにある程度、経年変化で摩耗しながらも生き残り、競技を続けている者同士だという認識があるからこそ、互いを称えあうのだろう。アレックス・ロタスによれば、高齢のアスリートたちが助けあうのは、「私たち人間が経験しなければならないひどい状態を、身をもって知っているから」であるそうだ。

「私たちは団結力がすごいのよ」と、ヴァージニア・ミッチェルは言った。「だって、みんな、似たような経験をしてきているでしょ。山あり谷ありの人生を送ってきている。同じ年齢区分の人なら、同じ時代に同じような経験をしてきていることも多い。結婚、仕事、育児、子どもたちの大学進学のサポート。マスターズの仲間たちとは、文字通り、一緒に成長してきたのよ」そう言うと、ミッチェルは説明を続けた。

「誰にでも、それぞれのストーリーがある。なんらかの障害や健康問題を抱えている人、窮地から脱した人、家族を喪った人。何回もケガをして、もうこれ以上、よくならないと思っている人もいる。それでも、私たちはみんなここに集まり、競技を続けている。だから、ほかのみんなのパフォーマンスを見るのが好きなの。素晴らしいパフォーマンスを見るのって最高よ。たとえば、友人のアイリス・ホルダーは一〇〇mを一九秒台で走った。もう八〇歳だっていうのに！　すごいでしょ！　これからも、そんな光景が見られるわ。そうすると、みんながひとつになれるような気がする。それでね、その人のことが誇らしくてたまらなくなる。だって、あれやこれやを乗り越えたうえで、まだこれほど素晴らしいパフォーマンスができるんだもの」

とはいえ、これほど長いパンデミックが続いたのだから、多くのアスリートの身体が衰え、犠牲になった人がいても不思議はない。ところが、彼らはたいてい軽症ですんでいた。マスターズによく出場していた選手で、実際に新型コロナウイルス感染症が原因で死亡したケースは一例しか聞いたことがない（アメリカのW80やり投のメアリー・ローマン）。しかし、もちろん選手たちが回復できたからといって、愛する人まで守ることはできない。無作為に襲ってくる人生の残酷さから守れるわけではないのだ。トニー・ボウマンは発症後、三日ほどすると回復したが、最愛の妻ベティを喪った。そして、マスターズの選手のなかで、そうした喪失を体験したのは彼だけではなかった。

ダービーから遠く離れた地では、社会全体でもスポーツ関係でも休業や閉鎖が続き、多くの高齢アスリートが生きがいを奪われていた。「以前はポジティブ思考だったんだがね」と、リチャード・ピットケイン＝ノウルズは、この選手権大会の少し前に私に言った。「この馬鹿げたロックダウンの期間中は、あまり走れなかった」。また、サリー州在住でM75の一〇〇〇〇mのトップランナー、ペニー・エリオットはこう言った。「気分がいい日もあるんだよ。だが、その次にトレーニングに出かけたときには、もう、エネルギーが残っていない」。これはなにもイギリスだけの現象ではない。引退を表明する直前、八七歳のフランスの長距離走者の貴婦人《グランダム》、デニス・ルクレールはこう告白した。「もう、すっかりダメになったわ」

走りたいという気持ちはあったのに、機会がなかった人もいる。様々な持久力の持ち主であるチェコのレジェンドで、ランナー・ジャンパー・十種競技選手・騎手・スキーヤー・水泳選手として活躍したユージ・スークップは、感染予防のためにケアハウスに閉じこもり、九四歳の誕生日まであと数週間という頃、孤独な混乱のなか亡くなった。アメリカでは、短距離、跳躍、投てきの選手として記録を塗り替え、マスターズで九〇〇個以上のメダルを獲得したドナルド・ペルマンが、カリフォルニア州サンタクララの「介護付き」施設でぼんやりとすごしていた。彼は病弱だった妻のマージと一緒に暮らすために、長年、その施設で暮らしていて、外の舗道で短距離走の練習をしては、よく通行人を驚かせていた。しかし、妻に先立たれたうえ、身体を動かせない生活を余儀なくされたため、次第に衰弱し、二〇二一年六月、一〇五歳でこの世を去った。

「もう残り少ないっていうのに、おれたちは時間を奪われたんだ」と、アメリカのM75の四〇〇mランナー、ブルース・ルービンは、パンデミックが始まった頃、私にそう言った。「こんな状態は早く終わらせないと、結局、前回の参加が最後だったってことになりかねない」。きわめて体調がいいときでさえ、賢明な高齢ランナーたちは、大会に出場できるチャンスがもう限られていることを自覚している。感染症が流行したり、戦争が勃発したりする時代においては、次が自分にとって最後のレースになってもおかしくないのだ。

だからこそダービーの地に集結した選手たちは、この湿気の多い一日に情熱を注いでいた。タイミングも、規模も、注目される度合いも、完璧ではなかったかもしれない。だが、とにかく大会が開催されたのだ。つい最近まで、開催など不可能だと考えられていたことを考えれば、大半の選手にとって、この日は長期計画に基づいたトレーニングの成果を披露するというよりは、できるときにできることをやっておきたいという意味合いのほうが強かった。こんど、いつ大会が開催されるかわからないのだから、中途半端な気持ちで挑むのでは意味がない。

だが、選手権に向けて自分を追い込みすぎて、逆効果になる場合も少なくない。何人かのランナーはハードなトレーニングが裏目に出たのだろう、足を引きずりながら苦しそうに走っていた。M55の不運な四〇〇mランナーのジョン・ティルトがホームストレートの最後の一位争いで、膝が言うことを聞かなくなってしまい、最後には担架で運ばれていった。そのようすを見ていた友人のヴァージニア・ミッチェルは「彼の心は、身体より強かったわけね」と、残念そうに言った。彼は、私のようにもっと慎重にトレーニングすべきだったのかもしれない。でも、慎重を期したからといって、どんな成果が得られる？　人生が目の前に差しだしてくれたチャンスをつかまなければ、それは挑戦しないのと同じことだ。

この選手権大会を見ていると、こんなふうにいろいろと刺激を受けた。アスリートたちは自分を限界まで追い込み、精一杯、充実した人生を送ろうとしている――いまという瞬間を最大限に生きているのだ。力を惜しむような真似をすれば、せっかくの機会が無駄になる。なかには、奮闘することで気持ちを浄化させようと思っている人も、活力を得ようと思っている人もいるようだ。たとえばトニー・ボウマンは、妻に先立たれたうえ、心疾患に苦しんでいたので、また走れるかどうかわからない状態だったが、誰かに同情してもらおうなどとは一瞬たりとも思わなかった。もてる力を投てきの種目に注ぎ込み、競争心を燃えあがらせるのに忙しかったからだ。その結果、M85の円盤投三位、やり投で二位、砲丸投で二位という好成績をおさめた。競技中、彼の顔は集中力と努力でゆがんでいたが、投げおえたあとは少年のような笑みを浮かべた。ボウマンはあとで私にこう語った。「大切なのは、やってみることだ。身を切る覚悟で挑戦することさ」

しかし、私は挑戦していなかった。そのことが、ずっと気になっていた。それどころか、私は自己憐憫に浸りながら、スタンドの最前列でもじもじしていた。当時の私は健康な六一歳だったのに、私より生理学的に運に恵まれた選手たちをうらやましく思っていたのだ——彼らのほうが、私よりよほど不満に思うことは多いはずなのに。選手のなかには、がんサバイバーがいたし、心臓発作から生還した人も、なにかを喪失したり事故にあった人もいた。そして、これほどの勇気がなければ、老化による挫折に屈服していたかもしれない人も大勢いた。それでも、いま、彼らはいまの自分に残された身体能力をありがたく思い、人生を謳歌している。ボウマンは、スタンド後方へと歩くのに息を切らしながらも、「おれは世界でいちばん幸運な男だ」と、話してくれた。

そんなふうに考えられること自体に、衝撃を受けた。英雄的にさえ思えた。ところが、周囲の果敢なマスターズ選手たちのことを賞賛すればするほど、自分の弱さへの不快感がつのった。公平に見て、私がマスターズの競技に出場できない正当な理由はいくつかあった。まず、ハムストリングの調子が悪いこと。それに、恥をかきたくないという思いもあった。マスターズには素晴らしい選手たちがいることはよくわかっていたし、私のような平凡なアスリートと一緒にスタートラインに立たせるのは、ほかの選手たちを侮辱しているようにも思えた。だが、それは言い訳にすぎなかった。彼らのレースを見ていると、マスターズという陸上競技のもっとも明確な理念、〝誰もが歓迎される〟を思い起こした。かたや本来のオリンピックの理念、〝勝つことではなく、参加することに意義がある〟は忘れ去られてから久しい。だが、マスターズは忘れていない。

マスターズの運営側も、たとえば予選基準を設けて出場できる選手を制限し、競技を合理化すれば、もっと効率がよくなることは承知している。でも、効率化をはかることだけが、人生のこの段階でもっとも重要なことなのだろうか？　私たちはみな、衰弱と死に向かって、勝ち目のない恐ろしい闘いに身を投じている。盟友は多ければ多いほどいいはずだ。

いずれにしろ、コヴェントリー近郊の陸上クラブ〈ノーズブルックＡＣ〉に所属する中距離ランナー、マイク・デュガンとお喋りを始めるまで、私はそんなことをぼんやりと考えていた。次第に激しくなる雨を避けるべく、同じ木の下に立っていた私たちには、ほかにも共通点があることがわかった。二人もイングランド中部に暮らしていて、エミール・ザトペック（マイクは学生時代に短期間ではあったが一緒にジョギングをしていた）を崇拝していた。そして二人とも、右の臀部を痛めていた。「なにが原因なのかわからないんだ」と、私の思いを読み取ったかのように、彼がぼやいた。「二週間前から、突然、痛みはじめてね。それまでは、なんの問題もなかったのに」。私たちは自分たちの症状や試した治療法について話しあった。二人とも、大半の治療を試していた。しかし、マイクは私よりこの問題を切実にとらえていた。八〇〇ｍのレースを目前にしていたからだ。そして私とは違い、彼は八〇歳だった。

私がレースに出場していないことを知ると、彼は驚いた。それから彼はハムストリングをなだめすかし、二時間ほど軽いウォームアップを辛抱強く続けた。そして夕方になると、八〇〇ｍのレースに出場した。

三人のM75を抑えて二位になったが、同じ年齢区分の選手がいなかったので、M80で優勝した。タイムは三分三一秒六四。M80の英国記録より二三秒遅かったが、その日の英国チャンピオンになるには十分だった。

かのウディ・アレンの名言、〝人生の成功する秘訣の八〇%は、めげずに顔を出しつづけることだ〟を、これほどエレガントに証明した例はないだろう。だが私はといえば、観戦しているあいだも、いっさい汗をかかずに自宅まで運転しているあいだもずっと、もやもやとした思いを抱えていた。その名言が示しているもうひとつの現実を突きつけられていたからだ。顔を出さなかったからという理由で、恥をかいたり、後悔したりする者はいない。敗者とは、顔を出さない者だ。私はそれまでの人生の大半で、周囲が慎重になっているときに自分だけ無鉄砲な行動をとり、ずいぶん後悔してきた。ところが、その日はそれとは違うたぐいの後悔が残り、いつまでたってもぬぐい去ることはできなかった。

第17章 庭全体への水やり

ピート・マギルはカリフォルニア州在住の中年男性で、元脚本家だ。薬物を乱用していたせいで、三〇代の大半は朦朧《もうろう》とした状態ですごした。三八歳のとき、病院の救急治療室で目を覚ましたところ、「このままでは息子さんの高校卒業を見届けるまで生き延びることはできないでしょう」と、告げられた。命が危ういことを痛感した彼は、若い頃、つかの間ではあったが、アスリートとして将来を嘱望《しょくぼう》されていたことを思い出した。読者のなかには、分野こそ違っても、やはり将来を期待されていた人がいるかもしれない。意を決した彼は、根気よくランニングの習慣を身に付け、時間をかけて自力で回復していった。

彼は健康を取り戻した。「周囲の人間にとって、信頼の置けるまともな人間になった……生還したってところかな」と、彼は言った。さらに、ランナーとしても驚くほどの成功をおさめた。マスターズのクロスカントリーの米国チャンピオンに六回も輝いたうえ、五〇歳以上の五キロと一〇キロでアメリカ史上最速タイム（それぞれ一五分〇一秒と三一分一一秒）を出すなど、数々の見事な記録を樹立した。しかし、彼が尊敬されているのは、おもにコーチやベストセラー作家としての功績を認められてのことだ。いまはサウス・パサデナを拠点に、高校生からマスターズまで、あらゆるレベルの選手のコーチを務め、〈カル・コースト・トラッククラブ〉のメンバーをクロスカントリーとロードレースで一九回もマスターズ全国優勝に導いてきた。二〇一四年の著書『ランニングの身体をつくる（Build Your Running Body）』（未訳）は、ランナーズ・ワールド誌を創刊したボブ・アンダーソンから〝史上最高のランニング本〟と絶賛された。トレーニング全般について詳細に説明された、権威ある実践的なガイドを探しているなら、この一冊が手元にあれば十分かもしれない。

私のランニングに関する問題を相談するのに、彼は打ってつけの人物のように思えた。そこで、彼に話を聞いてもらうことにした。

「そりゃ、ケガもするよ」と、彼は言った。「トレーニングをしてこなかったんだから」

でも、この数十年、トレーニングを日課にしてきたんです、と私は反論した。さっき、そう話したじゃありませんか。

ほお。じゃあ、なにをしてきたんだい？　とピートに尋ねられる。

「走ってきました」と、私は言う。早朝、数キロのジョギングを軽くこなしてきた歳月を思い起こして。

彼は笑う。きみのようなランナーに、これまで何人も会ってきた、と。「ただ長距離を、楽なペースで走る。それだけじゃ、ケガをせずにすむ強さは身に付かない」と、彼は説明する。「筋肉に全然、力がつかないんだよ」。その一因は、筋線維にある。心地よいペースで走れば遅筋が鍛えられるが、速筋や中間筋のほうは、ベッドで寝ているときと同じくらいの力しかつかない。もちろん、加齢とともに走るペースは落ちる。だが、それだけではない。

「外に出ていって、楽に走れるペースで長距離を走れば筋肉が鍛えられると、みんな勘違いしている。ゆっくり走っていても、ふくらはぎや大腿四頭筋、ハムストリングや大臀筋を鍛えられる、ただ強度が弱いだけだろう、と。だが、実際はそうじゃない。ふくらはぎの筋肉では遅筋のごく一部しか使っていないし、大腿四頭筋もごくわずかしか使っていない。ハムストリングと大臀筋はほとんど使っていないし、残りの筋肉はまったく鍛えられていない。結合組織を十分に強化できていないから、完全な可動域を確保できない。それなのにレースに出場して速く走ろうとするから、ふだんより大きな力で地面を蹴ることになり、ケガをしやすくなる」。そう言うと、ピートが先を続ける。

「そういう人たちには、比喩を使って説明することにしているんだ。そんなやり方は、全体の三分の一にしか水やりをしない庭のようなものだ、と。翌日もまた、あなたは同じ三分の一の面積にしか水をまかない。その翌日も、同じことの繰り返し。やがて、あなたはこう言う。『うちの庭の三分の二の植木はどうして枯れてしまったんだろう？　水やりを毎日欠かしていないのに？』とね。それは、あなたが庭全体に水やりをしなかったからだ」

二〇代から三〇代前半までなら、そのくらい手入れをおろそかにしても、どうにかなる。「若いときには、若さでごまかせる。しかし、マスターズとなればそうはいかない。マスターズでは、ミスが許されない」

なんということだ。それが本当なら、私はこの一〇年ほど、ランナーとして間違った走り方をしてきたことになる。「この歳になってもまだ自分が走っていることがわかっていれば、私だってもう少し考えていたかもしれませんが」

「そんなことは、誰にもわからんよ！」と、彼は笑う。「僕たちはもう六〇代だ！　ランニングなんて二二歳でやめると、僕は思っていたからね」

ピートには好感をもたずにはいられない。彼は満足そうによく笑い、これまでの経験を感じさせる顔つきをしている。聞き上手でもあり、人生で重要なことを見きわめるだけの深い思慮の持ち主でもある。彼がマスターズの大会に出場するようになってから、もっとも大きな誇りを覚えたランニング関連の出来事は、息子が高校を卒業するのを見届けたことだという。「ランニングのおかげで、人生を取り戻した」と、彼は言う。「だから、僕で役に立てることがあるのなら、なんでも人に伝えたいと思っている」

だが、彼の話を聞いているうちに、私はすっかり気落ちしていた。もし、私が放置してきた庭の三分の二がすっかり枯れているとしても、まだ再生できる希望はあるのだろうか?

「希望はいつだってある」。そう言うと、ピートは大きなマグカップからコーヒーを飲みつつ、あくびをした。その前日、彼は高校のクロスカントリーのチームを率いて、シーズン最後の大会に出場していたのだ。六四〇キロ以上もの距離を往復して、「くたくた」になったそうだから、まだ疲れが残っているのだろう。「ただし、あまり期待しすぎるのはよくない。失った速筋をとりもどすことはできないんだよ。それでも、適切なトレーニングを続ければ、神経系を鍛えなおして、中間筋を取り戻すことはできる」

では、適切なトレーニングとはなんだろう?

重要なのは「〝トレーニングにおけるよいワークアウト〟などというものは存在しないと、肝に銘じることだ。どのプログラムも、よくできている。ただし、つねに変化を加えなければならない。あるときには効果のあるワークアウトが、ほかのときには害を及ぼすかもしれない」。だから、人はコーチに頼る。しっかりと前進できるよう、的確な独自のプログラムを組んでもらうために。

もうひとつ重要なポイントは、忍耐力だ。「一度に大きく前進できることはないし、近道もない。トレーニングはいつだって、少しずつ成果をあげていくものだ。手に切り傷ができたときのことを思い返してみるといい。子どもの頃なら、二日ほどあれば傷は癒えるかもしれない。でも六〇代にもなれば、手の切り傷を見て、こう考える。『やれやれ、もう一カ月半も前にできた傷なのに、まだ治らない……』とね」

傷が癒えるのと基本的には同じプロセスを経るため、高齢者がトレーニングの効果をあげるには時間がかかる。「ワークアウトの最中には改善されない。ワークアウトを終えたリカバリー期に改善する。たとえばここでワークアウトを始める」。そう言うと、彼は鼻の前に水平に手を上げる。「ここから、きみは筋線維を痛めつけ、破壊し、断裂させる。フィラメントという線維を引き裂くんだ――そして筋グリコーゲンや神経伝達物質、その他あらゆるものを激減させる。さらに結合組織を傷つけ、骨を壊し、過度のストレスをかける。そして、フィットネスの観点から見ると、きみはここからワークアウトを始めて、ここで終えることになる」。そう言うと、彼は鼻の前に水平に置いた手を、顎のあたりに下げる。

「わかったかい？　これがワークアウトの成果だ。だから当初は、ランナーとしての能力が落ちる。だが、リカバリー期の最初の段階で、神経伝達物質と筋グリコーゲンが回復させ、筋肉や神経組織を修復させるんだ。すると……」。そう言うと、こんどは手をまた鼻のあたりまで上げる。「ワークアウトを始めたところまで戻ってくる。たったの二日後にね」

「ところが、このあたりで大きな勘違いをする人が出てくる。『よし、これでもう回復した。次のハードなワークアウトをしよう』と思い、またハードなワークアウトをこなす。そして二日もたてば、また回復する。ところが、このあたりで疑問に思う。始めたところに戻るだけなら、どうしてハードなトレーニングをしなくちゃならないんだ？」と、彼は先を続ける。

「だが、いわゆる〝超補填《ちょうほてん》〟が始まるのはこのあたりからだ。またハードなワークアウトをする。ブーン、ブーン、ブーン。そして二日後に、また回復する。だが、もう一日余計に待つと、身体がよく動くようになる。『もう、前回ほどワークアウトをつらく思わなくなった。きっと、少し強くなったんだろう』と、思えるようになる。たしかに、筋肉は少し強くなる。ほんの少し筋グリコーゲンが増えるんだ。するど、ここまで上がってくる」と、彼は言い、手を眉毛のあたりに上げる。「そこで、また次のハードなワークアウトをおこなう。そして、また回復したときには、ここまで来る」と言い、彼はまた眉毛のあたりに手を置く。「この〝超補填〟を繰り返していくと、やがてここまで来る」。そう言うと、二〇年前であれば前髪があったであろう額の上のほうまで手を上げる。

「わかったね？　これを毎週、毎月、毎年、延々と続けていけば、ある日突然、並外れた力がつく。しかし、日々の前進は微々たるものにすぎない。だから、とにかく辛抱強く取り組まなければならない」

本書を読んでいる筋金入りのランナーは、ピートが当たり前のことを言っていると感じるかもしれない。しかし、大半のランナーは、トレーニングについて分析的に考えることはまずない。上達したいとは思っている。少なくとも、ある程度は上達したいと思っているはずだが、よりハードなトレーニングをおこなえばスピードが上がると、直観的に思い込んでいるのだ。走る距離を延ばし、走る回数を増やし、もっと頑張れば、スピードが上がるはずだ、と。ランニングに特化したエクササイズが目に留まれば、トレーニングに加えたり、気が向いたときに試してみたりすることもあるだろう。しかし、自分のために考え抜かれたプログラムがあるわけではない。ただ混乱のなかを、できる範囲のことをしながら進んでいくしかないのだ。

若いうちは、これでうまくいくように思える。予想以上に上達することもあるし、トレーニングの量と比例して、スピードも上下する。つまり、トレーニングの量を増やせば、スピードが上がる。これがランニングの基本となる方程式だ。しかし、人生の後半戦に入ると、この方程式が当てはまらなくなる。分析的なアプローチよりも本能的なアプローチを好む私たちにとって、これはゆゆしき問題だ。私たちのランニングの習慣は、毎年、齢を重ねた心身がそのとき必要としているものではなくなるのだ。そして、この悪影響に気づいたとしても、ランニングの方針を変えることはほとんどない。

それどころか、つい過去にしがみついてしまう。「昔はもっと楽にこなせたのに。前みたいに、もっと速く走れなくちゃおかしい」と、思うのだ。ときおり、トレーニングの成果を感じられれば、「よし、もっとトレーニングの量を増やそう。もっと元気だったときのルーティンをまたこなせるようになってみせる」と思ってしまう。言わずもがなだが、そんな真似を続けていれば、また身体を壊してしまう。

べつに、私たちは衰えた身体のせいで失望しているわけではない。考え方を変えなければならないのだ。以前と同じトレーニングにこだわるランナーは、次の戦争ではなく前の戦争とまったく同じように軍事計画を立てる参謀のようなもので、破滅を招くことになる。ピートは、スティーブ・ピーターズの教えを引き継ぐかのように、これがいかに愚かなことかを私に説く。私たちは老いていく。かつての自分の記憶にしがみついているランナーは、自分の将来像について聡明に考えることができていないのだ。

では、なにをすべきなのだろう?

ピートの助言によれば、第一のステップは、庭全体に水やりをすることだ。言い換えれば、ある程度のスピードを取り戻すための行動を起こすのだ。〝高齢のランナーは遅い〟という通念を無批判に受け入れるのではなく、賢く的を絞り、できる限り速くなることに集中するのだ（もちろん、同じことをすでにジョー・ペイヴィーが助言してくれていたのだが、私はまだなんの行動も起こしていなかった）。

ピートは、オールラウンド・ランナーがトレーニングで集中して走る距離として、五〇〇〇mを強く推奨している。「五〇〇〇mはほかのレースより、持久力の面でいちばん筋線維を使う距離なんだ。だから、気に入ってる」。とはいえ、トレーニングに適した〝よりよい〟距離が決まっているわけではない。ただ、スピード、可動性、スタミナ、回復力が大きく劣っていないのであれば、ランナーの身体を高機能に鍛えるには最適な距離なのだ。五〇〇〇m走のための基礎的なトレーニングは大半の距離を走るうえでも役立ち、とくに一五〇〇mからハーフマラソンまでの距離では、大きな効果を得られるだろう。

ピートが薦めるプログラムでは、一二週サイクルのものが多く、スピード練習とリカバリーが重要な役割を果たしている。簡単に説明すると、優秀な五〇〇〇mランナーの典型的な一週間は、テンポセッション（通しで一回走るか、一時間ほど維持できる程度の快適なハードペースでの反復練習を一回）、VO２maxセッションを一回（五〇〇〇mを走りきれる最大ペースでの反復練習を含む、より速いインターバル）、坂ダッシュまたは歩幅を広げて走るヒル・ストライドのセッションを一回。それから、長距離走を二回（一週間に走る距離の半分程度の距離）。そして「オフ」の日が一日か二日。そこにはクロストレーニングか、有酸素運動を目的とした軽いジョギングを入れてもいい。しかし、おもな目的はリカバリーだ。

もちろん、ランナーの数だけ異なるプログラムがあるし、年齢が高くなればなるほど「オフ」の日は多くなるだろう。しかし、ピートのプログラムにはすべて、スピード練習が含まれている。あなたの最終的な目標がどこにあるかは関係ない。今後の人生でもランナーとして活躍したいのなら、スピードを諦めてはいけない。スピードが遅い老ランナーは、スピードが遅い元ランナーになる。それでも、スピードを落とさないように努力する老ランナーは――賢いトレーニング法をおこなっていれば――徐々に可動域を広げ、以前のような走りを取り戻せる。そのためには、もっと多くの神経を「徴集」し、速筋の減少を遅らせ、中間筋を回復させ、腱の弾性を取り戻し、ストライドを少しでも広げなければならない。そうすれば、レースタイムが劇的に向上する可能性があるのだ。すると、身体のシステム全体が鍛えられ、やがてスピードが上がるだけではなく、身体が強くなり、いっそうトレーニングの効果を得られるようになる。

しかし、私には一点だけ、気になることがあった。一日ごとに内容が異なる、細かく定められたプログラムに従って、トレーニングを続けられそうにないということだ。決められたプログラムとは相性が悪いのだ。私は自分の生活が許す範囲で、できることをやりたい。それに、可能なかぎり最高のランナーになりたいとは思っているが、私が心から大切にしているのは、人々に感銘を与えようが与えまいが、自分の心身の健康と楽しみのために走りつづけることなのだ。そんなモチベーションでは、話にならないのだろうか？

すると意外にも、ピートが思いやりのこもった口調で応じた。「ランニングを続けるためなら、僕はどんな形であれ、役に立ちたいと思っている。だから、きみのこれまでのアプローチでうまくいくのなら、それに越したことはない。でも、ケガをすることも想定しておくべきだ。スピードは落ちる。どんどん遅くなる。そのときになってから、計画を立てずに慌ててハードなトレーニングに取り組もうものなら、二カ月もしないうちにケガをすることになる。近道はない。とにかく計画を立てて、それを実行するに尽きる」

ありがたくないパラドックスに直面していることを実感する。その日の気分次第の自発的な娯楽としてランニングを楽しみつづけたいのなら、もっと体系的で分析的なアプローチが必要なのだ。これには、ピートも同意する――人柄ゆえか、彼に同意されると、納得するしかない。成功をおさめている高齢ランナーは、自分の行動について熟考していると、彼は言う。「適切なトレーニングは、大きな大きな違いを生む」と、彼は励ますように言う。「焦って取り組まないかぎりはね」

でも、私は焦っている（と、心のなかでつぶやいた）。私はもう老境に差しかかり、忍耐力も底をつきかけている。そろそろ重い腰を上げて、自分で変化を起こさなければ。

第18章

一〇〇〇〇m走に挑戦する

晩夏の蒸し暑い水曜日の夕方、私はウィンブルドン・パーク陸上競技場に向かった。〈ベテランズ・アスレチック・クラブ〉主催の一〇〇〇〇m*選手権大会に出場するためだ。

大会にエントリーする前には、長いあいだ迷ったし、あれこれ考えた。ここ数カ月、一〇キロのジョギングさえほとんどしてこなかったし、トレーニングプログラムに従って忍耐強く努力し、大会にそなえて身体を鍛えてきたとは、とても言えない状態だった。さらに競技会に出場するのは一〇代以来で、もう数十年、一度もトラックを走っていなかった。だって私は一介のランナーであり、アスリートではないのだから。でも、なにかに挑戦するチャンスが巡ってきたように思ったのだ。それに、いまのところ、大きな故障を抱えているわけでもない。挑戦するなら、いましかない。

とはいえ、大会を心待ちにしていたわけではなかったし、大会が近づくにつれ、われながら呆れることに、怖気《おじけ》づいてきた。たしかに、これまで数百回は大会に出場してきたが、それはトラックではなく、ロードかトレイルかフェルだった。私が先頭集団からはるかに遅れてよたよたとゴールをめざしていよう

*トラック内でおこなわれる競技名はmで表記。

と、誰も気にかけなかったのだ。ところが競技場では、次から次へと抜かれていき、最後尾を走る自分がどんどん周回遅れになるのが丸見えだ。さらに、この特別な大会では、本物の長距離ランナー——すなわちマスターズのアスリートたち——が、私の苦行を目の当たりにすることになる。フィニッシュまであまりに時間がかかろうものなら、イライラされるかもしれない。

「そんなふうに考えてはダメだ」。私が弱音を吐くと、スティーブ・ピーターズに言われた。「精神的にダメージを受けることになる。きみは正真正銘、マスターズのアスリートなんだから」。理論的には、彼の言う通りだった。私は六〇代前半だ。そして〈ミッドランド・マスターズＡＣ〉というマスターズの陸上クラブに登録したばかりだった。そしてマスターズの大会のなかでも、かなり規模の大きいものに出場することにしたのだ。私は正真正銘のマスターズのアスリートなのだ。それでも、ジョギング初心者がパークランに初めて参加するときに、「みんなに笑われたらどうしよう」と委縮するように、不安でならなかった。

そして、いざ当日を迎えると、レース前のプレッシャーに押しつぶされそうになった。完走できなかったら？　制限時間に間に合わなかったら？　調子の悪い臀部がまた痛みはじめたら？　嘔吐してしまったら？　いま振り返ると、じつに情けない話だ。たかがレースじゃないか。私がなにをしようが、誰も気に留めはしない。ところが、年齢を重ねると、不安でたまらなくなるのだ——たとえ数十年間、走りつづけてきたとしても。どこか痛くなったらどうしよう、具合が悪くなったらどうしようと考えているうちに、実際に胃が痛くなってきた。

それでも、尻尾を巻いて逃げだすわけにはいかなかった。エリートではないランナーにとっては、当時、大会が開催されること自体がめずらしかったのだ。新型コロナウイルス感染症の流行拡大の波が寄せては引いていたからだ。これを逃したら、また何カ月もチャンスはめぐってこないかもしれない。それに、完全に調子が戻るのを待っていたら、一〇年後もあいかわらず観客として、選手たちの活躍をうらやましそうに眺めて終わることになる。「本物」のマスターズの選手たちは、どうして高齢になっても活動的なんだろう？　弱っていくいっぽうの身体で、どうやって切り抜けているのだろう？　どうして、幸運に恵まれた少数のランナーがいるのだろう？　そんなふうに思いながら、自分にできないことを嘆くだけになってしまう。

そこで私は、気持ちを立て直すことにした。そもそも、長距離走で最下位になったからといって、それほど恥ずべきことなのか？　私と同様、M60の年齢区分に入る男性はイギリスに二〇〇万人近くいる。そのなかで、マスターズの一〇〇〇〇m選手権大会に出場して夕暮れどきをすごすなどという愚かな真似をするのはほんの一握りにすぎず、残りの人はそんな真似はしない——そもそも、エントリーさえしていないのだから。出場しなければ、レースでビリになることもないし、自分より速い選手たちにぺこぺこする必要もないし、見物人に笑われるというリスクもない。だからといって、それが賞賛に値するのか？〝挑戦しない〟ことなら、誰にだってできる。でも、どんなに足が遅かろうが、ランナーなら挑戦することができる。

ウィンブルドン・パークに着いたとき、気持ちはまだ沈んでいた。でも、トラックにいた人たちはみんな感じのいい、ごくふつうの人たちだった。それに、適切なトラック・シューズを履いていないのは私だけではなかった。五〇人の競技者は、予想タイムに準じて「スロー」「ミディアム」「ファースト」の三つのレースに分けられた。私が振り分けられたのはいちばん最初のレース、すなわちいちばん足が遅い人たちのレースだった。一緒に走るのはM60が四人、M55が一人、W50が二人、そして六〇代後半から七〇代半ばが八人で、その大半が男性だった。

W80の選手がひとりもいなかったので、私はがっかりした。八〇代の女性の選手がいれば、少しは前を走れるのではないかと思っていたのだ。とはいえ、拍子抜けするほど、あたりに威圧するような雰囲気はなかった。ごくふつうの人たちが少しばかり集まって、同じ娯楽を楽しもうというムードで、とくに騒ぐようすもない。なにかを証明しなくてはというプレッシャーもない。いいじゃないか、と私は自分に言い聞かせた。私がビリになれば、自分より遅いランナーがいてよかったと、少なくとも誰かに思ってもらえる。私がいなければ、ほかの誰かが最下位になるのだから。

「第一レースに出場する、最高の選手たちです」。私たちがスタートラインに並ぶと、クイーンズパーク在住の七六歳の陽気なセミリタイアした教師、ビル・オコナーが紹介した。そして号砲が鳴る直前の静寂の瞬間に、私は思いがけず、リラックスしていることを自覚した。

スタートすると、七、八人の集団が、これがふさわしいのだろうと思われるペースで、私の前に飛び出していった。そして半周もしないうちに、私は遅れはじめ、また、くよくよと考えはじめた。こんなペースは、とてもじゃないがキープできない。そして、これまで怖れていた症状が胃に出て、吐き気がしてきた。もうダメだ。どうにもならない。このスピードであと二四周も走る体力はない。そして、こう思った。〝いいじゃないか。どうにでもなれ〟。いまさらあれこれ心配したところで、手遅れだ。

そこで、自分のペースでのろのろと走りつづけたが、ときおり、後ろにはどのくらいランナーがいるだろうと振り返った——七、八人というところだろうか。みんな、少しでも前に行こうと必死になっている。私はときどき、トラックの横に置かれた時計を見て、このペースだと、あとどのくらい時間がかかるか、計算しようとした。ところが、どういうわけか、レース中は頭のなかで計算しようとしてもうまくいかない。W80の世界記録が五二分弱だから、その時間内に納めたいと、レース前は漠然と思っていた。しかし、このペースで間に合うのかどうか、もう計算ができなかった。間に合うぞと思ってしばらくすると、いや、このままでは間に合わないと思いなおすという体《てい》たらく。三、四周したところで、これではぜったいに間に合わないと考え、代わりにW80の世界記録二位をめざすことにした。ところが、肝心のそのタイムが思いだせない——五五分程度だっただろうか。私は二〇一三年に、ブラジルのポルト・アレグレで開催されたマスターズの世界大会で、デニス・ルクレールが忘れられない足跡を残したことを思い出した。熱帯暴風雨のなか、この八〇歳の高齢女性はショートパンツにノースリーブシャツという恰好で、決然としたようすで水しぶきをあげながら疾走していたのだ——かたやもっと年齢の若い大会関係者たちは雨宿りをしようと、膝丈のレインコート姿で慌てて走っていたものだ。あの状況に比べたら、なにほどのことはない。いま、このすがすがしいウィンブルドンの夕暮れどきなら、私だってなにかなしとげられるはずだ。

どうにか笑みを浮かべようとした。口角をあげると気持ちが前向きになるのだが、つい忘れてしまう。次の一周では、プレッシャーが少しやわらいだ。もう目標のタイムについては考えないようにし、他人と比較するのもやめて、いまという瞬間を味わうことにした。自分がここにいること、九月の薄暮のなか走っているという事実だけに意識を向ける。そして実際に、それからの四五分ほどは、罪悪感を覚えずに頭をからっぽにして、足を一歩ずつ前に出すことだけに集中した。これはいわば現代社会の標準となっている「マルチタスク」の真逆だ。誰にも邪魔されず、気も散らない。通知が来ることもない。ただ、トラックをぐるぐると走るだけ。

ときどき、もっとペースを上げようかとも思ったが、実際にはペースを落とした自分を責めることになった。それでも、もっぱらこう考えていた。なんとラッキーなんだろう。自分はいま、この夕暮れをここで走って時間をすごそうと決断した見ず知らずの人たちに囲まれている。そしておそらく、この人たちは自分と似たようなことをいま、体験している。荒い息を吐き、リズムをキープしながら、トラックを走っているのだ。周囲の人たちの息遣い、足音といったリズムが聞こえること、そして、自分たちが集団として奇妙な状態にあることに、思いがいたった。私たちはライバルではあるが、同時に対等であり、全員がレースという闘いと老いとの闘いの両方に身を投じているのだ。

陽が落ちるにつれ、昼間のべたつく暑さがやわらいできた。近くの湖でなにやら争っているアヒルの鳴き声も聞こえなくなり、公園でボールを追いかける子どもたちの甲高い声は低いざわめきになっていた。スタジアムの周囲を縁どるレイランドヒノキやポプラの木立《こだち》からリスたちが姿を見せ、トラック脇の木蔭の芝生で遊びはじめた。そのうちの一匹が、私が走っている隣のレーンに入ってきたかと思うと、並んで走りはじめ、カーブで追い抜いていった。どういうわけか、無礼をはたらかれたような気がしたが、こんなことで気落ちしてはならないと気を立て直し、ひたすら走りつづけた。

ときどき、誰かが周回遅れになった。一、二度、私も抜かれた。でも、自分より年上のランナーを追い抜くことも何度か会った。しだいに、頭が混乱してきた。あの男性にはもう抜かれたっけ？　あっちの男性はどうだろう——二周くらい前に、この辺りで抜いたんじゃなかったかな？　混乱はしたものの、不思議と気持ちは落ち着いてきた。こんなふうに思っているのは自分だけではないという感覚を覚えたからだ。これ以上、ペースを落とすわけにはいかない。ほかの人たちにあっという間に抜かれてしまう。それに、ペースを上げるリスクも冒してはならない。臀部（あるいは胃）が悲鳴をあげることになりかねない。それでも、少し運が向いてくれれば、抜かれる回数より抜く回数のほうが多くなるかも。それに、ビリにならずにすみそうだ。そのときの私には、それでもう十分だった。

平らなトラックを一周するたびに、二五周、まったく同じところを走りつづけるという汗だくの巡礼の旅の残りが短くなった。長年、酷使されてきた一六の肉体が、最小限の衣類に身を包み、さまざまな故障を抱え、レースによる疲労が溜まった状態で前進を続けている。そこにはいわば、高齢者の恥辱が半分ほど陳列されているようなものだ。相応の視力があれば、ざっと見るだけでよくわかる——薄くなった頭髪、細くなったうえにまばらな髪、薄い皮膚、たるんだ肌、骨と皮ばかりの身体、よろめく足元。傷跡、腫れ、染み、もじゃもじゃの眉毛、ぐらつく歯、妙に左右非対称の筋肉。それに、ときおり、加齢臭も漂ってきた。それに、一様に動きがぎこちない——足を引きずる、猫背になる、しかめ面をする、うなり声をあげる……。レースが進むにつれ、そうした行為が目立つようになってきた。年齢や能力の差も露呈してきた。しかし、それは私たちを結びつけるものを強調したにすぎない。私たちはランナーであり、いま、走っている。自分には限界があることを隠さずに、勇猛果敢な表情を浮かべている。それこそが、このスポーツの美点のひとつだ。自分がむきだしになり、偽ることも、隠すこともできない。ただ、ありのままの自分になり、ベストを尽くす。そして、それを認識すると——どの人生のどの分野においても——気持ちが平穏になり、強くなれる。

私はいまこうして振り返っているわけだが、レース中の私はもっとも強い不快感を覚えていたのかもしれない。それでも、どういうわけか、みんなが同じようにつらい思いをしているのだと考えると、どうにか対処できるような気がした。ドイツの哲学者アルトゥル・ショーペンハウアーは、一五歳のときにウィンブルドンで三カ月間、教育を受け、みじめな気持ちになったという。そうした経験のなかで、モラルを見いだしたのかもしれない。彼は一八五一年に刊行した『パレルガ・ウント・パラリポメナ』〔邦訳『自殺について』PHP研究所〕のなかで、世界の苦難に対峙した者は、同胞に対して新たな共感の絆をすぐに感じるようになる、よって、見知らぬ者同士の適切な呼びかけの形は「ムッシュー」や「サー」ではなく、「苦難を共にする人」にすべきだと述べた。私たちランナーが経験しているさまざまな程度の痛みを、〝苦難〟と表現するのは大げさかもしれないが、共感に関しては、ショーペンハウアーの言うとおりだ。相手を追い抜こうと互いが努力しながらも、トラックにいる全員に好意を感じずにはいられないのだから。

そうこうしながらも、走っている最中によくあるのだが、一風変わった思考が頭に受かんできた（ほかのスポーツでも、こんなふうに考え事ができるのだろうか？）。私は頭のなかで、レースはあと何周残っていて、すでに何周を終えたのかを計算しようとした。そして、はたと気づいた――長距離走のレースは長い人生の隠喩《メタファー》として使えるのではないか、と。たとえば、私が一〇〇歳まで生きるとしたら、一〇〇〇m走での一〇〇mは一年に相当する。そしてゴールに到達したとき、私は一〇〇歳の誕生日を迎えることになる。もちろん、馬鹿馬鹿しい比較ではあったが、主観的な経験という意味では的を射ているように思えた。たとえば一周目は、人生の最初の四歳までに当たる。これから先が永遠に続くように思えて当然だ。

その年頃には、人生はそんなふうに思えるものだ。そうなれば二周目から五周目は、学童期から一〇代に当たり、時間がゆっくりと流れているように思えるが、まだ、先を見通すことはできない。それでも、自覚しないまま、私はリズムを刻んでいる。

七、八、九周目になると、私は三〇代の半ばになり、人生が進んできたことを実感しはじめる。その時点では、遠い将来、レースが終わることはまだ想像できないが、だいぶ進んできているので、どこかに到達できるような気はしてくる。だが、ちょうどその頃、陽の光が翳りはじめ、一周進む時間が速くすぎるような気がしてきた。走るスピードが上がっているとは思えないが、私の場合は実際にスピードが上がっている。この状態はもちろん、人生で起こっていることにも当てはまる。これまでの人生で体験したことの累積が大きくなるにつれ、新たな一時間が占める相対的な割合が小さくなるのだ。

一四周目が終わろうとしているとき、自分が比喩のうえでは五〇代半ばになっていることに気づいた。いいぞ、と私は思った。これでもう、半分はすぎた。私はいつだって、レース後半のほうが好きだ。そして実際、一五周目はそれまでほど苦しくは感じなかった。

やがて一六周目が始まった。これで、六〇歳の誕生日を迎えたことになる。次のコーナーを終えたときには、六一歳になっていた。私の実年齢と同じだ。いまは自動操縦でかなりのスピードで走っているような気分になっている。あと一周と少しで、レース全体の三分の二を終えることになる。

それでもやはり、楽ではなかった。慣れないロンドンの空気から十分な酸素を得ようと、肺は精一杯膨らんでいる。脚のほうは、とくに右脚の痛みが、周を重ねるごとに増してきた。それでも、全体的には不快ではなかった。ここにいられることが嬉しかった。いまはもう、傍観者ではない。大会に出場してよかった、と思った。そのうちに、フィニッシュラインが視野に入ってきた——というより、あと一〇周を切ったところまで来ている。これからどんな痛みに襲われようが、かまうものか。

ところが、そんなふうに考えているうちに、まずいことになった。このレースが自分の人生の象徴であるかのように空想していたため、自然と勢いがついてしまったのだ。私の想像上の六〇代は、あっという間に三周で終わった。六〇歳、六四歳、六八歳。二〇〇m先で、自分が七〇歳になったところを想像した。自分の未来も、こんなふうにぼんやりとすぎていくのだろうか？

年齢を重ねるにつれ、時間は速くすぎていく。六歳にとって、一年間はこれまで経験したすべてのことの六分の一に相当する。ところが六〇歳にとっては、一年間はこれまでの人生の六〇分の一にすぎない。だから毎年、一年間が短くなるように思える。それに生理学的レベルで見れば、若者は一時間当たりに五感から得る情報量が多い。高齢者は神経が衰えるため、いわば動画を再生する際の〝一秒当たりのフレーム数〟が減っていくのだ。さらに六歳児のおもな利点は、毎日、まったく目新しいことを経験し、その結果、鮮明で強烈な体験をすることだ。その瞬間があまりにも充実しているため、時間はあっという間にすぎていく。しかし、同じことが当てはまる六〇歳が何人いるだろう？　おそらくそれが、多くの高齢アスリートがスポーツに宗教的なまでに傾倒する理由なのだろう。ある年齢に達すると、日常生活での活動量が減り、生きていることを強烈に実感する瞬間が減っていく。よってスポーツが、そうした凡庸な生活における命綱《いのちづな》になるのだ。

私は走るスピードを上げた。その結果、どんどんつらくなり、まともにものを考えられなくなった。そのおかげで、もう恐ろしい疑念を頭に浮かべずにすんだ。なにしろトラックの外では、私の残りの人生がすでに早送りで進んでいるのかもしれないのだから。

残りの周はどんどん減っていった。そして、頭のなかの〝歳月〟もすぎていった。七二歳、七六歳――あっという間に終わった。八〇歳、八四歳……あと少しで、すべてが終わる。これを歓迎する理由は山ほどあるが、それでも、そう考えるとぞっとした。私の人生そのものも、もう残り少ないことを自覚し、ふいに恐ろしくなったのだ。こうして走っている最中にも、人生はどんどんすぎていく。あと五〇年、どうにか生き延びたとしても、残りの一年はその前の一年より速くすぎさる。そしてほどなく、私の人生の最期の瞬間は、排水溝に流れ込む水のようにごぼごぼと音を立てながら、見る間に消えていくのだ。

チェコのスポーツ界のレジェンド、ユージ・スークップが、八〇歳になってもアスリートとしての情熱を喪わない理由をこう説明したことを思い出した。「人生は水のようなものだ。水は指のあいだからこぼれ落ちていってしまう。だから、強く握るんだ――そうすれば、あっという間に流れ落ちてはいかないからね」

そのとおりだ！　それこそ、私が必要としているものだった。不屈の精神。消えゆく光に対して、闘志を燃やすときなのだ。バックストレートを半分ほどすぎたところで、前を走るひとりのランナーに狙いを定め、断固とした決意でペースを上げた。うまくいったが、彼に追いつくことはできなかった――この周回では。だが、少しペースを落とす必要性を感じる頃には、時間に対する認識は一変していた。一分が一時間に感じられ、あと三周半も走るのはどう考えても無理に思えた。その後、また少し楽になったので、残りの距離を走れそうな気がしてきた。そこで、また維持できないレベルまでペースを上げ、また落とし、またダッシュした――それなのに、いっこうに時間は流れないように思えた。

結局、このレースで優勝することになるウィンチェスター在住のM60のスティーブ・オリバーと抜きつ抜かれつしながら、私はフィニッシュラインを通過した。彼はじつにスリムな男性で、この時点でフィニッシュし、優勝した。その二周後、私のラスト一周を告げるベルが鳴った。それまでに私は残り四〇〇mを走り続けられるかどうかわからないほどまでペースを何度も上げ、余計な努力をしていた。でも、自分の寿命になぞらえてみると、残りの距離はあまりにも短く感じられた。まだ死にたくない。私は自分に向かって言いつづけた。まだ終わっちゃいない。もっと力があるはずだ。もっと発揮できる力が……。

残っていた力の断片をかきあつめて走り、最後の二〇〇mで三人抜いたように思う。そして「まだ死にたくない、い、い、い！」と心のなかで叫びながら、フィニッシュした。全身が痛かったが、とてつもない栄光を手に入れたような気がした。優勝したオリバーから五分半遅れのゴールだった。私がスタンド脇の手すりによろめきながら歩いていくと、オリバーはすでにはつらつとした表情を浮かべていた。私は手すりにもたれ、五分ほどかけて呼吸をととのえた。近くにいた救急隊員が、大丈夫ですよというように微笑んでくれた。私が幸福のあまり死にそうなことを、彼女は察したに違いない。

その直後の穏やかな美しさは、レース中の苦悩やレース前の不安感をはるかに凌ぐものだった。私たちはフィニッシュラインのあたりにたむろして、最後のランナーがゴールするまで拍手を送りつづけた。そしてしばらく、そのままぐずぐずしていた。身体がすっかり冷えてしまったので、これは懸命な行為ではなかったのだろう。だが、たまにはいいではないか。私たちは言葉やジェスチャーで互いを祝福しあった。そして、自分にとってどれほどの意味があったのかを、それとなく伝えあった。空白の数カ月を経て、こうして公式大会が開催されたことがどれほど素晴らしいかを、熱く語りあった。それに矛盾しているようだが、こうして無事にレースが終わった今、それがとくに素晴らしく感じられたことも。

いまとなっては、あのとき、誰がなにを誰に言ったのか、正確なところはわからない。さまざまな会話がぼんやりと頭に浮かび、混ざりあっているのだ。私たちの汗があたりに立ちこめ、一〇人以上の独特の匂いが夕暮れの空気に溶けていった。それでも、ジョー・アスピノールとの長いお喋りは覚えている。生気のない顔をした八三歳の彼は、自分は「五四キロの骨と皮」にすぎず、「生まれてこのかた一度もジムに行ったことがない」と誇らしげに話した。そう言われるまでもなく、いかにも弱々しい身体つきをしていたが、それは見せかけだった。彼は〈ベテランズ・アスレチック・クラブ〉のメンバーとしての三〇年以上を含んだ五〇年以上走りつづけている。そして、このクラブの大会で彼が出場していないものはほとんどない。それでも、この日の大会にはとくべつな意味があった。彼は前週、フィニッシュラインのあたりで転倒し、まだすっかり回復していなかったのだ。そこで、その日はドリンクを配るだけにとどめていたが翌週にはレースに復帰すると断言した。そして、こう説明した。自分の回復力の秘訣は用心だ、と。「身体を大切にすれば、身体はちゃんと面倒を見てくれる。私はもう六〇歳じゃない。だからペースを落とさなくちゃならん。トップアスリートは身体を酷使するが、私は自分にできる範囲のことをするだけだ」

彼は自宅で座ったきり、なにもしないような真似は、ぜったいにしない、と付け加えた。「とにかく動きまわってるよ。室内でじっと座っているのは苦手でね。イライラしてくる」。ランニングをしていないときには、山歩きを楽しんでいる。それに住まいのあるロンドンでは、どこにでも歩いていく。「階段は多ければ多いほどいい」。科学的なトレーニングにはまったく興味がない。ただよく歩き、少し走る。「四

○年前にできたことは、まだできる。ただ、量は減らしているが」

それに、レース前にビル・オコナーとかわした会話もよく覚えている。陽気でひげ面のビル・オコナーがフィニッシュラインを越えたとき、その顔は見るからにやつれていた。ちょっとばかりこたえるレースだったと、彼は告白した。関節炎を患っている左の膝が、ときどきおかしくなる――たぶん長年、左側に重心を置いて走っていたせいだろう。「何年か前、ワトフォードのハーフマラソン大会で、足を滑らせて転んで、神経を回復できないほど傷つけてしまったんだ。最初は信じられなかったが、二人の専門家にそう言われた」。それでも残った神経を頼りに、彼は走りつづけた。どうにかうまくやっていたが、五年前、トレーニングで走っていたときに犬に襲われ、殺されかけた。「あのときはさすがに、まずい、すぐに病院に行かなくてはと思ったよ」と、彼はじつに陽気に、そのときのことを詳しく説明した。結局、彼はどうにか生還し、このときの経験を話すようになった。そして、ボロボロになった身体をなだめすかし、通常のランニングを再開した。彼はいまでも右腕に包帯を巻いたまま走っており、完璧なバランスを保つことができない。私が思うに、彼が長距離ランナーというよりは、ラグビー選手――あるいはクマ――のような体格をしていたら、復帰できなかったかもしれない。

しかし、ランナーとしての気骨があるのなら、完璧など必要ないのだろう。彼の友人であるケン・ジョーンズと同様、ビル・オコナーもロンドン・マラソン出場を欠かしたことのない一握りの「エヴァー・プレゼンツ」のひとりだ。そして彼にとって四一回目となる大会が、わずか三週間後に迫っていた。だから、きょうのレースは、ロンドン・マラソンの準備の一環にすぎないんだと、ケンは説明した。もっと速く走れたかもしれないが、「こうやって無事に帰ってこれたんだから、十分だ。それだけが心配だった」。

私自身は、だいぶあとになってから、自分がこの日のレースで三位に入ったことを知り、驚いた（もっと速いペースで走ったときでさえ、私はM60の八人中五位だったのだ）。恥ずかしくてここには書けないが、ある時点で最悪の場合と想定したタイムよりも五分ほど速かった。それでも、七〇歳女性の世界記録より二〜三分遅かったし、三〇年前の私が同じくらい必死になって走ったときのタイムより一三〜一四分遅かった。でも、それがなんだというのだ？

私が至福感に包まれた単純な理由は、ビル・オコナーと同様、とにかく無事にやりとげたからだった。私はランナーとして競技に戻り、大会に出場した。そして、一〇〇〇〇mを走りきった。速くはなかったし、よく走れたわけでもなかったが、意識してだらだらと走るような真似はせず、最後まで走り抜いた。これは私にとって、新たな興味深い経験だった。そして、よくいえば、世界でも権威があるベテランの陸上クラブが開催した、比較的規模の大きい年に一度の選手権大会で、年齢区分で最下位にはならなかった。偉業ではない。でも、これがスタートなのだ。

いまになって冷静に振り返ると、レース前に自分が無駄にびびっていたことを痛感する。私はどの基準から見ても、競技の常連だ。数十年間、トラック以外の場所でレースに参加してきたのだから。それでも、スタジアムで開催されるマスターズ大会の選手としては自信がなかった。その理由は、私がもはや昔の自分ではないからだ。だが、そんなふうに考えようものなら、高齢になってから初めてランニングに挑戦しようかと迷っている初心者に顔向けできない。マスターズ陸上競技がニッチな存在であるのも無理はないことになる。

そこで、私は決意した。これからは、自分のことを年寄りだとか過去の遺物だとか考えるのはやめよう。自分のことをアスリートだと考えよう。優秀な選手ではないが、劣っている選手でもない。向上心をもって走りつづけることを第一に考えよう。そしてなにより、恥ずかしいなどと思わないようにしよう。参加したい大会があれば参加して、力を尽くして走る——もうこれ以上、走れなくなるまで（そのあとは、アンビー・バーフットのように歩けばいい）。もし、そんな私の姿を見たくない人がいたとしても、目をそらしてもらえばいいだけの話だ。

そこまで考えたところで、身体がすっかり冷え、固まってしまったことに気づいた。そこで、名残惜しそうにしている仲間たちにさよならを言い、とぼとぼと公園のなかを歩き、自分の車をめざした。汗でべとつく背中に、最後の陽光を感じる。そして、レース前よりもハムストリングのしつこい痛みがましになったことに気づき、嬉しくなった。もしかすると、自分にもランナーとしての未来があるのかもしれない——いまは少々、のぼせあがっているとしても。

駐車場で、汚いおんぼろの日産マイクラを見て、柄にもなく恥ずかしくなった。周囲の輝くばかりの新車と比べると、ずいぶん見劣りしたのだ。だが、こう思いなおした。まあ、これで十分だ。いずれにしろ、自分にはこの車しかないのだから。

その後、自宅まで運転している最中に、きょうの経験から学ぶべき最大の教訓の本質的なところを自覚した。高齢になれば、誰もが衰える。ランナーであるなしに関係なく、誰にとっても、それは避けられない事実だ。心も身体も、傷つく前の完全な自分には戻れない。つまり、残りの人生を、ボロボロになった自分のバージョンで、なんとかやっていくしかないのだ。それなら、ジョー・アスピノールのように、使い古しの頼りない機械のように、自分の身体を大切に管理すべきなのだ。そして同時に、ビル・オコナーのように、それを使うことを怖れてはならない。高齢者のランニングとは、生き延びることだ。そして、同時に、走りつづけることでもある――ときに限界に達して、へばることがあろうとも。

第19章

新たなトレーニング法を探して

「加齢のせい？」と、ナイジェル・クロンプトンは言う。「それとも、生活のせい？　わかりませんね。人間は、どんどん溜め込んでいくものですから」

言いたいことはわかる。私はこの一五分ほど、これまでのケガの歴史のハイライトをしどろもどろに説明していたのだ。ナイジェルからは、すべてのケガについて教えてほしいと言われていたが、そんな時間があるはずはない。いずれにしろ、ケガを全部覚えていられるわけでもない。そこで、不運なケガの例を挙げることにした。一九七〇年代半ばに、錆びた太い釘を踏んづけたこと。一九八四年にサッカーの試合中、左足首の靭帯が断裂し、完治していないこと。一九九〇年にバーベルをもち上げそこねて痛めた箇所がまだ痛むこと。一九九二年にフェルランニング中に最悪の捻挫をしたこと（こんどは右足首）。それからいろいろ故障があり、ついに二〇一四年にはふくらはぎが肉離れを起こし、二〇一五年にはヘルニアになり……。足首のひどい捻挫は一〇回以上経験したので、もう記憶があいまいだ。右だったか左だったか、捻挫したのはいつだったか。それに、ケガの後遺症もある。腸脛靭帯炎《ちょうけいじんたいえん》、アキレス腱炎、左右交互に生じる膝の痛み、ハムストリング付着部炎。どれも、なんだか痛いなあと思っていると、突然、激しい痛みが襲ってくるのだ。そのとき、彼に伝えなかったケガについては、数日後、ふと思い出した。上腕二頭筋の肉離れ（二〇年たったいまでも形がゆがんでいる）、肩関節の痛み、手に物が刺さったケガ、オートバイでの衝突事故、子どもの頃に足に合わない靴を履いていたせいで変形した足の指……。

妙なことに、こうしたケガに関する長々とした退屈な話は、ベビーブーム世代が経験するごく平均的な摩耗や損傷にすぎない。たしかに私は不器用なほうだろうし、ケガが完治するのを待つのが子どものように苦手なのだ。それでも、衝動的に命知らずの行動を起こすタイプではない。ただ、いくぶん長く生きてきたという、それだけのことだ。

それでも、なんらかの活動によって負った外傷は、私に蓄積した損傷のごく一部にすぎないことがわかる。ナイジェルはまた、ライフスタイル、一日に運転している時間、パソコンで仕事をしているときの姿勢など、運動をしていないときに、身体に影響を及ぼす可能性のあることなら、なんでも教えてほしいと言う。私は感情を傷つけられたときの経験（ありがたいことに数は限られている）を打ち明けるほど、彼のことをよく知っているわけではない。だが、治療士によっては、心の傷も関係があると強調するだろう。それでも私はナイジェルに自分個人の情報をすでに相当、伝えていた。

ナイジェルの説明によれば、ランナーが負う大半のケガは、ランニング中のケガではないそうだ。「私が治療に当たる人は、ライフスタイルの問題や仕事の問題を抱えています。あるいは、外傷性損傷の問題を」。そう言うと、さまざまな例を挙げる。日中はずっとハンドルを握って座っているうえ、自宅でも夜、ソファーに座っているうちに、腰が前傾したバンの運転手。二〇年間デスクワークを続け、左側に置いてある重たいファイルをもち上げ、いつも身体をねじってきた人。長年ゴルフを楽しんできた結果、骨盤の位置がずれてしまった人。左右で肩の形が変わってしまったボクサー。数十年前にスキー中にケガをして、松葉杖をついて数カ月をすごしたあと、身体の重心がずれてしまった女性。「どんなことが起ころうと、身体はその状況に適応しようとします。ところが、走っている最中には、ランニングがそうした変化に反応するのです」。だから、ランニングによるケガというのは的外《まとはず》れだと、ナイジェルは言う。「それは、私たちがランニングに持ち込んだ荷物なんですよ」

ナイジェルは元NHSの看護師で、中年になってから「ランニング治療士《セラピスト》」という思いがけない天職に就いた。それまでは健康にいいからと、ただ走っていただけで、趣味の中国武術にも効果があるのではと思っていた程度だった。ところが四〇代になった頃、以前より真剣に取り組もうと思い、ランニングクラブに入会した。そしてスポーツの本質を理解しようと決心し、コーチの資格を取り、フェルランニングも始め、モロッコのサハラ砂漠で開催されるマラソン・デ・サーブルなど、かなり過酷なウルトラマラソン大会に出場し、完走した。二〇一五年には人員削減を受け入れてNHSを退職し、ウィラルの自宅近くにスポーツ店をひらいた。

彼はこの店を〈ランナーズ・ハブ〉と呼び、当初はランニング用品を販売していた。しかし、ランナーたちが新製品と同様に、ナイジェルの専門知識を目当てに店を訪れるようになった。やがて、地元の熱心なファンたちが店員になり、客は商品を買うためだけではなく、ランニングについてお喋りするために通うようになった――よもやま話に、製品やアプリに関する情報交換。それに新たなトレーニング法を話題にすることもあれば、ケガにどう対処すればいいかについても話しあった。開店して一年目は、ナイジェル自身がずっとケガに苦しんでいた。大腰筋《だいようきん》が痛み、当初は従来の方法でストレッチを勧められた。しばらくは効果があったものの、痛みがぶり返した。そして、ストレッチがかえって症状を悪化させていることに気づくまでに数年かかった。
問題の発端は、北ウェールズのカルネザイ山群で足首を捻挫したことだろうと、彼は考えている。ケガをしたあと、下山して町に出るまで、足を引きずりながら八キロほど歩かなければならなかったのだ。その後は回復するかに思えたが、痛めた関節を守ろうとする本能が、歩き方にあらわれるようになった。「こっちに重心をかけまいとして、腰をひねったんでしょう」と言い、彼は大腰筋のほうを指さした。「そんな歩き方を長く続け、足首をかばいつづけているうちに、大腰筋が張ってしまった。古くなったゴムが伸びきったようなものです。だから、ストレッチしても意味はない。必要なのは、大腰筋を強化することだったんです」

この問題に取り組みはじめた頃、彼はほかの故障も改善しようとしていた。しつこい痛みに関して、ランニング仲間や店にたまたま入ってきた客、コーチを通じて知りあったランナーたちから、ありとあらゆる情報を収集してきたのだ。そのため、彼は従来の治療法をいろいろと試しては、うまくいかずに失望するという経験を重ねてきた。もちろん、主流の理学療法から、足病学、整体、カイロプラクティックにいたるまで、どの方法にも効果があることはわかっていた。でも、なにかが欠けていることも自覚していた。

そこで、バイオメカニクス（生体力学）についてもっと学ぶべく、ナショナル・アソシエーション・オブ・スポーツ・メディシンで、矯正エクササイズの専門家の資格を取得した。そして近年、彼は店の地下に狭いながらも治療室を設けた。彼はいまその治療室で、私のボロボロの全身の状態を確認している。しかし、彼が私に話すことの大半は、デヴォンのジョー・ケリーや北ウェールズのサイモン・ジョーンズといった〈アナトミー・イン・モーション〉（ＡＩＭ）の影響力のある治療士たちから教わった内容だ。Ａ

ＩＭの治療士にとって、動いていない状態での生理学にはほとんど意味がない。身体は動くために高度に進化した有機体であり、動きにともなう慢性痛は、自然な動きのパターンに対する後天的な歪みを反映している可能性が高い。この手法では、身体が自然な動きのパターンをふたたび学ぶことで治療が実現する。というより、身体がそうしたパターンをふたたび学ぶように手助けすれば、治療につながるのだ。このメソッドは、ロンドンを拠点に活動する治療士、ゲイリー・ウォードが考案したもので、ウォード自身は「フロー・モーション・モデル」と呼んでいる。このモデルを説明する三次元マップでは、歩行サイクルにおける二〇七本の骨と三六〇の関節の位置関係が、段階ごとに描かれている。これにより、身体のそれぞれの部位の状態を示し、それらが身体の動きによってどう相互に関係しているかがわかるのだ。ウォードは自身が発案した治療法について、ベストセラーの著書『足とはなにか？（What the Foot?）』（未訳）で紹介している。そして実際、この方法には効果があると、多くのランナーが考えてきた。そして、私も含め、この方法によって視野が広がったと考えている人もいる。というのも、ケガをすると、視野が狭くなってしまいがちだからだ。特定の症状にばかり気をとられ、それが長引くにつれ、頭のなかがそのことで一杯になってしまう。だが、全身の自然な動きのなかの一部として症状を認識すれば、問題の根幹に近づける。すると回復が遠くにある達成不可能な目標には思えなくなり、単純なリセットとして認識できるようになるのだ。

「そうしたケースは多いんですよ」と、ナイジェルは言う。「ケガがなかなかよくならなくて、うちに相談に来るんです。そういう人たちは――たとえば痛いのが膝だとしましょう――問題が生じている膝のことばかり気にする。ふつうの療法士も、その一点に集中する。でも、私はそんな真似はしません。身体全体を評価します。その人の職歴をうかがい、これまでのケガの歴史を知り、どんな日常生活を送っているのかを知りたいのです……」。治療に関しては、再教育ほど有効なものはない。「つまり、自分の身体に教えるのです。〝必要なのはこれをすることだ〟と」

私に対して、彼は数々の問題点を指摘した。足底圧を測定したところ、歩くときに重心がずれていることがわかった。とくに、左足がずれていた（「右足だけで踏ん張っているんです。よくありませんね。ほら、ここです……」）。それに、中足趾節関節《ちゅうそくしせつかんせつ》が見るからに不安定だ。さらに、壁のほうを向き、拳一個分離れたところに立ち、片足をまっすぐうしろに下げ前足の膝を前に曲げ、両足裏を床につけたまま膝が壁に触れられるかどうかを調べる簡単なテストでは、おそらくフェルランニング中の捻挫の後遺症のため、左右とも背屈（すねがつま先に近づくように足首を曲げる動作）がほとんどできなくなっていた。「こんなに悪いスコアをつけたのは初めてですよ」と、ナイジェルが感心したように言う。

関節が硬くなってしまったせいで、足（特に左足）がうまく機能できなくなっていたのだ。「だから、ほかの部位でかばおうとするわけです。とくに左足は、もうしっかり機能していませんから。さらに、足首が不安定なので、その上にある関節でなんとかコントロールしようとしている」。その結果、ランニング中に膝、ハムストリング、骨盤に不規則に痛みが生じているとしても、驚くにはあたらないのだ。

とはいえ、いいこともあった。回復に向かう妥当な道筋があるという。必要なのは、私の足が自然な関節の動きをもう一度学習しなおすこと。つまり、ゲイリーの言葉を借りれば、「正常な動きを身体に認識させること」だ。

ナイジェルは〈可動性ホームワーク〉というプログラムを教えてくれた。ふたたび本能的に動けるようにするために考案された、六種類ほどの動きが含まれているプログラムだ。「エクササイズだとは思わないでください」と、ナイジェルが言う。「ただの動きだと思ってください。動きを流すのです」。目的は、どこかを強化することでも、どこかをストレッチすることでもない。というより、一連の動きにはなにかの目標を達成するものではない。それらは最終的な目的であって、手段ではない。ケガをするたびに私の身体は忘れてきたのだが、人間には身体を自然に動かすうえで基本となる構成要素がある。少し練習すれば、そうした構成要素を再学習し、身に付けることができるのだ。

　このホームワークには、足に学ばせるための一連の回転運動が含まれており、初めのうちは薄い三角形の足置きの力を借りる。そして身体の重心を内側に移動させる自然な動きを感じるのだ。「すると牛の糞のように、足の裏が床全体に大きく広がるようになります」。また、プログラムのもうひとつの一連の動きには、華麗な動きを披露する給仕のような動作が含まれる。前脚をうやうやしく曲げ、後ろ脚をまっすぐに伸ばし、両方の手を前後に伸ばし、トレイを差しだすように前のほうの手を伸ばし、胴体を胸のあたりでひねる。そしてもう片方の腕は、フランベしたステーキから銀製の蓋を外すかのように、しならせて頭上に上げる（背骨を側屈させる）。

　覚えておくべきことがたくさんある。第一と第五の中足趾節関節に均等に力を入れること（親指と小指の付け根のあたり）、前脛骨筋《ぜんけいこつきん》（靴ひもを結ぶ下のあたり）で着地すること、などだ。しかし、これは意識して学習することではない。「『こんなふうにすべきだ』と考える必要はありません。一歩進むのに五分の一秒ほどしかかかりませんから」。つまり、私の身体が自然な動きの感覚にふたたび慣れていけば、必要なことを本能的におこなえるようになるのだ。「これには神経と筋肉の経路が多く関わっています。自然に流れるようになるには時間がかかりますから、継続してください」

覚えておきやすいように、ナイジェルがシンプルなコンセプトを教えてくれる。まず、地面に落ちている牛の糞のように、足裏をできるだけ広げて地面を踏む。足が地面に着くときに、音を立てるところをイメージするのだ（「段差から跳び下りたら、自然にここから着地しますよね」）。つま先を曲げないこと（「つま先はリラックスしているか？ つま先はリラックスしているか？」と繰り返し自問してください）。ときには、腕や脚がない状態で走っているところを想像する（「胴体だけで進まなくてはならないとしたら、どんな動きをしますか？」）。この質問には、すぐに答えられるだろう。胴体を回転させるのだ——下部は腰椎、上部は胸椎を。「パワーは背骨から生まれるのです」。ナイジェルはそう言うと、生理学的な知識を得たければこれをお薦めしますと、サージ・グラコヴェッキーの画期的な著書『背骨エンジン（The Spinal Engine）』（未訳）を紹介してくれた。実際、考えてみれば論点は明確だ。たとえば、ケニアの陸上選手エリウド・キプチョゲの走りを見れば、背骨の回転が重要なのは一目瞭然だ。とはいえ、脚の調子が悪いからと脚のことばかり考えていれば、背骨のことには考えが及ばないだろう。

〝胴体〟だけで走るところを想像すると、パワーを生みだすだけではなく、もっと自由に動くうえでも役に立つ。背骨を回転させて走っていると、身体はこれまで抑制していたものを振り払う。そこが重要なのだ。「幸福なランニングをしていないランナーを見ると、動きが萎縮しています。すべてが小さく、短い。伸長していないし、回転もない。だから動きがない。だから私は、さまざまな小さい部位を結びつけてもらおうとするのです。べつに解剖学《アナトミー》を理解してほしいわけではありません。ただ、身体の意識を変えてほしいのです」

本当に、そんなことが実現可能なんでしょうか、と私は尋ねる。長年の習慣で身体がすっかり歪んでしまっているのに、完璧な姿勢と歩行を取り戻せるんでしょうか？　彼は私を上から下までじろじろと見て、しばらく考えてから応じる。「完璧、というわけにはいかないでしょう。でも、最適なところまではもっていけるはずです」

彼の教えの大半はワークショップで体験できる。地元のランナーは六週間のプログラムに申し込めば、小さなグループで一連の動きを教えてもらえる。「身体全体の動きの流れをよくするには、毎週、積み重ねていくしかありません」。プログラムには、ジャンプもたくさん含まれている。ナイジェルは実際、私の目の前でジャンプしてくれる。じつに楽々と、地面から一m以上は跳躍しているように見える。これは脚力があるからだけではない。「する必要があることを脚に教えるのです」。力を抜くだけではなく、自然に着地することも。「ジャンプとは走ること。そして走るとは、ジャンプすることなのです」と、彼は言う。

片脚でおこなう動作も多い――ナイジェルは軽々と、片脚でのスクワットも実演した。「ランニングは片脚でおこなうスポーツです。走っているとき、かならずどちらかの脚に体重が乗っている」。さらに、どちらの脚も完璧に機能している必要がある。さもなければ、バランスの悪さが悪化していく。「強いほうの脚が仕事をたくさんこなすため、強いほうの脚だけがいっそう強くなり、時間の経過により、バランスの悪さがどんどん悪化します」。でも、片脚でおこなう動きを通じて、「問題があればすぐに気づくようになる」そうだ。そして時間をかけて、またバランスをとれるようになっていく。

参加者のなかには、このホームワークをきつく感じる人もいる。「七〇歳の男性からメールをもらったことがあります。ロックダウン中にランニングを始めたばかりだそうで、このワークショップが自分に向いているだろうかと、尋ねられました。私はもちろん大丈夫だと思いましたが、もっと楽にできるように、少し負荷を軽くしました。それでも、あのワークショップの参加者のなかで、彼がいちばんアスリートらしかった。身体の意識が高かったんです」

意識を高めるとは、自然が意図したように身体が動いている感覚を指す。だが、そのように身体が動かないときには、ランナーの可動性を完全に取り戻すための第一歩として、まずはケガをしないことが重要だ。「ランニングのフォームを変えなさいと命じることはできます。もっとピッチを上げろとか、もっと足裏全体で着地しろとか、上半身をもっと立てろとか、もっと前傾しろとか。でも、よい動きのパターンがないのなら、基礎のないところに家を建てるようなものです」。しかし、ひとたび「自然」と「不自然」の感覚が異なることを区別できるようになれば、本能的に自然な動きがとれるようになり、やがて、完全な可動性が戻ってくる。

可動性を柔軟性と混同してはなりませんと、ナイジェルが言う。「テーブルにてのひらを開いて置き、中指をどのくらい高く上げられるか、やってみてください。それが可動性です。いっぽう、もう片方の手で中指をどれほどうしろにそらすことができるか、それが柔軟性です」。柔軟性は、曲芸師、体操選手、バレリーナなどには役に立つだろう。だがランナーに必要なのは、広い可動性だ。

ナイジェルが近年、この点を明言した著書を出版した。『うちのボーダー・コリーはストレッチをしない（My Border Collie Doesn't Stretch）』（未訳）は、慢性的なケガに悩まされていたランナーが資格を取得し、ケガとは無縁の治療士になった彼の経緯を描いており、静的ストレッチに幻滅するようになったことを強調している（私の世代のランナーたちは、ランの前後には静的ストレッチをすべしと叩き込まれてきたのだが）。この本は短く、とても読みやすいが、静的ストレッチに対する反論が特徴的なわけではない。この本では、ナイジェルの愛犬モリーがポジティブなロールモデルとして登場するのだ。すべての哺乳類は激しい運動の前に準備運動をするが、彼に言わせれば、人間だけが大きな不快感をともなって、筋肉や腱を伸ばそうとする。ほかの生き物に関しては、犬や猫が伸びをしているのを見たことがあるだろう――身体をあらゆる方向に動かすことで、神経と筋肉の経路を目覚めさせているのだ。これを専門用語で「パンディキュレーション」と呼ぶが、基本的には幼児が目を覚ましたときに大きなあくびをするように、あくまでも本能的な（そして心地よい）動きである。それはまた、ナイジェルから教えてもらった、私にとっては治療の一環のような動きでもある。しかし、エクササイズではない。それは目覚めであり、体内のコミュニケーションの通路が完全に開き、身体を自由に、完全に動かせるようにするのだ。

　ナイジェルは〈ホームワーク〉を単なる治療の一環ではなく、走る前のウォームアップの貴重な一部として考えてほしいと助言する。「これらの動きの多くは、神経と筋肉のつながりをつくります。だからこそ、さきほど見せた動きの組み合わせには効果があります。走る前におこなえば、そのままの動きをランニングでいかせるのです」。彼はそう言うと、私が〝華麗なウェイター〟のようだと思った一連の動きをもう一度再現する。そして、いつものように、それをなめらかな動きで、なんの苦もなく、しっかりとコントロールしておこなう。ナイジェル自身が本物のアスリートなのだと、私は気づく。

　だが、マッチョな身体つきの男性ではない。物腰は控えめで、大きな眼鏡をかけ、短い灰色のあごひげをたくわえ、思慮深そうな、少し憂いを帯びた表情を浮かべている。それでも、見事な肉体は完璧にバランスがとれていて、可動域も広い。「五〇歳のときより、いまのほうがずっと身体が絞れています。それに可動域も広がりました」。彼はまた、次の過酷なウルトラマラソン（ボブ・グラハム・ラウンド）の計画を熱心に立てている。それに、次の年齢区分に上がったときには、さまざまな距離で目標とするタイムも確認している。

「二〇歳のときに、このすべてを学んでおけばよかったのにと後悔することもあります。でも、わかっていたからといって、なにができたかはわかりません。でもいまは、歳を重ねると言う感覚を心から楽しんでいます。うちの店で若いランナーたちと話すのも好きですし。彼らには、よくこう言うんですよ。私は六〇歳のランナーで、一度もストレッチをしたことがないが、それでも可動性は完璧だ、と。でも、それは私だけではありません」と、彼は付け加える。「フェルランニングで見かける高齢者のなかには、永遠に走っていられる人がいますからね」

私も同じように、老化などとは無縁だという気持ちになりたいと思うが、まずは真剣に〈ホームワーク〉に取り組まなければ。それでも、すでに、自分の前に一本の道が伸びているのは見えていた。これまでずっと、自分の身体に無理させることばかり考えてきた。ストレッチをしろ、運動療法をしろ、ウエイトリフティングをしろ、スピード練習をしろ……。とにかく、意志の力だけで身体を鍛えようとしてきたのだ。痛みのないところに、進歩なし。私たちはそう教えられてきた。だが、もしかすると、人生のこの段階で、私がもっとも必要としているのは、もう少しリラックスすることなのかもしれない。これまでに蓄積してきた警戒心を解き、自己防衛するのをやめ、私の身体が自然におこなうことをする。自分の身体を信じるのだ。

〈ランナーズ・ハブ〉を出て車に戻るとき、私は自分の動きを異常なまでに意識した。つま先はリラックスしている？　足の関節は動いている？　腰はひらいている？　足の指の付け根のあたりに重心をかけている？　暗い一二月の午後の寒さと湿気にも、私はほとんど気づかない。もっと自由に動けと、自分に言い聞かせる。「自己防衛」の状態から自分を解放するのだ。バランスについて考えろ。可動性について考えろ。

不思議なことに、生きている実感があり、めずらしく希望が湧いてきた。これまでの人生で溜め込んできた荷物を捨てるのは、簡単にはいかないだろう。でも、その試みを楽しむことはできるかもしれない。

街角で、若者たちが小雨に身をかがめていた。彼らには、自分の若い頃を思わせる、なんともいえない不機嫌さがある。ひとりは缶から酒を飲み、もうひとりは辛そうな匂いのするテイクアウトを食べている。口数は少なく、誰もが不安そうで、幸せそうな雰囲気はまったくない。妙な話だ、と私は思う。彼らは若い。人生はこれからだ――かつての私がそうだったように。私は彼らに嫉妬してもおかしくないのだ。それでも、どういうわけか、うらやましいとは思わなかった。

その後、私はまたべつのことを考えはじめた。若者は大半のことから逃げ切れる。ジャンクフードを食べ、一晩中、馬鹿騒ぎをし、次から次へと気まぐれな人間関係を渡り歩き、自制心も定期的な準備もなしに、スポーツで精力的に競いあうことができる。だが、自分がどれほど幸運なのか、まったくわかっていない。それでも、年齢を重ねるにつれて、成長せざるをえなくなる。そして人生が授けてくれた贈り物は腐りやすく、数に限りがあることを自覚する。その贈り物を大切にしないでいると、私たちは早い段階で若さを失ってしまうのだ。

しかし、これはまた年齢による恩恵でもある。そうした贈り物が指のあいだからこぼれ落ちていくと、これまで与えられていたものの価値に初めて気づく。そして、あなたがとてつもなく幸運であるならば、まだ慈しむべきものが残っているだろう。そして、それに感謝するための時間もあるはずだ。

第20章

第二の人生で才能を開花させたランナーたち

人間はどんなに頑張っても、かならず最期を迎える。だが、その前に一念発起して、なにかに挑戦することがある。中野陽子がようやく自分の好きなことができるようになったのは、七〇歳になった頃だった。「若い頃は苦労の連続でした」と、八六歳の誕生日を数週間後に控えた頃、彼女は私に話した。「幼いときに父を亡くしましてね。私は六人きょうだいのいちばん上でしたから、みんなの世話をしなければなりませんでした。家族全員の」。彼女は一五歳のときに東京の学校をやめ、地方のセイコーの工場に就職した。仕事はあまり楽しめなかった。もっとクリエイティブな仕事に就きたいと思っていたのだ。でも、「家族全員が私に頼っていた」ので、工場勤務を続けるしかなかった。

それから半世紀後、彼女はまだ家族を支えていた。工場の仕事を辞めたあとは洋裁学校に通い、ついに自身の洋品店を構えた。しかし、仕事と家庭のバランスが変わることはなかった。プライベートではつねに家族の世話をしていたのである。ついぞ結婚はしなかったし、子どもも設けなかったが、それでも生計を立てるために働く時間以外はすべて、家族のために捧げていた——とくに、母親の健康状態が悪くなったときには。自分以外の人のために尽くすこと、それが彼女の人生だった。「楽しいことなんて、ひとつもありませんでした」と、彼女は淡々と語った。

しかし、ひとつだけ、自分を解放できるものがあった。スキーだ。時間と財布が許すかぎり、彼女は山に逃避し、何年もかけてスキーの技術を身に付け、インストラクターの資格も取得したが、それを活かして仕事をしたことはなかった。やがて六〇歳になると、収入が減り、スキーに出かけるだけの余裕がなくなった。

もっとお金のかからない趣味を見つけなければ。そこで、ある日、妹と一緒にジョギングに出かけた。「ランニングなんてレベルのものではなかったんですよ」と、彼女は当時を振り返る。それでも、走るのがつらくはなかった。その後、ときどきジョギングをするようになり、やがて習慣になった。それでも、真剣に取り組んだわけではなかった。母親の介護にエネルギーを注がなければならず、時間がなかったのだ。それに、生活費の足しにするために、介護施設でパートの仕事も始めていた。

七〇歳を目前にした頃、妹と義弟から、ハワイ旅行に一緒に行こうと誘われた。さらに甥っ子から、それなら有名なホノルル・マラソンに出場しよう、きっと楽しいよと言われた。当時、中野はただジョギングを楽しんでいるだけだったが、フルマラソンに挑戦することにした。

準備期間が六カ月あったので、彼女はその時間を賢く使った。「スキーをしていたときの経験から、基礎となるフォームの重要性がよくわかっていました」。そこで、初心者向けのランニング講習会を開催しているスポーツ店に行き、申し込んだ。そして、自然に走れるようになったことを実感すると、走行距離を増やしはじめた。

最初は妙な感じがした。「だって、私と同じくらいの年齢でこんなことをしている知り合いはいませんでしたから」。それに短パン姿で自宅を出ていくのも、最初のうちは恥ずかしかった。でも、東京南部の西蒲田の自宅からほど近い多摩川沿いには気持ちのいい道があり、そこをお気に入りのジョギングコースにした。そして週を重ねるにつれ、走行距離は延びていった。

マラソン大会当日は「わりと楽に走れました」と、彼女は言う。タイムは四時間四四分四四秒。それはW70の年齢区分では見事なタイムだったし、彼女自身は同じ数字が並んでいる整然さに感じるところがあった。「ランニングが私の運命なのかもって、そう思ったんです」

彼女の勘は正しかったのだろう。以来一五年、ランニングは彼女の人生を大きく変えた。二五回もマラソン大会に出場し、七六歳のときには大田原マラソンで三時間五三分四二秒のW75世界新記録を、八一歳のときに東京マラソンで四時間一一分四五秒のW80世界新記録を出した。こうして五、六年にわたって、彼女は絶え間なく記録を更新し続けた。（これは遅い時期にランニングを始めた人間がよく味わう喜びだ）。そして、七〇代後半にはまた一段高いレベルに到達した――大半のランナーは七〇代でスランプに苦しむというのに。

彼女はまた、高齢ランナーのためのトラック競技が日本では盛んであることを知り、出場する種目を増やした。「マスターズの陸上競技会があることを知ったんです。一〇〇歳になっても出場できることも」。それなら、やってみるしかない。そして実際に参加してみると、マスターズの競技会はとても楽しかった。「あちこち、おもしろい場所に行けましたし、おもしろい人たちにも大勢知り合えました。スキーでは、知り合い同士としか交流していませんでしたが、ランニングでは大勢の知らない人たちと交流できる。それは、素晴らしいことです。ふだん、私はたくさんの人と会うことがありませんから」

奥ゆかしい彼女は自分の口からはなかなか触れなかったが、トラックで走るようになってから、それぞれの年齢区分で偉業を達成してきた。二〇一八年世界マスターズ陸上競技選手権大会では八〇〇m、五〇〇〇m、一〇〇〇〇m、マラソンという四つの種目で金メダルに輝いた。そしてW80の年齢区分に入ると、八〇〇m、一五〇〇m、三〇〇〇m、五〇〇〇m、一〇〇〇〇m、マラソンという六つの種目で屋外の世界記録を出した。

とはいえ、すべてを楽々と達成したわけではない。二〇一三年のボストン・マラソンで好成績を残したかったものの、内臓の調子が悪かったせいで（結局、のちに胃の手術を受けることになった）、うまくいかなかった。翌年のレースでもまだ本調子ではないなか、とにかく出場したところ、二回転倒した（沿道の友人に手を振りすぎたせい）。それでもそのたびに奮起し、負傷しながらも四時間五三分三九秒で完走した。二年後、八〇歳になると、同じレースに出場し、タイムを前回より七分半も縮めた。しかし、それでもまだ回復の途上にすぎなかった。

翌年、二〇一七年の東京マラソンではベストな状態に戻っていて、それまでの五年間で最速を記録した。「あれは私の夢のマラソンでした」と、彼女は回想する。「まさに計画通りに走れたんですから」。このとき叩き出した四時間一一分四五秒というW80世界記録は、いまだに破られていない。

一躍、彼女は有名人になった。日本は世界でも有数の「超高齢化」人口を抱える国で、女性の三人に一人が六五歳以上だ。だから、欧米人が驚くほど、ランニング熱が高いのもうなずける。よって、マスターズ陸上が盛んなのも驚くにはあたらない。高い評価を得ているウェブサイトJapan Running Newsのエディターであるアメリカ生まれのブレット・ラーナーは、「日本での成績がすべて反映されていたら、マスターズの世界記録はまったく違うものになっていたでしょう」と推測する。「ゴールデンボルト」と呼ばれた一〇〇歳代のスプリンター宮崎秀吉《みやざきひできち》といったチャンピオンは、国民的な有名人になった。ほかにも高齢の世界記録保持者はいる。保坂好久《ほさかよしひさ》（M60のマラソン世界記録保持者）や弓削田眞理子《ゆげたまりこ》（W60マラソンで世界初のサブスリーを達成）から、九〇代のスプリンター田中博男《たなかひろお》や守田満《もりたみつ》、M95の世界記録を更新した中・長距離を走る宮内義光《みやうちよしみつ》などだ。中野もまた、近年はこのレジェンドたちの仲間入りをしたが、それは、数十年ものあいだ、社会の目立たない場所ですごしてきた人間にとって、落ち着かないことでもある。それでも、ほかの人たちが自分の活動に刺激を受けているのは、胸躍ることだと思っている。「大勢の人たちが話しかけてくれます。あなたを見ていると勇気づけられます、と言ってくれるんです。『ランニングをやめようかと、ずっと迷っていましたが、思い直しました』と言われたこともありました」

　中野にはなにか秘密があるのだろうか？　あるのだろうが、それがなんであるのか、当人にはわかっていない。トレーニング法に、とくに変わったところはないからだ。ただ、バイオメカニクスにはつねに注意を払っている（ランニングフォームについては、オリンピック代表になったマラソン選手宇佐美彰朗《うさみあきお》の講座も含め、いくつか受講した）。それ以外はごくふつうで、彼女はひたすら走っている。週に四回、距離は平均して週に三〇〜五〇キロ。それだけだ。筋トレはしていないし（「筋トレは苦手なんです」）、柔軟体操は少ししかしない（「レース前に五分くらい、ストレッチをするだけですが」）。それに、「私がケガをしないのは、限界まで自分を追い込まないからかもしれません」と言う。食生活に関しては、「ごくふつうの食事をしているだけです」。それでも、睡眠はたっぷりとっている。「私、よく寝るんですよ」

　ランニング中にケガをしたことはない――ボストン・マラソンで転倒して、あざをつくったり、すりむいたりしたことを除けば。「正しいフォームで走っていれば、ケガはしないものです」と、彼女は説明する。それに、彼女がランニングを始めた時期が遅かったのも、プラスになっているのかもしれない。長年、関節を痛めつけてこなかったからだ。そして、彼女がじつに強い意志の持ち主であることも、大いに役立っているだろう。二〇一三年に胃の手術を受けたあとも、懸命にリハビリに努めた。まだ入院中であるにもかかわらず、病院の廊下を一日に最高七キロ、歩いたそうだ。

それでも、彼女の秘密の核には、もっと基本的なものがあるとしか思えない。つまり、彼女はランニングを楽しんでいるのだ。人生の後半戦にランニングを始めた新米ランナーになにかアドバイスをいただけますか、と訊くと、彼女はこう応じた。「楽しいと思えれば、続けることができるはず。そして、楽しければ、スピードも上がります。いちばん大切なことは、自分が楽しむことです」

中野が走っているところを撮影したビデオを見ていると、上半身の姿勢のよさと、素晴らしいバランス能力、そして軽く、小さい、規則正しいステップが目に留まる。そしてなにより、その笑顔に、誰もが気づくことだろう。だが彼女にとって、走ることが簡単であるはずがない。マラソンは、何歳の人にとっても楽なことではないからだ。それでも、彼女はいつも楽しそうな顔をしている。

彼女も、以前よりは年齢を感じるようになった。「物事をするスピードも遅くなりましたし、視力も悪くなりました」。それに「一緒に走っていた人たちが走るのをやめてしまったり、亡くなったりすることもあります」。いまはパートの仕事を週一回に減らしているので、もう世界選手権に出場するだけの金銭的余裕はないと考えている。「そんなことをしたら、スキーよりもランニングにお金を費やすことになります」。それでも、人生でもっとも幸せな歳月を与えてくれたスポーツを諦めることだけは想像できない。「『いつまでできるんだろう?』と思うこともあります。でも、やめるつもりはありません。ランニングをやめてしまったら、なにをすればいいんでしょう?」

いずれにせよ、彼女にはまだ破りたい記録がある。「八五歳の世界記録をすべて破りたいんです。八〇〇mからマラソンまで全種目を」。彼女はノートに目標タイムを書き留めている。W80の記録と比較すれば、十分に達成可能なように思える。そして彼女は、高齢になってからの冒険のおかげで生きがいができたことをありがたく思っている、と強調する。ほかの年齢層の人たちと知り合いになれたのも、とても嬉しい、と。「若い人たちと話すのが楽しいんです」。そして、ついに、自分がもてる能力を開花させたという実感を味わえたと話す。「いまが人生の全盛期です」と、彼女は笑う。「家族もみんな、喜んでくれています。ようやくいま、自分のために人生を送れるようになったのですから」

中野が控えめに語るストーリーを聞いていると、希望が湧いてくる。ごくふつうの人生を送っていた、ごくふつうの女性が、一介の高齢者として切り捨てられてもおかしくない時期に、まったく新たな扉をあけ、才能を開花させたのだ。しかし、これは高齢者のランニングでよく見られるパターンでもある。そして、このスポーツの美点のひとつでもある。ある日突然、自覚していなかった才能が花開くことがあるのだ。あなた自身のなかにもそうした才能が眠っていて、起こしてもらうのを待っているだけなのかもしれない。

中野のW80の世界記録は揺るぎないものに思えるが、彼女が打ち破った記録も、それまでは揺るぎないものだった。W80のそれまでの女王が初めて世界選手権大会で金メダルを獲得したとき、中野は気楽にジョギングを楽しんでいるだけだった。そして西蒲田在住のこの初心者がじきに偉大なるデニス・ルクレールから女王の座を奪うことになろうとは、誰も想像していなかった。そして、ルクレールにとっても、若い頃の人生は見通しの明るいものではなかった。

ルクレールは引退直前の頃、私に話をしてくれた。一九四〇年のドイツ軍によるパリ空爆の恐怖と、その後の占領下での困窮のために、子どもの頃の記憶は暗い。そして「厳格で気性の激しい」父親からは、「愛情ややさしさを授けてもらえなかった」。二〇代から三〇代前半にかけては、卵巣嚢腫、腸閉塞、重い脊椎の疾患など、たびたび健康面で危機に見舞われた。働きに出られるほど体調がいいことはめったになく、三三歳になるまでに大きな手術を二回受け、生死の境をさまよったこともある。「外科の先生が私の命を救ってくれたんです」と、彼女は思い起こす。

喫煙の習慣があるのもよくなかったのだろう。それでも、彼女の健康状態を考えれば、体力がないのは当然だったし、長期的な健康について考える余裕もなかった。身体は痩せこけ、病弱で不安なまま、三〇代になってから初めて社会で働くようになったが、当時は実年齢より老けて見えたことだろう。それでも、自信があるようなふりをした。自分の人生で果たすべき役割を模索し、彼女は訓練を受け、美容師の資格を取り、美容院に就職した。旅行もたくさんした。ヒッピートレイル*をひとり、たどったこともあるが、陸上競技を試してみようなどとは考えたこともなかった。三九歳で禁煙したときにも、「仕事柄、喫煙しているとよくない」と考えたにすぎなかった。

そして四〇代半ばになった頃、常連客から「フィットネス・ウォーキング」を試してみないかと誘われ

＊一九六〇〜七〇年代に流行した、ヨーロッパから陸路で南アジアなどに安価で旅をするルート。

た。そしてトライしたところ、楽しかったので、徐々に競歩にのめりこんでいった。四七歳のときに陸上クラブに入会し、生まれて初めて帰属意識を覚えた。そして、初めてクラブのユニフォームを着てレースに出場したときには、「心臓が飛びだすかと思うほど、嬉しかった」。それでも数年間は、生活のあれこれに時間を割かなければならず、クラブを継続できない時期もあった。しかし、一九九〇年代になると競歩の選手として国際大会に出場し、世界金メダル一個、欧州金メダル二個を獲得した。二〇〇二年、ブリスベンで開催された世界選手権の一〇キロ競歩で失格という悔しい思いを味わったあと、ランニングに挑戦することにした。そして六八歳になったときには、六〇代後半だったときの中野と同様、人生のいちばんいい時期を迎えようとしていた。

その数年後、ルクレールは人生でもっとも重要な人間関係を築くことになった。フランソワ・ポンサンという年下のジャーナリストで、マスターズのアスリートでもある男性とディジョン近郊のクリュニーで同居を始め、二人はいまもこの家に住んでいる。ルクレールは〈アスレティック・クラブ・シュノーヴ〉に入会し、いまも楽しく通っている(「私たちはみんな仲間で、若い人もそうでない人もいるけれど、私が最年長だなんてわざわざ口にする人はいないの」)。結局、彼女は自身の年齢区分で世界最高の長距離ランナーになった。ピークはW75からW80に移った二〇一三年と二〇一四年で、W75でも欧州大会で金メダルを二個獲得したが(一五〇〇mと五〇〇〇m)、それは八〇歳の誕生日を迎える数週間前のことだった。その数週間後、こんどはW80で一〇〇〇〇mの金メダルに輝き、ブラジルのポルト・アレグレで開催された世界マスターズ陸上競技選手権大会で一〇〇〇〇m、二〇キロ競歩、五〇〇〇mでW80の金メダルを獲得した。前のふたつは世界記録であり、三つめも世界記録になるはずだったが、事務的な不手際で承認されなかった。ひどく腹を立てたルクレールは、翌年、トルコのイズミールで開催された欧州選手権大会で、この記録をみずから更新した（「記録を更新できないなんてありえないので、考えられないくらい頑張った」）。この頃には、ハーフマラソンで世界記録を、三〇〇〇mでも世界室内記録を樹立していた。とくに三〇〇〇mは、ソルボンヌで開催されたフランス選手権のときのもので、彼女にとって「もっとも美しい」記録だった。「スタンドにいた全員が立ちあがって、私の名前を連呼してくれたの」。五〇年前、病弱だった女性が、国民的アスリートというアイコンになったのである。

二〇一五年にハムストリングを痛め、全盛期といえる時期は終わったが、その後も多くの記録を残し、メダルを獲得した。彼女は世界チャンピオンに一六回、欧州チャンピオンに一九回も輝き、七つの世界記録を樹立している。前回、私が見たときには、彼女はフランスでもっとも多くのメダルを獲得した有名なベテランアスリートだった。いまは八九歳となり、いかにも健康そうで、全身から幸福感がにじみ出ている。若者のように不安そうな表情を浮かべることもあるが、笑ったり走ったりすれば、そんな憂いはすぐにすぐに消えてしまう。新型コロナウイルス感染症が流行していた期間に、スポーツに対するハングリー精神が薄れてきたため、「選手としては、もう大会には出場していないの」と彼女は言う。それでも、ランニングへの愛情はまったく変わっていない。「健康のために、これからもずっと走りつづけるつもりよ」

中野と同様、ルクレールもまた、自分には感謝すべきことがたくさんあると考えている。ランナーとしての二〇年間は、「充実して幸せだったし、大きな感動を味わったし、人生の糧になった」そうだ。彼女が高齢になってから体験した数々のことを、うらやましく思う人がいるのはうなずける。それでも、生まれつき身体能力が平均以上に高かったかどうかは、彼女の過去を考えれば、どちらともいえない。

この点もまた、マスターズ陸上競技のもうひとつの魅力だ。ただ遺伝的に運に恵まれたから成功できるわけではないのだ。遅い時期にスポーツを始め、その競技で世界記録を樹立した選手たちは、ほかにもさまざまな素質をそなえている——勇気があり、決断力もあり、物事をポジティブに考え、積極的に行動を起こしているのだ。それに、過去よりも現在や未来に目を向け、胸を高鳴らせる能力の持ち主でもある。だが、私たちはたいてい、年齢を重ねるにつれ、そうした能力を失っていく。この一五年、イギリスでもっとも成功した六〇歳以上の長距離・中距離ランナー、アンジェラ・コプソンから話を聞いていると、このことを何度も痛感した。

現在、ルクレールのW75の記録を塗り替え、じきに中野のW80の記録も脅かすと思われるコプソンは、人々にインスピレーションを与える存在だ。やさしく、控えめながら、とてつもなく前向きで、向上心とバイタリティにあふれている。しかし、おそらく彼女のもっとも明確な資質は、過去ではなく現在の人生について熱く語るところだろう。

彼女は一九四七年、ノーサンプトン郊外にある村のパブで生まれた。幼少期は病弱だったうえ、両親は不仲だった。彼女自身も入退院を繰り返したが、なによりも両親の問題がつらかった。「子どもの頃のことは、あまり振り返りたくないの」と、彼女は身を震わせて言った。

一刻も早く家から出ていきたかったので、一六歳になると、地元の乗馬学校で厩務員として働く住み込みの仕事を見つけた。「当時は体重が四〇キロくらいしかなくて、ガリガリに痩せていたのよ。病弱だったし、疲れやすかった」。でも、そこにはほかにも五人の若い女性が住み込みで働いていた。「幸せな家庭というものがどんなものかを、彼女たちから初めて教わったの」

彼女と五人の女性たちは生涯の友となった。コプソンは馬を愛するようになり、心身ともに強くなった。次第に仕事の幅が広がり、馬の世話をしたり、子守《こもり》をしたりするようになった。五人の女性たちとの友情は、さらに深くなっていった。そして二〇代前半に、地元の建設業者のハリー・コプソンと出会った。一九六九年に結婚し、そのとき初めて彼女の「本物」の人生が始まったと感じた。

だが、スポーツとは無縁の生活だった。多忙なため、座りっぱなしの生活からはほど遠かったが、「なにをしていても、息子や娘のそばを離れなかった」。一緒にバドミントンをしたり、乗馬をしたり、庭で一緒に遊んだり。「自分が体験してこなかったことを、子どもたちに味わってほしかったの。家族という体験を」。

自分の運動能力については考えたこともなかったし、ましてや自分が特別な存在だと思ったこともなかった。ごくふつうの多忙な母親でいられることに感謝していたのだ。当時もいまも、彼女の優先順位はシンプルで、「家族第一」だ。

しかし、家族にはそれぞれの人生がある。子どもたちは成長し、家を出ていった。「それはもう寂しかったし、虚脱感を覚えました。あっという間に、子育てが終わってしまったんですから」。いっぽう、ハリーも歳をとった。二〇〇六年、デヴォンでウォーキングを楽しみながら休暇をすごしていたところ、ハリーは胸の痛みを訴えた。そして、重い心臓病であることがわかった。のちに、彼はオックスフォードのジョン・ラドクリフ病院で治療を受け、血管にステントを挿入され、厳密な運動プログラムをこなすようにと命じられ、退院した。

「彼はすっかり自信を失っていたの。だから、モチベーションが必要だった」。そこで、彼が日課としてサイクリングに出かけると、彼女は「彼の横を速足で歩くことにした」。二人とも、六〇代半ばをこんなふうにすごすとは想像していなかった。老後はもっとのんびりとすごそうと思っていたのだ。でも、医師たちのおかげで「セカンド・チャンス」を与えられたのだと考えることにした。そこでコプソンは感謝の気持ちを伝えるべく、ジョン・ラドクリフ病院への寄付金を集めることにした。「あれだけお世話になったんだから、スタッフのみなさんにお礼の気持ちを伝えたかったんです」

すると誰かが、マラソンがいいんじゃないかと提案した。二〇〇七年にロンドンで開催されるマラソン大会に出場し、寄付金を募ることにした。準備期間は短かったが、走ったことのある人――前述した生涯の友人のひとりの娘――が、トラブルさえなければ、歩いて完走できると保証してくれた。そして、出場した彼女は「ずっとお喋りしながら一分一秒を楽しみつつ」、走りつづけ、サブフォー（四時間切り）を達成した。彼女が六〇歳を迎えた誕生日の二日後のことだった。

すごすぎる。そう考えた友人の娘は、自分が所属するランニングクラブの見学にきませんかと、彼女を誘った。コプソンは見学に行き、和気あいあいとした雰囲気に魅了された。〈ラグビー＆ノーサンプトンAC〉は幅広い年齢層を受け入れており、アンジェラと同年代のランナーもいた。それまでは「年寄りが走っているなんて見苦しい」と思われるのではと不安だったが、「年寄りが走っても、なんの問題もない」と思うようになった。そして彼女は、木曜の夜にクラブに行くのを、毎週心待ちにするようになった。

彼女はすぐ、レースに参加するようになった。クラブの仲間たちから、参加したほうがいいと言われたからだ。最初は気後れした。スタート地点には自分より四〇歳も若い女性たちが大勢いたからで、当初は後ろのほうで目立たないようにしているほうが安心だった。ところが、レースを二、三回走ったあたりから「かなり競争心をもつように」なり、スタート地点ではできるだけ有利なポジションに立つことを心掛けた。

やがて五マイルからハーフマラソンまでの種目の年齢区分で、たびたび優勝するようになり、二〇〇七年末までにハーフマラソンのW60世界記録を含む四つの記録を樹立した。しかし、それはウォーミングアップにすぎなかった。翌年はW60クロスカントリーで初めて英国マスターズのタイトルを獲得し、地元で高く評価されているコーチのイアン・ウィルソンを紹介された。すると、彼はよきメンターとなり、よき友人にもなった。彼に言わせると、彼女をコーチングするのはむずかしい。なぜなら「レースに出場する回数が多すぎる」からだ（「でも、楽しいんだからいいでしょ」と、コプソンが反論した。「レースは社交の場でもあるんだもの」）。と同時に、彼女はあらゆるコーチが夢見る原石のような選手だった。初めて英国選手権の五〇〇〇mで決勝に進んだとき、まだ一周残っているのに、勘違いして走るのをやめてしまった。イアンは彼女にもう一周走れと、声を張りあげた――「それでも彼女は世界記録を樹立したんですよ」

残念ながら二〇二〇年一二月にがんで亡くなったイアンは、コプソンを単に優勝者にするだけではなく、マスターズの国際大会でライバルに大差をつける存在にするべく尽力した。二〇一二年、彼女は初めてドイツのツィッタウで開催された欧州マスターズ陸上競技選手権大会に出場した。そしてW65で四つの金メダルを獲得し、のちに欧州マスターズ年間女子最優秀選手賞を受賞した。

その後も、自身の年齢区分では圧倒的な優位を維持した。そして、マラソンで三時間半を切った史上最高齢の女性になった（六九歳の誕生日の数日前、三時間二四分五四秒）。二〇一八年、マラガで開催された世界マスターズ陸上競技選手権大会では七つの金メダル（そして銅メダルをひとつ）を獲得した。二〇一九年五月には七二歳でウェストミンスター・マスターズ・マイルを六分二七秒で制し、ロードでの一マイルの英国W70記録を一分以上、世界記録を一一秒半縮めた。このレースでの彼女のエイジグレードのスコアは一〇七・二％と、ほぼ前例のないものだった。

その後、〝ランニングへの貢献〟を認められ、大英帝国勲章を受勲し、二〇二一年までに世界記録を三七回も樹立し、欧州記録を五〇回、英国記録を七二回も更新し、四〇〇mからマラソンまでの距離で、選手権大会での二〇個の世界金メダルを含む一四六個のメダルを獲得した。よって、本人でさえ数えきれなくなっている。「靴箱に入れたら、もう忘れてしまうのよ」。そして、もしあなたが、高齢者がメダルを獲得したり、記録を更新したりするのは、ただ大会に出場すればそれでいいのだろうと考えているようなら、考えを改めてほしい。彼女のタイムは見事のひと言なのだ。W65でのベストは、一五〇〇mが五分三〇秒七、五〇〇〇mが二〇分一三秒二三、一〇〇〇〇mが四一分四〇秒二七、マラソンが三時間一七分。同じ種目でのW70のタイムはそれぞれ、五分四六秒九〇、二〇分五六秒一三、四四分二五秒一四、三時間三六分三〇秒。このうち、あなたのほうが優れているタイムがいくつあるだろう？

実際、彼女が出場する多くのレースでは、もっとゆっくり走っても勝てるほどだ。もちろん、ほかにも真剣にランニングに取り組んでいる、才能のあるライバルは大勢いる。だが、ルクレールや中野と同様、コプソンにはずば抜けたなにかがある。もっと若い年齢層でいえば、表彰台を狙うオリンピック代表のスーパーエリート選手と、レクリエーションとしてランニングを楽しむ第一線の市民ランナーのあいだには、大きな違いがあるように。私は、彼女が中距離レースの最初のカーブの手前で四〇mのリードを広げ、結局、一周以上の差をつけて優勝したのを見たことがある。彼女がいかに特別な存在であるかが、わかるというものだ。

コプソンが二〇一九年九月、ヴェネツィアで開催された欧州マスターズ陸上競技選手権大会に出場したとき、現地では彼女に敬意を表して夕食会がひらかれた。「素敵だったわ」と、彼女は軽い口調で言うが、会場に長居はしなかった。スポーツ界の天才として扱われることには慣れたけれど、メディアの依頼に応じていると「叩かれている」と感じることもあるからだ。それに、自分を有名人だとはけっして思わない。それどころか、彼女は慈善活動をしたいからと、たまたま走りだしただけであり、そのときの精神を失わずにいる。だから練習を始めた頃は、暗くなってからトレーニングに出かけることにしていた。「そうすれば、誰にも見られないですみますから」

いまでは当時より自信を身に付けている——当然の話だ。でも、ランニングは自分の居場所であるという感覚は変わっていない。ランニングを続けていれば、自分は元気だ、自分は強い、と感じられる。それにロックダウンによる規制がなければ、仲間との交流も楽しめる。だから、たとえ競技を続けられない状態になったとしても、「ジョギングは続けるつもり」であるそうだ。

しかし、この一五年間、ランニングが人生にもたらした思いがけない喜びや冒険について、彼女は「それが第一ではありません」と言う。「家族がいちばんです」。どれほど大胆な記録達成をめざしていても、孫たちとすごすためならレースやランニングを休むし、健康的な食事を時間をかけて準備するのは、ハリーのためでもある。スポーツでいい成績を出したいからと、ワインやケーキといったささやかな楽しみを諦めるつもりはない。たとえ権威ある選手権大会があっても、愛する家族と比べれば二の次でしかない。

二〇一九年、彼女は家族に対する責任を優先し、ヴェネツィアで開催された欧州マスターズ陸上競技選手権で出場する種目を減らした。夫の健康状態を案じたからで、翌年の二〇二〇年、世界マスターズ選手権が無事にトロントで開催されるとしても、おそらく出場は見合わせると語った。「彼は、もう長いフライトには耐えられない。だからといって、自分ひとりで海外に行くのは、身勝手に思えるんです」。

このように精神的にも身体的にもすぐれたバランス感覚が、コプソンのランニングに影響を与えていると推測するのは、それほど突拍子もない話ではないだろう。トラックでの彼女の動きはバランスがよく、流れるようだ。硬さや緊張というものは見られない。そして、身長は一五五センチほどと小柄であるにもかかわらず、弱々しいところはいっさいない。いま思うに、そこがルクレールや中野といちばんよく似ているところだろう。三人とも、走っているときには解放されているように見える。持久力の限界に挑戦しているときでさえ、その場にいられることに感謝しているのだ。彼女たちは生まれながらのランナーであり、だからこそ、ランニングと出会わずに人生を終える可能性もあったことを考えると、粛然とした気持ちになる。

とはいえ、遅咲きという点では、彼女たちはめずらしい存在ではない。世の中には若い頃、アスリートとしての才能を発揮する機会に恵まれなかった女性が大勢いる。そして、その大半は高齢になってもランニングと出会わないままですごしている。だから、非常に高齢になってから大会に出場すれば勝てる確率が高くなるわけだが、こうした現状が変わることを、私は願っている。

かたや高齢の男性ランナーは、コプソン、ルクレール、中野の偉業に圧倒され、謙虚な気持ちにならざるをえないだろう。私の世代の男性は、タフネスと男らしさを結びつけて教えられてきた――スポーツ、職場、日常生活において「男らしくしろ」と言われてきたのだ。ときには、「ばあさんのような真似をするな」と叱責された経験がある人もいるだろう。よって、こうした言葉がいかに乱暴で不適切なものであるかを思い知らされるのはいいことだ。それどころか、回復力や一般的な持久力に関して「弱い性」があるとすれば、それは男性だ。中年の危機に見舞われ、メロドラマのように大げさな反応をしやすいのも、女性ではなく、男性だ。女性が更年期を迎える時期に、男たちはハーレーダビッドソンを手に入れ、自分の半分くらいの年齢の外国人女性と駆け落ちする。しかし、男はタフだという自己満足的な通念があるせいで、私たちは自分に対してもライバルに対しても、弱点がないふりをしているのかもしれない。こうして自分を偽るのは、短期的には役に立つとしても、長期的には持続不可能だ。というのも、心身ともに見えないところでダメージが蓄積し、「若さ」から「老い」へと人生が移行する転換期に、恐ろしい事実を突きつけられるからだ。私たちはかつての自分でなくなるばかりではない。この時期に、男として虚勢を張っていた化けの皮がはがれるのだ。私たちは不完全な存在であり、脆弱な生き物である。そして、これからはますます肉体的に弱い存在として見なされるようになるだろう。すでにダメージを追い、くたびれはて、ボロボロになった存在として認識されるのだ。これまで、人生の大半をスーパーヒーローのふりをしてすごし、そうした価値観に応じて自分を評価してきたのに、それはあまりにも酷な現実だ。そのため、実存的危機が生じる。自分を〝傷あり商品〟と見なすのが、耐えられなくなるのだ。

しかし、女性はそれほど過保護にされずに生きてきた人が多いので、多少の落胆には動じない。いっぽう、こうした自己認識の転換は、高齢男性にアイデンティティを脅かすほどのショックと不快感をもたらす。自分が俎上に載せられ、無視され、軽視されるようになるうえ、薄給になるのだ。女性は長年、そうしたいくつもの侮辱を受けてきたし、家庭では自分が負うべきものよりもっと多くの責任を負ってきた。女性はまた出産の苦しみや、自分の欲求より生殖を優先させる肉体をもって生きる責務を負う試練に耐えている。つまり女性は、人生が理想どおりにはいかないことを、男性より早く実感する。そして、適切な方法で反応する習慣を身に付ける。困難を乗り越え、くじけずに前進し、そこから最高の結果を生みだそうとするのだ。最終的な不公平――長年連れ添ったパートナーを喪失する確率は男性より女性のほうが高い――にさえ、このパターンは当てはまる。愛する人に先立たれても、ただ耐えるしかないのだ。とはいえ、高齢女性たちにはある程度の経験がある。女性として、人生の不公平さに慣れているのだ。だからこそ、女性にはとくべつな強さがそなわっている。なんであろうと、耐えなければならないことに耐える習慣が身に着くのだ。

同年代のランナーにとって、コプソン、ルクレール、中野はスーパーヒーローであり、オリンピック選手のように憧れると同時に、うらやましい存在でもある。しかし、本人たちは、そうは思っていない。彼女たちはただ自分の人生を懸命に生きているだけだ。つまらないことで騒ぎたてるような真似はせず、若い頃に体験できなかったことができることを心からありがたく思い、いつものようにベストを尽くしているだけなのだ。だからこそ、彼女たちと話していると、いつも同じようなキーワードが出てくる――「感謝」「冒険」「発見」。よって、いずれの性別であれ、世のランナーは、彼女たちから学ぶことがもっとも多いはずだ。

しかし、記録を塗り替えた遅咲きのランナーたちの功績は、もっととらえがたい教訓も示している。高齢になってから競技ランニングを始めるのは、単なる冒険ではない。一種の解放にもなりうるのだ。自分で選んだ自分になる権利を取り戻せるからだ。退職する年齢を超えると、人はたいてい限られた概念の箱に押し込められる。社会が私たちに「年寄り」「弱々しい」「過去の人間」といったラベルを貼る。すると、そうしたラベルに応じて、自分の世界が縮んでいくのだ。しかし、比較的アクティブに動きつづけることができる幸運な人は、自分にどんなラベルを貼るのか、自分で選ぶことができる。それなら、〝胸が高鳴る目標をもつ活動的なアスリート〟というラベルを選べばいい。

年齢を重ねたおかげで、ようやく世間が決めつけるステレオタイプから解放され、安堵する女性もいる。妻らしくふるまえとか、母親の義務を果たせとか言われなくなるのだ。物心ついてから初めて、彼女たちは自分の身体の可能性をのびのびと受け入れられるようになる。もう自意識過剰にならずにすむし、男性から性的対象として浴びせられる視線に苦しまずにすむからだ。一九九八年、カトリーヌ・スウィッツァーは著書『四〇歳以上の女性のためのランニングとウォーキング(Running and Walking for Women Over Forty)』(未訳)でこう述べている。「若い頃、周囲から押しつけられたプレッシャーや期待を捨て去ることで、あなたは自分自身になれるのです……この解放感で、あなたは高く舞いあがることができるのです」と。これはアレックス・ロタスの写真に喜びがあふれている要因のひとつだ。被写体の白髪、皺の寄った顔、薄い肌、隙間のあいた歯が、ありのままの自分になるという自由を彼女たちに与えている。そこから生まれる美しさは、若い頃の傷ひとつない美しさより、はるかに豊潤だ。

高齢になってからも、人はもちろん苦しみや悲しみに直面する。その現実を否定するのは軽薄だろう。しかし、加齢がもたらす自由もまた現実なのだ。高齢になるということは、もう自分を偽る必要がないということだ。本来の自分よりタフなふりをする必要も、もっと値打ちがあるようなふりをする必要もない。そうではなく、私たちはありのままの自分になる——これまで馴染みのなかった経験をするのだ。そして、生理学的な衰えにより身体が動かなくなってはおらず、まだ走ることができるのなら、私たちは弱点も含めたありのままの自分を受け入れ、自分の夢を追いかけることができる。その夢が現実的なものであろうとなかろうと、なんら恥じる必要はない。必要なのは、過去は過ぎ去ったという事実を認めること。私たちは傷を負った生き物であり、残された時間には限りがあると受け入れること。そして残された人生は、精一杯生きるためにあると自覚することだ。

第21章 大きな目標を立てる

私には夢が必要だ。高齢の先輩諸氏から、希望と回復力にまつわる話を聞いているうちに、羨望と憧れで落ち着かない気分になってきていた。そろそろ、彼らの単なるファンでいるのをやめる頃合いだ。自分もランニングの冒険を始めなければ。

そこで、大きな目標を立てることにした。中野陽子は、いまの私と同じ年齢の頃、まったくの初心者だった。アンジェラ・コプソンだってそうだ。当時の彼女たちには、私よりランニングの実績はなかったのだ――それなのに、いまの彼女たちはどうだ？　そう考えれば、いくら私のランナーとしての実績が平々凡々たるものでも、高い目標を立ててかまわないはずだ。

それに、これまで多角的なアプローチで老化に抵抗する努力を続けてきたのだから、ぐんとタイムを縮められる可能性はあるはずだ。この数週間、私はランニングの基本に集中していた。バランス能力、効率、可動域、動きのなめらかさ。すべての筋肉と腱の完全かつ適切な運動。これまで習慣としていたトレーニングに老化防止のためのプラスアルファを加えるのはやめた。いまは、その逆だ。日によって、理学療法のリハビリの延長のような動きをすることもあった。モビライゼーション・エクササイズ、バランス運動、体幹の安定性を高めるスタビリティトレーニング、レジスタンス運動。腹筋、腕立て、プランク。それに両脚と片脚、それぞれでおこなうスクワット。内転筋、外転筋、下腹部を鍛える運動もしたし、硬くなった足首と腰をほぐすのに何時間も費やした。走るのはゆっくりと短い距離だけにした。そもそも、それ以上の時間の余裕はない。それに、バイオメカニクス的な運動は手を抜かないように心掛けた。走行距離は激減した。よって、おそらく心肺機能も低下しているだろう。しかし、自分が進歩していることが実感できていた。速くなってはいないが、強くなったという実感があったのだ。そして走っている最中には、まったく痛みを感じないことが増えていった。

身体に燃料を与える方法については、もっと賢い方法を模索していた——炭水化物を極端に減らすか、あるいはその逆にするかでさえ、どの専門家に相談するかによって方針が変わるからだ。いまさらではあったが、とにかく食べすぎ（高齢ランナーは代謝の低下により、食べすぎによるリスクが増す）に注意しつつも、食べる量が少なすぎないように注意した（味覚の衰えにより食欲が減退し、栄養素を吸収する能力も低下する）。タンパク質の摂取量を増やし（サルコペニア*との闘いに不可欠）、トレーニング終了後一五分以内にナッツ類を摂取した（それ以上時間が経過すると、栄養補給の効果が出にくくなる）。それに、水分の摂取を怠らないように意識した——加齢により、喉の渇きに気づきにくくなるからだ。そして、この数十年は、胃がからっぽの状態で走るのを好んできたが、この習慣も変えた。とりわけ激しいトレーニングをするときには、高齢ランナーは栄養を摂取してから始めないと、走る筋肉の維持と再建ができないと、専門家から言われたからだ（そのためにブドウ糖を利用する）。

これらは、科学的エビデンスに基づいて日常の習慣を見直し、今後数十年、老化のスピードを飛躍的に遅くできることを期待して、私が採用した方法のごく一部だ。こうしたオーバーホールを、もっと前にやっておくこともできただろう。それでも、いまから始めるのであれば、この努力を意識的に数年間は続けないと、その完全な効果を身体が実感できないだろうという気がした。そして、この努力は全体的に、あまり楽しくはないことにも気づいていた。

こうした賢明な行動を続けるには、強い意志をもち、かなりの時間を割かなければならない。そして、来る日も来る日も繰り返さなければならない。べつにむずかしい内容ではなかったし、その基盤にある科学は健全に思えたが、喜びや活気を感じることはできなかった。そして私は、若い頃に立てた新年の抱負を思い起こした。断酒する。禁煙する。ギャンブルをやめる。そして、キャリアを築く。どれも、いい目標だ。だが、どうすれば分別のある行動に、情熱をもちつづけることができるのだろう?

あまり重く考えるな。私はこの頃、そう自分に言い聞かせていた。べつに、やる気満々になる必要はない。必要なのは、コツコツと続けること。ケガを避け、毎週、先週の自分より少し強いランナーになっていれば、それでいい。そこだけに集中していれば、じきに効果が出てくるだろう、と。

しかし、明確な夢がないのであれば、いくらそんなふうに考えたところで、むなしいような気がした。どんな効果が出れば満足するのだろう? こうした努力をしていない場合に比べればわずかにましなペースでよたよたと走れれば、それでいいのか? そんな目標のために、余計な苦労をする価値はないように思えた。

そこで、自分なりに大きな目標を立てることにした。実現できるかどうかわからないほど大きな夢をも

＊加齢による筋肉量の減少および筋力の低下。

てば、情熱を取り戻せるかもしれない。このまま目標をもたずにいれば、ケガのせいで、いつなんどき、ランナーにとっての幸運の窓が閉じてしまうかわからない。そうなれば、損傷がそれほどひどくならずにすむという成果をあげただけで終わってしまう。

目標は達成可能なものでなければ、それを信じて努力することができない。ジーン・ダイクスは六五歳から七〇歳のあいだにマラソンのタイムを三四分縮めた。七〇歳にして初の国際レースに出場したとき、アラン・カーターは四〇〇mのタイムを一四秒縮めた。たとえ、目の覚めるようなタイムを出すのは無理だとしても、私だって格段に向上できるかもしれない。それに、スリルを感じながらまた走れるようになるかもしれない――自分の肉体の限界に挑むトレーニングのスリルをまた味わえるかもしれない。

だが、なにを夢見るべきなのだろう？　ランニングの目標は数カ月も、ときには数年にわたって日々の伴侶となるのだから、ロマンチックな輝きが必要だ。私は時間をかけて候補を考えた。フルマラソン？　フルマラソンなら何度も走ってきたが、その距離に好感をもったことはなかった。フルマラソンでサブスリーをめざす？　それは高尚な目標だが、はたして自分にとって〝達成可能〟だろうか？（答えは「ノー」）。

それなら、ウルトラマラソンや大自然のなかを走るアドベンチャーレースはどうだろう？　多くの高齢ランナーは、そうした大会に向けてモチベーションを上げていく。なかには、若返ったように見える人もいる。しかし私は、多大な時間を費やしたいと思えるような大会を見つけることができなかった。私は三〇代と四〇代の大半を、荒々しい山岳地帯で持久力の限界まで自分を追い込んですごしてきた（二〇〇四年の著書『空高く走る（Feet in the Clouds）』でも述べている）。そのため、その種のランニングに注ぎ込む才能の大半をもう使い果たしてしまったような気がした。とはいえ、フェルランニングやトレイルランニングへの愛情がなくなることはけっしてないだろう——どんなスピードであれ、気持ちよく走れるのなら。だが、そうした魂を試されるようなチャレンジをするには、数カ月をかけた準備が必要になる。もう、それは十分にやった。

それに本物の冒険をしたければ、自分が心地よく感じるゾーンの外に目を向けるべきだろう。つまりそれは、スタミナではなくスピードをともなう挑戦を意味している。やはり、中年期にウルトラマラソンを走るという、世間でよくある夢は除外すべきだ。

そんなふうに悩んでいたところ、ひとつの夢がぼんやりと浮かびあがってきた。山のなかを何キロも進みつづけることなら、誰にだってできる。だが高齢ランナーにとってタフなのは、ハードに速く走ることだ。高齢ランナーの本物のスーパーヒーローとは、陸上競技場のチャンピオンなのだ（エド・ウィットロックも、ロードよりトラックのほうが世界記録を樹立した数は多い）。だから、レクリエーションランナーとしてランニングの目標を立てるのなら、彼らの足跡をたどるのがいい。というより、せめて、彼らと同じチャレンジをするのだ。

そう考えはじめると、夢は勢いを増していった。想像力は常識の範囲をどんどん超えていき、いつしか私は荒唐無稽で無茶な目標を立てていた——〝陸上競技の国際選手権大会に出場する〟という夢を。

だが、その夢は、自分の胸だけにしまっていた。当然だ。とんでもなく馬鹿げた夢だからだ。それでも、世界の第一線で活躍する選手たちにインタビューをしていると、ときどき、あなたのランニングの夢はなんですかと、反対に尋ねられることがあった。そんなときは、言葉を濁し、こう説明した。そうですね、故障が改善してきたら、もう少し高いレベルで自分を試してみるのも悪くないかもしれません——たとえば、国際的なレベルで。

すると、ある日、スティーブ・ピーターズと話していたところ、私の要を得ない返事を聞き、彼がこう言った。「要するに、フィンランドで走ってみるってこと?」

彼が指した〝フィンランド〟とは、二〇二二年にフィンランドのタンペレで開催される世界マスターズ陸上競技選手権のことだ。だが、それほどの大会に私が出場するなど、どう考えても無理な話だった。それではまるで、プレミアリーグのサッカーチームのスタメンに紛れ込むようなものだ。冒険であることは否定できないが、身を縮めるほどに恥ずかしい経験になる。

「そうですね」と私は言った。「よさそうです」

驚いたことに、彼は笑わなかった。「素晴らしい体験になるよ」と、ピーターズが言った。「ぜひ、トライすべきだ。参加者が増えるのはいいことだ。やってみたまえ!」

いまの自分のペースではまったく話になりません、と私は説明した——こんな状態で参加するのは自己中ですよ、と。

「他人と比較するのはやめたほうがいい」と、彼は言った。「自分はベストを尽くしたか? 大切なのはそれだけだ。自分のためにやるんだ。ベストを尽くして走れば、それがきみのベストだ。それで最高なんだ」。そう言うと、彼はこれまで指導に当たってきたランナーたちについて説明してくれた。自己ベストが、ピーターズのウォームアップのペースくらいの人もいる。「なかには、二回戦進出をめざす、あるいは誰かひとりより速く走れればそれでいいと考えている人もいる。そういう考え方はえらいと思うよ。一緒にトラックで走ってくれることに、本当に感謝している」と、ピーターズは言った。

ジョー・ペイヴィーもやはり笑わなかった。「素晴らしい目標だわ」と、彼女も言った。「老化にあらがうために、いろいろなことを試す。そうすると、結局、もっとケガをして終わることになりかねない。でも、目標をもっていれば、優先順位をつけられる。だから、こう自問するの。よし、あの大会のこの種目で望みの成績を出すには、具体的になにをすればいいんだ？　とね」

その頃には、私のような者がタンペレの大会に出場するのにもっともふさわしい種目は、一〇キロのロードレースだろうと考えるようになっていた。もともと、短距離のトラック種目に出ようなどという大望はなかったし、一〇キロなら少なくとも最後尾の集団でW80やM90の選手たちに混じっていられるだろうし、迷惑をかけかたり不快感を与えたりせずにすむはずだ、と。

いっぽうジョーは、自分の体験に基づいて助言をくれた。一〇〇〇〇ｍの選手権に向けて、自分を追い込んだこと。とくに二〇一四年の欧州選手権大会では、第二子を出産後、たったの数カ月で四〇歳の肉体をメダルを狙える体型に戻さなければならなかったこと。そこで、年齢をプラスに変えようと考えたこと。「若い頃は、これとこれとこれをやらなければ、と思っていました。その結果、結局ケガをして、二年半も棒に振ってしまった。でも四〇歳になったときには、自分に必要なものがわかっていた。だから、外に出て何キロも走るのではなく、インターバルを続けた。できるだけ回数を増やしてスピード練習を繰り返し、その後の二日間は、ゆっくりと走るだけの練習をしたの。そして、このルーティンをひたすら繰り返した。体幹を安定させるためのストレングスとコンディショニングは十分にやったけれど、脚に負担をかけすぎるリスクがあることはいっさいしなかった。そろそろ選手としての全盛期は終わりに近づいていることは自覚していたし、一キロ、四〇〇m、八〇〇mである程度のタイムを出せなければチャンスはないと経験上わかっていた。だからこそ、年齢がものを言ったのです。自分の身体の声に耳を傾け、トレーニングプログラムを組むのが上手くなっていたんです」

あなたも、もっと高いレベルで一〇キロを走りたければ、同じようなアプローチが必要でしょう、と彼女は言った。「何キロも走る必要はありません。でも、スピード練習は必須。そうしないと、一キロ走っただけで、もうバテてしまう。だから、主要なトレーニングを優先したら、あとは自分の身体の声に耳を傾け、リカバリーの時間をしっかりとってください」

ただし、スピード練習は適応できるものでなければならない。だから〝速すぎる〟と〝遅すぎる〟のあいだで、適切な目標タイムを設定する必要がある。「自分を伸ばさなくてはならない。でも、出し切ってしまうと、そのあと、自分が壊れてしまったような感覚におちいりますから。それに、定期的におこなうことが重要です。ランニングのフォームにつねに意識を向けていれば、脚から生み出されるパワーが増してくるはずです。そのあとは筋肉痛が多少あるかもしれないけれど、じきに、脚のバネが強くなっているのが実感できるはず」。

その後の数週間、私は彼女のアドバイスに従った。自宅からジョギングで一五分ほどのところに、早朝は誰もいない草原がある。荒れた牧草地のなだらかな斜面では、ときどき羊が放牧されている。牧草地の真ん中あたりからまっすぐに、草地が踏みならされた小道が頂上まで伸びている。正確に測ったことはないが、頂上まで四〇〇mほどだろう。途中には沼地や湿地のようなところもあり、走っていくと、頂上が近づくにつれ傾斜が厳しくなる。まともなアスリート（失礼、真剣に取り組んでいるアスリート）には向かないが、私には向いていた。地面の状態は（いまのところ）許容範囲だったし、私は時間をかけて、ハードに速く走る感覚を再認識していった。肺が休息を求めて悲鳴をあげてもリズムをキープし、緩やかな下り坂のジョギングをリカバリーに当てた。この方法にいっさい科学的エビデンスはなかったが、あれだけつらいのだから、きっと効果があるに違いない。そう考えた私は、二〇二二年の春から四〜五週間、いまの身体ならいけそうだと思えたときに、あの牧草地を走りつづけた。

それほど回数はこなせなかった。ほかにも用事があったし、脚に疲れが出て、自分にやさしくする必要があると感じる朝も多かった。でも、少なくとも後戻りはしなかった。ケガをせずに数カ月すごしていると、自分がどんどん強くなっているように思えた。そして、身体がふたたびハードに走りたがっているように思えた。以前より自信も感じられるようになった。舗装路に慣れる必要があったので、ロードランニングも少し取り入れたところ、膝が痛んだが、二四時間後にはその痛みがほぼ消えていたので驚いた。もしかすると、ついに事態が好転したのかもしれない。年齢が私から盗んでいったものを、少し取り戻せたのかもしれない。パワー、スピード、弾力性、回復力……かつて私をそこそこのランナーにしていたすべてを。

それから私は、スティーブ・ピーターズから「してはならない」と言われていたことを実行した。

当初は、誰かと競うつもりはなかった。アンジェラ・コプソンの記録をいくつか確認しようとネットで検索しただけだ。ところが、そうこうしているうちに、私は世界マスターズ陸上競技の世界記録リストを男女別・年齢別にすべて閲覧していた。国際大会に出たいのならトップの基準を知る必要があると、自分に言い聞かせた。「比較してはいけません」とピーターズからは釘を差されていたが、当然、私は比較した。そして一五分も経たないうちに、意気消沈して半べそをかいていた。たとえば、日本の岩永義次《いわながよしつぐ》が二〇二〇年一一月に樹立した一〇〇〇〇mのM60の世界記録は三三分三九秒五二。異次元のタイムに思えた。それに、ウガンダのオリンピック金メダリスト、ジョシュア・チェプテゲイなら、岩永の記録と、私がウィンブルドン・パークのトラックで走った一〇〇〇〇mのタイムの差よりも短いタイムで五〇〇〇mのレースを走れるだろう。岩永と私は、まったくべつのスポーツをしているようなものだった。

愕然とした私は、もう少し心穏やかでいられる比較対象を見つけようと、記録の閲覧を続けた。ところが、もっと大きい、もっと屈辱的な隔たりが見つかるばかりだった。諦めたときには、もはや手遅れだった。私はすっかり自信を喪失していた。そして、自分が高齢ランナーとして通用するのではないかという、とんでもない勘違いに、身もだえするほど恥ずかしくなった。高齢者の年齢区分別の世界記録の代表例（二〇二二年）のデータを見れば、あなたも似たようなことを感じるかもしれない。

種目においても年齢区分においても不完全なリストではあるが、このなかのいくつかの記録は、本書が読者の手元に届いている頃には塗り替えられているかもしれない。しかし、全体的な印象は明確だ。高齢アスリートたちのレベルは、これほど高いのだ。

私にとって、そしてほとんどのランナーにとって、これは目がくらむほどの高みであり、とても手が届かない。岩永やトミー・ヒューズ、あるいは一九九四年に樹立したM60の一〇〇mと二〇〇mの記録をいまだに破られていないイギリスの短距離走者ロン・テイラーの水準に近づけるだけのスポーツ科学は、太陽系には存在しないのだ。男性だけでなく女性も、年齢を問わず、レベルの高さには目を見張るものがある。こうしたデータを突きつけられれば、諦めたくもなるというものだ。

マスターズ陸上世界記録の代表例（2022 年）

M60（男性 60 ～ 64 歳）
100m：11 秒 70、200m：24 秒 00、400m：53 秒 88、800m：2 分 08 秒 56、1500m：4 分 24 秒 00、5000m：15 分 56 秒 41、10000m：33 分 39 秒 52、マラソン：2 時間 30 分 02 秒。

W60（女性 60 ～ 64 歳）
100m：13 秒 20、200m：27 秒 78、400m：1 分 04 秒 31、800m：2 分 31 秒 51、1500m：5 分 06 秒 65、5000m：17 分 59 秒 16、10000m：37 分 57 秒 95、マラソン：2 時間 52 分 13 秒。

M70（男性 70 ～ 74 歳）
100m：12 秒 77、200m：25 秒 75、400m：57 秒 26、800m：2 分 20 秒 52、1500m：4 分 52 秒 95、5000m：18 分 15 秒 53、10000m：38 分 04 秒 13、マラソン：2 時間 54 分 19 秒。

W70（女性 70 ～ 74 歳）
100m：14 秒 73、200m：31 秒 30、400m：1 分 12 秒 76、800m：2 分 50 秒 66、1500m：5 分 46 秒 9、5000m：20 分 56 秒 13、10000m：44 分 25 秒 14、マラソン：3 時間 28 分 46 秒。

M80（男性 80 ～ 84 歳）
100m：14 秒 35、200m：29 秒 54、400m：1 分 10 秒 01、800m：2 分 41 秒 59、1500m：5 分 30 秒 89、5000m：20 分 20 秒 01、10000m：42 分 39 秒 95、マラソン：3 時間 15 分 54。

W80（女性 80 ～ 84 歳）
100m：16 秒 26、200m：35 秒 34、400m：1 分 29 秒 84、800m：3 分 30 秒 41、1500m：6 分 52 秒 77、5000m：25 分 40 秒 14、10000m：51 分 46 秒 65、マラソン：4 時間 11 分 45 秒。

M90（男性 90 ～ 94 歳）
100m：16 秒 86、200m：36 秒 02、400m：1 分 29 秒 15、800m：3 分 34 秒 93、1500m：7 分 32 秒 95、5000m：29 分 59 秒 94、10000m：1 時間 2 分 48 秒 93、マラソン：5 時間 40 分 03 秒。

W90（女性 90 ～ 94 歳）
100 m：23 秒 15、200 m：55 秒 62、400 m：2 分 16 秒 19、800 m：5 分 01 秒 35、1500m：12 分 34 秒 67、5000m：54 分 46 秒 35、マラソン：7 時間 03 分 59 秒（10000m の W90 公式記録はないが、10 キロ競歩の世界記録は 1 時間 25 分 28 秒）。

そこで、私は諦めた。六二歳の私がマスターズの世界選手権に出場するのは、二二歳の私がオリンピックに出場するのと同じようなものだ。そんな夢は中年のファンタジーにすぎない。成長して、諦めた。それでいいじゃないか。

だが、それから一日も経たないうちに、考えを改めた。なんとしても、続けなければ。これまでの努力が無駄になってしまう。いずれにせよ、おとならしく分別臭い行動をとる必要はないのだ。人生が灰色になってしまうのは、夢見ることが少なすぎるからであって、多すぎるからではない。常識あるおとならしく数十年も振る舞っているうちに、人生がつまらなくなるのだ。私の場合、少なくともこうして空想に耽ったからこそ、目標ができたのだから。

そこで私は、自分に課したトレーニングのルーティンをこなしつづけた。なんの効果もないことに無駄な努力を費やしているだけではないかと、理性が異議を唱えることもあった。それも一理あるのだろう。でも、そんなふうに考えたら、どこにも到達できない。少なくとも、私はランニングのおかげで以前より健康になったし、加齢にともなう衰えに抵抗することもできている。そしてなにより私が切望していたのは、胸に希望の火を灯すことだった。そして、夢の実現にもう少し信頼を置くことだった。

第22章

走る勇気を奮い起こす

数週間がすぎた。私は情熱をもってというより、むしろ義務的に、年齢を加味した（おそらくは賢明であるはずの）トレーニングのルーティンを守った。そのうちに、疑念はまだ残っていたものの、回復力がついてきたことを実感するようになった。少なくとも、情けなくはなくなってきている、と。身体が強靭になってきたという実感はなかなかもてなかったし、レースに対して自信を覚えることもあれば悲観することもあった。それでも、一時的に後退することがあっても、絶望することはなくなり、トラブルがあっても切り抜けられるようになった。挫折があるからこそ、自分が強くなるように思えることもあった。

　これは予期せぬパラドックスだったが、意味があることに思えた。いま、自分が必要としているものが、よくわかるようになったのだ。それに、すべてのメニューをこなそうとしようものなら、とんでもない量になることもわかっていた——少し速めのジョグ、テンポ走、スピード練習、適切なウォームアップ、クロストレーニング、筋トレ、バランス・安定性・可動性のための各エクササイズ、瞬発力を高めるジャンプ、注意深く計画した食事、リハビリのための理学療法、そしてなにより休養と回復と睡眠に当てる時間をたっぷりとること。そして一週のあいだのそれをすべてこなすのは無理であることもわかっていた。ほかにも用事があったし、自分がそこそこ得意とする（記録を見れば〝そこそこ得意〟の範疇にも入らないのかもしれないが）趣味のために、仕事・家庭・地域社会における責任をないがしろにはできなかったからだ。

フィンランドの大会に向けてやる気になっていたので、練習メニューをすべてこなせていないのは、いいことではなかった。それでも、選手権大会に出場すると考えるだけで、思わぬ力が湧いてきた。こうなったら、いちばん大切なことに集中するしかない。教えてもらったトレーニング法を一貫して続けることはできなくても、三つの「より多く」を忘れないようにしろと自分に言い聞かせた。回復力・強度・持久力を強化するトレーニングに「より多く」の時間をかけるのだ。一度にすべてはできなくても、一部でいいから繰り返すことを心掛け、トレーニングを続けていった。スティーブ・ピーターズからの助言も忘れなかった。彼のトレーニング法を週に三回こなせば「じわじわと成長」するが、二回しかこなさなければ「弱くなる」と言われていたのだ。それに、ニック・ローダーの助言も胸に刻んだ。〝マスターズ陸上のルールその一は、ケガをしないこと。ルールその二は、ルールその一を忘れないこと〟だ。こうした助言を基盤にトレーニングの計画を立てたわけではなかったが、つねに意識していれば、上達のための枠組みができるような気がした。

さらに、もっと重要なことも忘れずに念頭に置くようにした。「期待外れに終わる」ことが、いまでは私のランニングライフの基盤をなし、当たり前になっていた。それを否定したり、自分には欠点などないと偽ったりしても、意味はない。私は自分が理想とするランナーではないし、今後も、そうなることはけっしてないだろう。これはもちろん、すべてのマスターズ・ランナーに当てはまることだ。無限の可能性があった日々はすぎさった。成功している高齢のアスリートは、誰もが現実と折り合いをつけている。

彼らは完璧を求めるのではなく、ダメージを最小限に抑えることだけを考えている。

この事実が身に沁みた。マスターズの選手たちから、これほど長期にわたって話を聞いてきたのだから、さすがに私も気がついたのだ。すると、ほかの事実とも自分が折り合いをつけられていることがわかってきた。人生は山あり谷ありだ。大半のトラブルは自分の手に負えない。そして、トラブルは悪化する傾向がある。だから、自分の弱さを直視して、強くなるしかないのだ。そして、ジョン・ケストン（イギリス系アメリカ人の俳優、作家、歌手、そしてマスターズ・ランナーの記録保持者で、二〇二二年に九七歳で亡くなった）が表現した「動きつづけ、人々に親切にする」という不朽の教えを実践していかなければ。

こうしたことを理解するのに、えらく時間がかかったものだと、われながら呆れた。なぜなら、こうした事実は高齢者ランニングの核をなしているからだ。マスターズのアスリートはみな、なんらかの故障を抱えている。私がこれまで羨望のまなざしを送っていた、チャンピオンとなった高齢の超スーパーランナーたちでさえ、年齢との闘いに敗れ、生理学的な衰えを実感し、ときには残酷な仕打ちを受け、辛酸をなめてきたのだ。彼らの最大の勝利は、それでもくじけずにいることだ。

「スタートラインに立つだけでも、ある種の奇跡なんだよ」と、アメリカのジャーナリストでブロガーのケン・ストーンは、マスターズの魅力について語った。「離婚、死別、病気、キャリアの終わりといったものを、誰もが経験している。それに、経済的な打撃を受けたこともあっただろう。だからこそ、彼らには人間的な厚みがある」。私も同じような結論に達し、遅まきながら自分なりの教訓を得ていた。ランナーとして、自分はこれまで少なからず葛藤してきたが、本当に考えるべきなのは、ランニングがどれほど大変であるかということではなく、自分がどれほど恵まれているかだ――いまだに走ることができて、いまだにもがいていられるのだから。そして、このスポーツの最高峰の人たちについて羨望すべきなのは、彼らの運動能力ではなく、その勇気と気概なのだ。

高齢ランナーの偉人たちのなかには、私のようなランナーの苦悩や自己憐憫が滑稽に思えるほどの試練や悲劇を乗り越えてきた人たちがいる。とても耐えられそうにない苦境に、彼らは耐えてきた。そしてメダル獲得や記録樹立といった成績だけではなく、むしろそうした背景をもっているからこそ、彼らはスポーツの巨人として崇拝されているのだろう。

二〇一八年に九九歳で亡くなったジョン・ギルモアは、その代表的な人物だ。第二次世界大戦末期、西オーストラリアのフリーマントルで下船したとき、彼は二六歳の伍長で、船から降りる際に人の手を借りなければならなかった。日本からの長時間に渡る航海で体重は一キロほど増えてはいたものの、体重が四〇キロほどしかなかったのだ。栄養失調で視力に受けたダメージは一生続いた。このときの自分にとって幸いしたのは、息子の変わりはてた姿を目の当たりにした母親の表情を、この目で見ずにすんだことだ、と彼は述懐した。

戦前、工場で働いていたギルモアは、西オーストラリア州屈指の長距離ランナーで、より高いレベルで競技することを夢見ていた。しかし、シンガポールと日本での三年間の捕虜生活と奴隷労働（シンガポールの悪名高いチャンギ刑務所での一五カ月を含む）により、身体はボロボロになった。それでも、魂には傷がついていなかった。

いつかまたきっと、ちゃんと走れるようになるだろう。その一心で彼は捕虜生活に耐えた。帰国後は入院生活を経て、ふたたび走りはじめた。主治医は反対したが、ギルモアは自分の力を信じるようになっていた。なんとしても、走らなくては。視力は限られていたものの、一年もたたないうちに、西オーストラリア州の一〇マイル・ロードレース選手権大会で優勝した。オリンピックの代表選手になるには遅すぎたが、彼はランニングを続け、徐々に力を取り戻し、一九五六年にランニングシューズを脱ぐまで、さらにいくつかの地域や国内のタイトルを獲得した。彼は三七歳になっていて、家庭をもち、病院の庭師としてフルタイムの仕事をしていた。陸上競技に費やす時間はあまりなく、多忙な日々のなか、地元でクラブを立ち上げ、そこで若い選手の指導にあたった。

そして一九六二年、地元のパースでコモンウェルス・ゲームが開催された。その胸躍る光景を見ているうちに、競争心に火が付いた。そこで、オーストラリア選手権大会で州代表となるマラソン・チーム入りをめざすことにした。タイムは標準を上回っていたが、彼は選ばれなかった——どうやら、四三歳という年齢がネックになったらしい。数年後、友人からマスターズ陸上競技を紹介されたとき、彼は喜び勇んでその世界に飛び込んだ。彼にはまだ、スポーツの世界でやり残したことがあったのだ。

彼のマスターズでのキャリアは半世紀近くに及んだ。一九七一年七月、デイヴィッド・ペインが初めてサンディエゴで開催したUSマスターズ選手権に参加するオーストラリア人の少人数の代表選手に選ばれ、そこで初めてふたつの世界記録を樹立した。二〇一六年にパースで開催された世界マスターズ陸上競技選手権大会で最後のレースを走るまでに、彼はマスターズのさまざまな年齢区分で一〇〇を超える世界記録を樹立し、マスターズ陸上競技を盛り上げた立役者として国際的に称賛された。彼は、二〇以上のマラソンを含む一〇〇〇を超えるレースに出場したと概算している。彼の偉業には、五九歳で二時間三八分一九秒のマラソン記録（オリンピック代表選手に選ばれるにふさわしいタイムだった）、七〇歳で三八分四九秒二五の一〇〇〇〇m記録などがある。しかし彼は、最終的に日本とシンガポールの両国に戻り、マスターズの選手として競技に出場したことでも尊敬を集めた。「日本のベテラン選手たちが、自分の成績は気にせず、熱心に私の応援をしてくれた」と、彼は熱く語った。

思い出してもらいたい。彼はこれらの偉業を、視野が欠けた視力でなしとげたのだ。そして、五〇代を優に超えても、週に一六〇キロほどを走るトレーニングをやめなかった。競技でもトレーニングでも、何度も転倒した。「ちゃんと見えないいんだから、ランニングでは間違いなくハンディキャップになる。でも、自分にこう言い聞かせた。『立ちあがれ、ギルモア。あれだけのことを耐えてきたんだから、レースを走ることくらい、なんでもない』とね」

だが、転倒する回数は増えていった。一九八〇年代初頭には交通事故で重傷を負い、二〇〇一年には犬に襲われた。それに、戦時中の拷問と飢餓の後遺症を完全に癒すことはできなかった。しかし、彼はけっして愚痴をこぼさなかった。ただ立ちあがり、ふたたび走りはじめた。

二〇〇五年、彼はついに陸上競技から引退した。病気の妻アルマの看病のためだ。彼は、これまでずっとスポーツの旅路を続けてはきたが、「ランニングより彼女のことを大切に思っていた」ことを伝えたいのだと語った。しかし、アルマは二〇一二年に亡くなり、二〇一六年の世界マスターズ陸上競技選手権大会がパースで開催されることが決まると、ギルモアはまたもう少し走ってみようという気になった。

大会が開催されたとき、彼は九七歳で、ほとんど目が見えなくなっていた。そこで一周八〇mの自宅の庭を走るか、裏庭に作った柔らかい土のトラックを二五mずつ折り返して走るかして、一日に二〜三キロは走るようにした。「まだ、燃え尽きてはいない」と彼は言った。「自分の身体の声に耳を傾けるのではなく、他人の声に耳を傾けるから、バーンアウトするんだ。だが、言い訳を探すようになったら、燃え尽きているんだろうね」

彼は最後の二レースを、左脚に人工膀胱《ストーマ》を装着して走った。最初の八〇〇mでは九分一九秒九三。最後のレースとなった一五〇〇mは一九分三五秒九五。いずれのレースでも金メダルを獲得したM95の唯一の選手だった。いずれのレースも、一緒に走ったのはM90の選手だった。八〇〇mではルーマニアのドゥミトル・ラドゥ、一五〇〇mでは中国のジョン・ワンである。そしていずれも、背筋がゾクゾクするようなスタンディングオベーションを浴びながらゴールした。

「これは陸上競技ではない」と、レース後にディレクターのアラン・ベルは言った。「むしろ、人間の精神の見本だ」。だが、私は彼が間違っていたと思う。ギルモアの不屈の精神は、その走力があってこそだ。アスリートとして肉体の限界に屈しない姿勢は、絶望を断固として拒否する力強さの源だ。ランニングを通じて、彼はいっそう果敢になったのである。

アイダ・キーリングのストーリーにも、ランニングへの挑戦と生き延びる努力の相互作用を通じて、不屈の精神の持ち主となったプロセスがよくあらわれている。彼女の人生をスポーツの観点のみから語るのであれば、そう長くはかからない。彼女は人生の終盤で、アメリカの短距離走者としてW90、W95、W100の世界記録を樹立した。いずれも、各年齢区分における女性初の公式記録でもあった。二〇二一年八月、彼女は一〇六歳でこの世を去った。以上。

だが、彼女のストーリーを理解するには、トラックで活躍する前の数十年に渡る苦悩と喪失について知る必要がある。

アイダ・キーリングは一九一五年五月、移民（バージン諸島出身）の両親のもとで八人きょうだいの二番目として生まれ、ヘルズ・キッチンとして知られる悪名高いマンハッタンのスラム街で育った。大恐慌の直前に強制退去の処分を受け、残された財産となった小さな食料品店の奥の部屋で、家族一〇人全員で暮らすことになった。だが、のちに店も失った。同じ頃、アイダの母親が亡くなり、まだ一〇代のアイダが弟や妹たちの面倒を見ることになった。自己研鑽に努めなければならないとわかっていたので、近くのチェルシー地区にあるテキスタイル高校でしばらく勉強したが、経済的余裕がなくなり、卒業することはできなかった。

それからの五〇年間は下働きの連続で、たいていは縫製工場で不満も言わずに働いた。しかし、試練は続いた。最初の婚約者は既婚者であることが判明した。そして、その事実を知る前に、彼とのあいだに二人の息子を授かっていた。その後は息子たちとホームレス・シェルターで一年近く暮らしたこともあった。二度目の結婚生活は、夫のアルコール依存症によって惨憺たるものとなった。離婚を目前に控えていたとき、当の夫が四二歳で急死した。アイダは三八歳で、二人の息子と二人の娘がいた。生活費を稼ぐため、彼女は子ども三人を連れて、ハーレム中心部の寝室が一部屋しかない公営住宅に引っ越したが、そこはギャングの巣窟で、暴力が日常茶飯事だった。そして一九六〇年代からはドラッグでも悪名高い場所となった。長男のドナルドは海軍でドラッグにハマり、子どもをつくり、無能な父親となり、アイダを悩ませた。やがて次男のチャールズも似たような道をたどりはじめた。しかし、娘のローラとシェリーはアイダのもとに残った。アイダは娘たちを支えるために、自動車局、ハーレム病院、さまざまなレストランや工場など、複数の仕事を掛け持ちした。一九六〇年代から一九七〇年代にかけては、たいていふたつ以上の仕事を続けていた。当時のニューヨークには、貧しい黒人女性が高給を得られる仕事などなかったのだ。世間を知れば知るほど、アイダは社会の不平等を実感するようになった。一九六三年八月、彼女はワシントンDCのリンカーン記念堂前で、マーティン・ルーサー・キング牧師のあの有名な演説を聞いた二五万人のデモ行進者のひとりになった。だが、ふだんは仕事と家庭に忙殺され、変革を夢見る時間さえないに等しかった。それでも、娘たちはしっかりと自立した——次女のシェリーは弁護士になり、陸上競技のコーチも務めるようになった。そしてアイダは一九七七年、ついに六二歳で仕事を辞めた。ようやくこれで苦労とストレスだらけの生活が終わるはず。彼女にはそう思えた。

だが、そうはならなかった。一九七八年、長男のドナルドが殺された。アパートの階段で、首を吊った状態で発見されたのだ。どうやら麻薬取引がらみの報復を受けたようだった。そして一九八〇年の末には、次男のチャールズも野球のバットで殴り殺された。兄と同様、弟もまたドラッグを取引するギャングの世界に深く足を踏み入れていたのである。

「止《とど》めを刺されました」と、身の上話を語っていたアイダは、息子たちの死に触れると、そう言った。「深い穴に落ち込んで、そのまま、這いあがれなくなりました……」

「母のなかから、光が消えてしまったようでした」と、シェリーが当時を振り返った。アイダはどんどん太っていった。血圧が急上昇し、二年間、ほとんど外出せず、自宅でぼんやりとテレビドラマを見てすごした。「オートミールのボウルのなかで身動きできなくなっているような感じでした」と、アイダはのちに書いている。「手を伸ばしてテレビのチャンネルを変えるのが精一杯でした」と。

しかし、彼女の人生はまだ終わっていなかった。一九八二年九月のある日、シェリーが訪ねてきた。母親がダメになっていくのを見ていることに、これ以上、耐えられなかったのだ。そこで彼女は「クロスカントリーのレースに一緒に行ってほしいの」と、母親に頼んだ。その数年前から、シェリーは熱心に走るようになっていたのだ。いいわ、そこに行って応援すればいいのね、とアイダが応じた。すると、シェリーが言った。「そうじゃない。私と一緒に走ってほしいのよ」

シェリーが出場しようと思っていたのは、数日後にブルックリンで開催される五キロの「ミニ・ラン」だった。あまりにも突飛な誘いだったので、アイダは逆らう気にもなれなかった。そしてレース当日を迎えたとき、「ランニングシューズをもっていない」という言い訳を思いついた。ところがシェリーは、平然とバッグからランニングシューズを出してきた。シューズを履いたアイダは、私の足には幅が狭すぎると文句を言った。するとシェリーが、またべつのシューズを出してきた。

こうして、悲嘆に暮れる毎日を送っていた六七歳の女性は、言い訳も尽きてしまい、二〇〇人のランナーとともにスタートラインに立ち、生まれて初めてのレースを走りはじめた。どう見ても、アイダが最年長で、ほどなくほかのランナーに引き離され、ひとりで最後尾を進むことになった。「ちっぽけなタグボート」になったような気分だったと、彼女は振り返った。

レースを途中棄権しようと考えはじめたとき、ふと、「もしかすると、これって、私にとっていいことなのかも」と思い直した。そこで彼女は、のろのろと前進を続けた。すると、いま必死になって走っている自分と、みじめに暗い毎日を送っている自分とがあまりにもかけ離れていることに気づいた。「あんな生活から抜けださなくちゃ。あんな生活から抜けださなくちゃ」。そう、自分に繰り返し言い聞かせていると――のちにシェリーに語ったところによれば――抜けだせなかった穴から這いだせたような気がした。「長いあいだ水をやっていなかった植物に、誰かが水やりをしてくれたような気がしたんです」。ようやくゴールにたどり着いたときには、「生まれ変わったような気がしました。自由になったっていうのか。頭のなかから悩みが消えていました」と、アイダは語った。

しばらくすると、また走ってみようという気になった。そして、いつしかランニングを始めていた。ランニングクラブにも入会した。走るたびにリラックスし、気持ちが上向くのがわかった。つまり、彼女は自分がランナーであることを発見したのである。このアイデンティティの変化がなければ、「私はじきに死んでいたか、生きていても意味がないほど生活の質が落ちていたでしょう」と、彼女はのちに書いている。ほどなく、アイダは立ち直った。そして時間が経つにつれ、生き延びた家族である娘二人は、母親のなかに光が戻ってきたのを感じるようになった。

当時の彼女は、チャンピオンとはほど遠かった。私たちと同じように、悩みから逃げだそうとして走っている、ただのロードランナーだったのだ。しかし、彼女の人生はまだ前進を続けていた。一九九五年、八〇歳になった彼女は、ニューヨーク州バッファローで開催された世界マスターズ陸上競技選手権大会に出場してトラックを走ってみないか、と誘われた。八〇〇mを走った彼女は優勝こそ逃したものの、大会での経験がとても気に入った。その後、彼女はトラック選手になり、短距離を走るのが大好きであることに気づいた。「できるだけ速く走りたいと思うようになったの」

ひたすら練習に励み、徐々にタイムを縮めていった。二〇〇八年、シェリーは母親を連れてフランスのクレルモン・フェランで開催された世界マスターズゲームズに参加した。シェリー自身は四〇〇mにW55

で出場し、当時九二歳だったアイダは六〇mに出場するよう説得された。彼女は三一秒八二で優勝し、この距離で史上初のW90世界記録を打ち立てた。

住まいに関していえば、アイダはハーレムを離れ、最初はクイーンズに、次いでブロンクスに移り住み、そこで二〇年近くほとんどひとりで暮らしていた。しかし、孤独な生活とは無縁で、彼女はちょっとした有名人となり、誕生日を迎えるたびに彼女の偉業に対する世間の関心は高まっていった。二〇一一年、マンハッタンにあるニューヨークのアーモリー陸上競技場で、彼女はまた六〇mの世界新記録を樹立した。タイムは二九秒八六。なんと、前回の記録を自身で縮めたのである。しかし、いずれにせよ、彼女はこの距離で公式記録を残した最初のW95になった。その約一年後、九七歳になった彼女は、USATF東部地区大会で一〇〇m五一秒八五のW95世界新記録を樹立した。その二年後、二〇一四年にオハイオ州アクロンで開催されたゲイ・ゲームズでは同じ距離を少し遅く、五九秒八〇で走った。それでも、このタイムは九九歳の女性としては最速であり、また唯一の記録でもあった。

こうした成績を残すたびに、メディアは新たな関心を寄せ、一〇〇歳を迎える頃には、アイダは全国的な有名人になっていた。ネットワーク局はトーク番組にゲストとして呼びたがり、二〇一六年の大統領選でヒラリー・クリントンの勝利が予想された記念として、ABCがアメリカでもっとも称賛される女性著名人たちのコメントを撮影したとき、ずっと民主党党員だったアイダもそのひとりに選ばれた（結局、ヒラリーは大統領選に敗れたが）。

その年の初め、一〇一歳の誕生日を目前に控えたアイダは、フィラデルフィアで開催されたペン・リレー大会で四万四四六九人の観客の前でレースに臨んだ。その一〇〇mのレースには、ほかにもさまざまな年齢層の選手がいたし、男性も女性もいた。そして、彼女は最後尾でフィニッシュした。タイムは一分一七秒三三。だが、彼女に贈られた拍手は耳を弄するばかりで、まるで彼女がその拍手に背中を押されて走っているように感じられた。その後、彼女はトラック上で腕立て伏せをしてみせて、ファンを喜ばせた。そして、女性一〇〇歳の腕立て伏せの世界記録保持者となったのである。

私が初めて会ったとき、アイダは一〇五歳だった。そのはつらつとした印象に、驚くばかりだった。頬はすべすべしていて、首は引き締まっていた。身長は約一三七センチ、体重は約三八キロと小柄だが、背筋を伸ばして立っていて、しゃんとしていた。垂れた耳たぶや、ふしくれだった静脈が浮きでた手、深い皺の寄った額からは、きわめて高齢であることがうかがえたが、公の場所に登場した彼女は、健康そのものの中年の輝きを放っていた。声は深くハスキーで、豊かな白髪がカールしている。そしてなにより、明るい大きな笑顔に魅了された。「毎朝、お祈りをしているのよ」と、彼女は言った。

目的さえあれば、人間はたいていのことに耐えられると、よく言われる。高齢になってからのアイダにとって、その目的は元気ですごすことだった。朝、起床したときから、きょうも元気にすごそうと考えている。そして複雑な動きを組み合わせたストレッチをして、身体を目覚めさせてから、ベッドを出る。「この世に生まれたときは、誰だって、手足をばたばたと動かすでしょ。だから、それを続ければいいの。赤ちゃんにできるのなら、私にだってできるはず」

着替えを済ませると、トレーニングのほとんどをエクササイズバイクでおこなうか、テラスを行ったり来たりする。ただし、フェンスに手が届く範囲にかならずいるよう、意識している（行ったり来たりする際には、前向きで走るのと後ろ向きで走るのを交互におこなうことで、ハムストリングスと大腿四頭筋の両方を強化している)。それから、筋力とバランス能力のためのエクササイズとして、腕立て伏せ、逆向きプランク、スクワット(片脚でおこなう)、骨と筋肉に衝撃を与えて抵抗力をつけるためのジャンプなどをおこなう。スクワットとジャンプに関しては、シェリーがこう説明した。「バランスを崩したときに、いつでも身体を支えられるように、手が届く範囲につかまれる物があるようにしています」

健康維持のために、彼女が続けている努力からは、学ぶべきことが多い。「したいことではなく、すべきことをする」というのが、彼女のモットーだ。いつも朝食をたくさん食べる——プルーンとオーツ麦が好物だ——が、夕食はそれほど食べない。しかし、午前中に、ヘネシーのコニャックをひと口飲むのはやぶさかではない。二〇一八年に回顧録『私は屈しない(Can't Nothing Bring Me Down)』(未訳)を刊行したあと、彼女はいっそうメディアの注目を浴びるようになった。そして、高齢者エクササイズの利点を雄弁に語り、その伝道者として熱狂的な支持を得た。「運動は世界で最高のものです」と、彼女は熱弁した。「私はいつも決然とした人間で、人に負けたり、押さえつけられたりしません。でも、ランニングは素晴らしい。ランニングは私の財産です。以前よりもずっと強くなれたのですから」

着目すべきは、彼女がほとんどじっとしていないことだ。座っているときでさえ、落ち着きなく足を動かし、すべての関節と筋肉を活性化させている。「動いているか、眠っているかなんですよ」と、シェリーは言った。

しかし、そのアイダでさえ不死身ではなかった。一〇一歳のときに、転倒して右大腿骨を骨折した。だが、回復は早かった。手術から三週間後には歩行器を使って自宅に戻り、三カ月も経たないうちに自身の一〇二歳の誕生日を祝うパーティー会場のダンスフロアでツイストができるようになった。それでも、以前と同じ体力を取り戻すことはできなかった。娘として、またコーチとして、アイダの健康状態を見守ってきたシェリーによれば、これが超高齢者につきまとう問題だという。「一〇〇歳を超えると、一年が、犬にとっての一年に相当するようになるんです」

アイダが最後に出場したレースは、二〇一八年二月二五日、アーモリー陸上競技場で開催されたインペリアル・デイド・トラック・クラシックの女子オープン六〇mで、四人中四位だった。最初の三人には五〇秒近い差をつけられ、一〇二歳のアイダはパワーウォーキングをするのが精一杯で、最後の三分の一ではかなり疲れているように見えた。そしてまた、彼女はほかの三人の完走者の年齢を合計した数の二倍に相当する年齢だった。それでも、予想通り、彼女は世界記録を樹立した。この一〇年で六度目、そして、これが最後の記録となった。

彼女のレースは終わりに近づいている。でも、ひとつだけ残っているものがある。アイダの救済された人生だ。もう二度と、絶望と無気力に屈することはない。「ランニングは私を奮い立たせてくれました」と、彼女は言う。「人はあっという間に老いてしまう。でも、それを決めるのは自分自身。だから、年齢に屈してはならないの。自分の身体なんだから、自分で大切にしないと。前を向いて、やるしかない。頭も心も、強くしなければ。年齢なんか、置いてけぼりにしてやるのよ」

これに匹敵するストーリーは、ほかの大勢の長寿ランナーの人生にも見ることができる。なかでも一〇〇歳アスリートとして有名なファウジャ・シンのストーリーには感銘を受けるだろう。このインド系イギリス人のシーク教徒ランナーは、娘、妻、息子を相次いで亡くしたあと、八〇代後半で走ることに慰めを見いだした。八九歳で初めてマラソン大会に出場し、一〇一歳で最後の大会に出場した。どの大会でも幽玄な笑みを浮かべていて、「神と話しながら走るんだ」と、彼は説明した。マラソンではエド・ウィットロックが七〇歳で初めて三時間を切ったのと同じ大会、スコシア・トロント・ウォーターフロント・マラソン（二〇〇三年）に九二歳で出場し、五時間四〇分〇三秒で完走し（ランナーズ・ワールド誌はこの日を「マラソン史上、もっとも偉大な日」と呼んだ）、一〇一歳で出場したロンドン・マラソンでは七時間四九分二一秒など、世界記録を次々と樹立した。一〇五歳で五キロのパークラン（五六分五五秒）を走り、一〇八歳になっても一日八キロほどを歩いていた。

もうひとり、高齢ランナーとして回復力を示したレジェンドには、二〇一〇年に結婚六八年目にして亡くなった妻メアリーを偲び、山岳レースに参加し続けているアメリカ人のジョージ・A・エッツヴァイラーが挙げられる。ペンシルベニア州ステートカレッジ在住の元エンジニアのエッツヴァイラーは、九九歳になるまで、上り坂だけのマウント・ワシントン・ロードレースの常連だった。そして一〇一歳のときにトッシー・マウンテンバイク五〇マイル〔約八〇キロ〕リレーで約六キロの距離を走った。なぜか？なぜなら、やめるのは諦めることだからだ――それに、メアリーを手放すような気がするからだ。

そのようなランナーが人生の苦悩と折り合いをつけるうえで、ランニングは役立っているのだろうか？間違いない。では、そうした苦悩がランニングの助けになるのか？　それを立証するのはむずかしい。とはいえ、人生からそれほど大きなボディーブローを食らわずに九〇代、あるいはそれ以上まで生き延びる人はほとんどいない。

エレナ・パグは二人の夫に先立たれた。オルガ・コテルコは長女より長生きしたし、一〇人きょうだいの誰よりも長生きした。ときには、苦悩の程度が不釣り合いであったり、苦悩にさいなまれるのが時期尚早であったりすることもある。イギリスのM95の短距離走者、ダルビール・シン・デオルは、インド・パキスタンの分断独立の余波を受けて一九四七年に起こった虐殺事件で両親を喪った。そのいっぽうで、アメリカの一〇〇歳のスーパースター、ドナルド・ペルマンやジュリア・〝ハリケーン〟・ホーキンスらは、おおむね穏やかな人生を謳歌したように見える——世界大戦の時期を除けば。だが双方とも、生涯を共にした大切な配偶者を最終的に喪っている。

しかし、痛みや喪失と折り合いをつける手助けとしてのランニングの役割は、もっと普遍的なものだ。毎年、もっとも過酷なランニングの挑戦を、亡くなった友人や親戚の思い出と明確に結びつけている何万人という一般のランナーがいるのだから。大都市のマラソンであろうと、カウチポテト族の初めての五キロ走であろうと、ウルトラランナーのチャンピオンが世界を半周するクレイジーな冒険であろうと、私たちは「〇〇さんを偲んで」とか「〇〇を支援するために」とか言って走る。それによって多額の寄付金を募れたとしても、資金集めは走る目的の一部にすぎない。癒しは走るという行為そのものから生じる。努力、汗、みずから選んだ痛み。病気、死、防ぎようのない大災害など、人生で大きな一撃を食らうと、私たちは本質的に無力であることを痛感する。しかし、走ることで、私たちはなんらかの行動——反撃をしているのだ。その挑戦に、肉体的苦痛という、これまで想像もしなかった障壁を突破することが求められるならば、結果として事態はよくなるはずだ。

ロジャー・ロビンソンが指摘するように、これは自分でコントロールする力を取り戻す方法としてスポーツを利用しているのであり、けっして現代だけの現象ではない。古代ミケーネ時代のギリシャ人は、葬儀の儀式として競技をおこなっていた。「最古の運動競技の記録は、すべて葬送競技の記録です」と、彼は説明する。ホメロスの『イリアス』第二三歌で説明されている葬送競技が、現存する最古の組織化された徒競走に関する記述であるそうだ。戦友パトロクロスを弔《とむら》うことを目的としたこの徒競走で勝利をおさめたのは、まさに戦場の老練な兵士、〝老オデュッセウス〟であった。

M50の一〇キロのロードとクロスカントリーの元世界チャンピオンであるロビンソンはまた、前述の著書『ランニングが歴史を作ったとき（When Running Made History）』で、自信のランニングの贖《あがな》いの経験についても述べている。たとえば、二〇〇一年のアメリカ同時多発テロ事件、二〇一三年のボストン・マラソン爆弾テロ事件のあとも、彼はランニングを続けた。私と同様、彼もまたランニングが死と深いレベルでつながっていると、直観的に考えている。遺族が死と折り合いをつけ、「悲嘆を表現し、生きつづけることを肯定する」うえで、ランニングには音楽や詩と同じようなカタルシス効果があると信じているのだ。

フィンランドのスポーツ心理学者ノーラ・ロンカイネンは、ランナーは自分の〝有限性〟に対する意識が高いと考えている。「私はまだ三六歳ですが、すでに走るスピードが落ちています。つまり、非常に若い年齢で、ピークをすぎてしまうのです。アスリートにとって、これは死の象徴に等しい。だから私たちは、一般的な人が三〇代では対処しないようなことに対処しなければならないのです」

有限性をもたらすのは、死だけではない。もっとも大きな打撃は、そのクーデターの数年前にもたらされることがある。捕虜となったジョン・ギルモアは二〇代で人間の残酷さに虐げられた。イギリスの冒険家アレックス・フリンは、若年性パーキンソン病と診断されたとき、三六歳の弁護士だった。その後、二〇二一年に亡くなるまでの一三年間、フリンは一〇〇〇万mに相当する距離を走ったり、歩いたり、登ったり、サイクリングしたり、カヤックをしたりした。そのなかには、二五〇キロのマラソン・デ・セーブル、約五二〇〇キロのアメリカ横断、バイエルン・アルプスでの一六〇マイル走〔約二五〇キロ〕が含まれる。さらにイギリスで初めてのロックダウン中には、「階段垂直《バーティカル》マラソン」にも参加し、七日半にわたってオックスフォードシャー州ワンテージにある自宅の階段を三五一六段も上り下りした。その理由は？　パーキンソン病の研究のために一〇〇万ポンド以上の寄付を募るためでもある。と同時に、ヒーローになると決意を固めていたからでもある。人生は、その意志を彼から奪うことはできなかったのだ。

ダメージを免れられる人間はいないが、救済策は大半の人に用意されている。私の友人であるディヴィッド・ヒーリーは、一〇代のときに視力がほとんどなくなり、エリートの中距離ランナーになる望みを絶たれたが、その後四〇年間で、数十万ポンドもの寄付金を集めた。同世代でもっともタフなウルトラランナーである偉大なニッキー・スピンクスも、がんの診断を受けたあと、長距離の山岳レースで次々と記録を塗り替えた。

そんなことをしたって無駄だろ。そう受け流すこともできる。私たちがいくらスポーツで努力したところで、死や老化という人間の運命はなんら変わるわけではない。それでも、なにもしないよりはましだ。人生から残酷な仕打ちを受ける確率は、年々、高くなる。それでも、果敢に挑むのが最善の対応策であることに変わりはない。そして、あなたの脚が動きつづけるかぎり、ランニングをしているときには自然に、かつ効果的に、そのための気概が湧きあがってくるのだ。

第23章 「イエス・イズ・モア」

ポーランド南西部の小さな工業都市シュフィドニツァで、私は五〇歳も年上のランナーに会った。彼はスポーツ科学やトレーニング法には関心がないようだったし、そもそも、ランニングに関する技術的なことは気にしていないようだ。トラックとフィールドにおける世界最高齢の競技ランナーというささやかな名声を楽しみながら、ただ気が向いたときに走っているだけだ。

彼の名前はスタニスワフ・コワルスキー。その一一〇歳の誕生日の前日に、私は彼が暮らす小さなアパートメントを訪ねた。共産主義時代に建てられた灰色の高層住宅の一室で、彼は八一歳になる娘のレジーナと暮らしていた。彼はすでに存命中のポーランド最高齢、そして史上最高齢の男性であり、ヨーロッパ最高齢の称号に近づいていた。だが、私が聞きたかったのは、彼の短距離選手としての人生だった。

私が話を聞いた頃には、彼はもうあまり走らなくなっていた。一五年ほど前から墓地で彼がくるのを待っている亡き妻ウワディスワハの墓参に毎日通う途中で、気が向いたらちょっと走る程度だ。しかし、彼が世界記録を樹立しはじめたのは、ほんの数年前のことだった。最後のいくつかの記録は、彼のために特別に設けられたM105という年齢区分で樹立したものだ。円盤投と砲丸投の記録には議論の余地があった。彼はただ、円盤や砲丸を手にとって、それを目の前に数十センチ、放ればいいだけだったからだ。

でも、彼の一〇〇mの記録は、真剣な努力の賜物だった。しかも、日本のM100の年齢区分で有名な短距離走者、宮崎秀吉《みやざきひできち》（愛称「ゴールデンボルト」）が数週間後にコワルスキーと同じカテゴリーに入ったときには、それより八秒近く遅かったのだから。そもそも、私の知人の六〇代には、一〇〇mで三五秒を切るのに苦労する人もいる。

私を出迎えてくれた小柄で骨ばった男性はきちんとした身なりをしており、黒っぽい濃い眉毛とふさふさした白髪の持ち主で、よく笑みを浮かべる口元にはそれほど多くの歯が残っていないようだった。とても一一〇歳になる男性には見えないというのが、第一印象だった。握手をした手には力がこもっているし、頬はすべすべしているし、茶色の瞳は澄んでいる。ただ、骨ばった鳥のような体格だけが、年齢の高さを物語っていた。さらに、しげしげと観察したところ、筋肉は縮んでいたし、太腿や胸の筋肉が盛りあがっているのではなく、服の上からでも膝頭と胸骨のでっぱりがわかった。レジーナの話によれば、ここ数年でだいぶ身体全体が小さくなったという。

それでも、彼はいかにも健康そうな輝きを放っていた。それはおそらく、レジーナの献身的な世話のおかげもあるのだろう。彼女は父親のために料理をし、掃除をし、彼がケガをしないようにできるだけ目を光らせている。そのおかげでスタニスワフは甘やかされたティーンエイジャーのような特権を謳歌し、娘の気遣いを楽しんでいた。レジーナは父親の部屋に入ることを禁じられていた。彼は毎食、自分の好きなように食事をとりたかったのだ（「残り物は食べない。野菜は、その日、採れたてのものにかぎる」）。そして、ほぼ毎日、外出している。ただ、ふらっと出ていってしまうのだ。娘から強く言われているにもかかわらず、杖をもたずに出かけるのだ。それに、外出先も告げないし、いつ帰宅するかもわからない。

レジーナは、そうした父親のやり方に寛容になることを学んだ。というより、少なくとも、父親を変えるのは無理だと諦めたのだ。いずれにしろ、父親がどこに出かけているかは、だいたいわかっていた。十中八九、墓地の亡き妻のところに行っているのだ。妻と七〇年も一緒に暮らしていたというのに、彼はまだ喪失を乗り越えられずにいた。「まるで魂が奪われてしまったようです」と、彼は私の腕をつかんで言った。「それは素晴らしい女性でした。善人で、物静かで、とても上品な女性でした。よくキスをしたものです。妻がいなくなって、寂しくてたまりません」

彼はすでに、妻と一緒に入る予定の墓石に自分の名前と生年月日を刻んでいた。そして、あまりにも頻繁に墓参していたので、もし、彼の姿を墓地で見かけなくなったら、やはりよく同じ墓場を訪れる人たちは、彼の墓石に亡くなった日が刻まれているかどうか、確認するだろう。その市営墓地はレジーナのアパートメントから二キロと少しのところにあった。彼はその距離を徒歩で移動した。最近はほぼ歩くだけだが、ときおり、走ることもあった。

できれば一緒に少し走ってもらえませんかと、彼を説得したいと考えていたが、彼にはべつのプランがあった。あなたに訪ねていただいて光栄です、ぜひ乾杯しましょうと、彼が言い出したのだ。テーブルにはすでにウオツカのボトルが置いてあった。そして午前一一時をすぎた頃には、すでに二杯目のグラスを空けていた。「ポーランドのウオツカは安全ですよ。たまに五〇グラム飲むのがいい」。五〇グラムはスラブ語で「グラス半分」という意味だが、彼は私たちのグラスの縁ぎりぎりまで注いでいた。そこで走るのは諦め、彼の身の上話を聞くことにした。

彼はロゴペクで生まれた。ポーランドのいまは中心部にある、森の多い平地にある小さい村だ。生年月日は一九一〇年四月一四日、まだエドワード七世がイギリス王位にあり、ニコライ二世がロシア皇帝だった時代だ。彼は五人きょうだいの最年長で、時代の荒波に揉まれ、三つの異なる帝国の市民になった――帝政ロシア、オーストリア＝ハンガリー帝国、そしてソ連。彼はそれらの帝国が続いた時代よりも長く生きた。そしてまた二度の世界大戦を経験し、一九二〇年代の世界大恐慌、共産主義の勃興と崩壊、そして一〇〇年以上に及ぶ激しい技術革新を目の当たりにしてきた。そのため彼は、二一世紀にはあらゆる混乱があるにもかかわらず、「生きているのに最高の時期はいまだ」と考えるようにしていた。つまり、目の前のことを考え、あまり先のことは考えないようにしてきたのだ。

もっとも古い記憶は最悪なものだ。「第一次世界大戦の頃は、ひどいありさまだった。私は五歳だった。ロシア兵がやってきて、なにもかも破壊していった」。彼が話していたのは、一九一五年の夏から秋にかけておこなわれたロシア帝政陸軍の悪名高い「焦土作戦」のことだ。農作物、家畜、建物など、追撃してくるドイツ軍に役立ちそうなものはなにもかも略奪されるか破壊された。二〇二二年のウクライナにおけるロシア軍の行動を思い浮かべてほしい。彼は、子どもの視点から当時のことを詳しく見ていた。そして、兵士たちが家族の最後のジャガイモを食べるようすを、つらい思いで眺めていたことを覚えていた。「連中はありったけ、茹でてしまったよ。皮ごとね。それから塩をかけて、全部食べちまった」

五人のきょうだいは全員生き延びたが、両親の健康は損なわれた。母親は片脚を切断することになり、父親は一九一七年に亡くなった。彼は七歳だった。長男であるスタニスワフは、父親を亡くしたうえ、身体が不自由な母親がこなせない家事を一手に引き受けた。数年後、スタニスワフは一家のおもな稼ぎ手となった。最初はロゴヴェクで、兵役を終えた後は近くのブルジェチニツァ村で働くようになった。しかし、仕事はほとんどなかった。大恐慌下だったのだ。「あまりにもつらくて、笑っていいのか泣いていいのかわからなかった」。ついに、彼は仕事を見つけた。自転車で遠く離れた鋳鉄工場まで行き、そこで金型製作の仕事を見つけ、地元でも働いて稼ぎの足しにした。

しばらくして、ウワディスワハと結婚した。ロゴヴェクのコワルスキー家から通りを隔てた家に住んでいた女性だ。彼のきょうだいたちは引っ越していった。その後、またもや世界大戦が勃発した。ナチスは地元の男たちを強制労働者として連行したが、スタニスワフは身をかわし、ひとり、残された。「私はただ地元で働きつづけた。あの戦争は、私自身にはそれほど大きな変化をもたらさなかった」

戦後、平和な日々が戻ってくると、妻とのあいだに三人の子を授かった。スタニスワフは暇さえあれば、子どもたちのための家を建てる作業に没頭した。一九四七年には四人目の子どもが生まれた。そして一九五二年、家が完成に近づいた頃、ポーランドの共産主義新政権は、コワルスキー家のささやかな夢の家を潰すことを決定した。近くの軍の訓練地域の土地を拡大するためだった。彼らは西に三二〇キロほど離れたクシドリナ・ヴィエルカという村に移され、その後、二七年間そこで暮らした。スタニスワフは、できるかぎりの作物を栽培しつつ、南部の都市ヴロツワフの近くで鉄道の信号手としても働いた。だが、その都市は公害で空気が汚染され、四〇歳まで生き延びられなくても不思議はなかった。ときおり、趣味で少し走ることもあったが、「ちゃんとしたランニングじゃなかった」。競技をする機会も時間もなかったのだ。しかし、彼はつねにアクティブだった。毎朝一二キロを自転車で通勤し、夕方にはまた一二キロを自転車で帰ってきた。長く座っていることはめったになく、その習慣は生涯、続いた。

一九七九年、スタニスワフは引退した。彼は妻とシヴィドニツァの小さなアパートに引っ越した。それそれに年金があり、子どもたちも成長して家を出ていたので、比較的快適な時期をすごせるようになっていた。「アパートメントで一緒に暮らし、同じ鍋で食事をした。ようやく、落ち着いた生活を送れるようになったのです」

スタニスワフは新しい友人をつくった。彼らと飲みに行くのが好きで、地元のディスコにもよく行った。彼はおそらく、完璧な夫とはいえなかった。「私はクレイジーな男だった。楽しいことが好きだったし、行儀がよすぎて誘われればノーと言えなかった」。それでも、自宅にいるほうが楽しかった。一緒に食べる鍋の用意をするのが好きだった。そして、夫婦は幸せだった。「彼女がボスでした」

二〇〇三年、ウワディスワハが脳卒中で亡くなった。八九歳で、大往生と言える年齢だった。そして、九三歳のスタニスワフは人生を諦めかけていた。「配偶者が亡くなる。それは、かけがえのないものを喪うということです。誰かが黄金や宝石の入った箱をくれたとしても、なんの意味もない……」。これ以上、生きる意味などあるのだろうか？　しかし彼には、まだ人生が終わっていないことがわかったのである。

彼は町の北端にあるルカ・シンキエゴ通りの墓地の二区画を購入した。そして、ふたつの墓碑に名前を刻み、毎日、墓参を始めた。それから一七年後、彼はまだ墓参を続けている。「いつか誰も行かなくなるだろうから、自分が行けるうちに行っておくんだ」

当時住んでいた場所から五キロほど離れた墓地までの距離を、毎日早足で往復しているうちに、彼は大きな恩恵を得られることに気づき、驚いた。「気分がいいんです。満ち足りた気分になる。生まれ変わったような気がしました」

彼は友人たちと外出するなど、ふたたび暮らしを楽しみはじめた。その後、娘のレジーナと一緒に住むようになった。墓地までの距離が二キロほどになったので、以前よりペースを上げて歩きはじめた。ある日、彼はテレビで、比較的高齢のランナーが二本の鉄塔のあいだの距離を走り、タイムを計っているのを見た。「自分も同じスピードで走れるか試してみたくなったんです」。そこで、墓地までのルートで、似たような距離を測れるコースを見つけ、そこを通りすぎるたびにタイムを計測するようにした。

そのとき、彼は一〇三歳で、一〇四歳を目前にしていた。年齢のせいで挑戦する資格がなくなるなどという考えは、頭をよぎったこともなかった。数週間がすぎた。タイムはよくなった。彼はいっそう熱を入れはじめた。墓地を貫く長さ一〇〇m以上のまっすぐな埃っぽい道も含めて走るようにして、走行距離を長くした。

周囲の人々が、彼が走っていることに気づきはじめた。そして、ある日、レジーナも気づいた。彼女は自分の一〇四歳の父親が通りを走り、タイムを計っている姿を見て腰を抜かした。噂は広まった。ある日、シヴィドニツァの一〇〇歳超のスプリンターの話が、副市長のジグムント・ヴォルサの耳に届いた。ヴォルサもかつてはそこそこのアスリートであり、スポーツ行政やコーチングに人生の大半を費やしていた。そこで、コワルスキーの調査をすることにした。

「コワルスキー氏に陸上競技場で走ってくださいと最初に頼んだあと、突然、心配になりました。こんなことをしてもらうのは、あまりにも無責任ではないか、と」とヴォルサは思い起こした。「それで娘さんに確認したんです。すると娘さんから『父がやりたいのであれば、いずれにしろ、止めることはできませんから』と言われましてね」

そこで「コワルスキー氏は一〇〇mを走り、私はタイムを計った。ところが、彼がフィニッシュしたときにストップウォッチを止めるのを忘れるほど、その光景に度肝を抜かれました」。その後、ヴォルサは彼のために信頼のおけるタイムキーパーを手配した。すると、一〇〇mで三五秒を切るタイムを出したので、競技会に出場してみませんかと、彼を誘った。

コワルスキーは二〇一四年五月、ヴロツワフの陸上競技場で初めて一〇〇mを走った。タイムは三二秒七九で、M100カテゴリーの欧州記録だった（ただし、宮崎秀吉の二〇一〇年の世界記録二九秒八三には遠く及ばなかった）。その七ヵ月後、トルンで開催されたポーランドの室内ベテラン選手権大会で、コワルスキーは六〇m（一九・七二秒）と砲丸投げ（五・〇八m）で世界記録を打ち立てた。

年齢を重ねるにつれ、達成できることは少なくなるものだ。ところが、コワルスキーは、自分にはもっと達成できることがあると考えるようになった。レジーナによれば、彼はときどき、自分の肉体的限界に苛立ちを見せたという――まるで幼子のように。「ときどき、父を落ち着かせなければなりませんでした。何年か前と同じようなタイムで走ることは、もう不可能なのよ、と。でも、父は聞く耳をもちませんでした」

いっぽう、コワルスキーの名声は高まっていった。二〇一五年三月、ふたたびトルンで開催された欧州マスターズ陸上競技室内選手権で、彼は六〇mと砲丸投で金メダルを獲得した。その翌月、彼はまた誕生日を迎え、その夏の全国ベテラン選手権（同じくトルン）で、一〇五歳として公式競技会に出場した史上初のアスリートとなった。そして、三つの世界記録を樹立した。

その頃にはもう、有名人になっていた。当時のポーランド大統領ブロニスワフ・コモロフスキは、民間人としては最高の栄誉となる金十字功労章を授与した。それからしばらくして、ラッパーの50セントがコワルスキーの競技記録を目にして、フェイスブックに投稿した。「彼は一〇四歳だ。言い訳できるか？」と。このコメントには五万以上の「いいね！」がついた。

高齢者はよく、歳をとると、自分が〝目に見えない存在になる〟と嘆く。しかし、スタニスワフ・コワルスキーは間違いなく、第一次世界大戦の〝撃墜王〟と呼ばれた飛行士、マンフレート・フォン・リヒトホーフェン以来、シュフィドニツァ出身でもっとも名声を誇る人物となった。これ以上の名声を得るには、M110（彼のためにもう一つカテゴリーをつくらなければならないが）としてまた出場するしかないだろう。そして、彼はそのために十分な健康状態を保っていた。「二週間前、墓地で一〇〇m走ったよ」と、彼は自慢した。「四〇秒かかった」。しかし、彼のトラック界のスーパースターとしての日々は終わったように見えた。二〇一五年の活躍のおかげで、彼はすっかり有名人となり、友人、知人、親戚たちは、彼の活躍で一攫千金を狙っている人間がいるはずだと疑いはじめた。「人々が彼に嫉妬しはじめたんです」と、ヴォルサ市長は言った。「ご家族から、もう父を大会に出場させるのはやめてください、と頼まれましてね」

ということは、彼が走る姿を見たければ、実際に墓地に足を運ぶしかないのだ。だが、その日はウオツカのボトルの中身がだいぶ減ってしまったので、もう走るのは無理だった。そこで、ヴォルサ市長のスマートフォンに残っている、以前のコワルスキーのレースの動画を見せてもらった。じつに、見ごたえがあった。一〇四歳になっても、ふらついてはいない。踵で力強く地面を蹴り、前方のコースに集中して突進する。左側がこわばっていて、右足がわずかに外に逸れていたが、競争心が燃えているのは間違いない。それはまるで、バスに向かってダッシュする中年男性のようだった。身体にはぎこちなさがあるが、それでも断固とした決意がある。

なにか秘訣があるのだろうか？　コワルスキーはよく、その質問を尋ねられるという。そして、その都度、異なる返答をする。食事の好みで持久力がつきましたと言うこともある――新鮮な野菜を食べます。玉ねぎ、にんにく、はちみつ。夕食は控えめにします。そしてたいてい、食事と食事のあいだに長い時間を置きますね（「過食より小食のほうがいいはずですから」）。

医者知らずが健康の秘訣だ、と言うこともある。「私は医者を知りませんから、医者も私のことを知らない」。その結果、彼の生理学的情報はごくわずかしかない。

それに、大家族がいるおかげで若くいられるのです、と言うこともある（皮肉なことに、彼の子どもや孫には何人か医師がいる）。彼は私に親戚の数を教えてくれた。孫が一〇人、ひ孫が九人、玄孫《やしゃご》が四人。「親戚がまわりにたくさんいるから、死神も私には近づけないいんだ」と、彼は断言した。

身体を活発に動かしているから健康でいられるんです、と応じることもある。「とにかく、じっとしていられなくてね」。そう言うと、大きな木に登っている写真を見せてくれた。一〇〇歳のときに撮ったものだという。「毎朝、軍隊時代に覚えた体操をして、しゃっきりするようにしています」。日課にはスクワットと横方向のストレッチが含まれていたが、そのほかの詳細については口を閉ざした。そしてレジーナは、それらを見るのを禁じられていた。

長寿はウオツカのおかげです、と言うこともある。「薬より、ウオツカのほうが健康にいいはずだ」。ときには、心のもちようだと言うこともある。どんな状況においても、可能であるなら「自分がしたいことをする」のだ。「私はいつだって、万事にイエスと言ってきた。だから、市長から走ってくれませんかと言われたときにも、イエスと応じた。それが、私の秘訣だ。ぜったいにノーと言わないこと」

彼の話には相当な説得力があった——ただし、もう一杯、ウオツカをいかがですかという誘いには、さすがに私も応じなかったが。彼の誘いに「ノー」と言うのは、彼の肯定的な考え方に反論するようで心苦しかったが、彼へのインタビューが飲み比べになってしまったら、もっと心苦しかった（翌日、一一〇歳になる男性との飲み比べに負けるならまだしも、勝とうものなら最悪の結果になる）。いずれにせよ、ヴロツワフへの送迎の車の時刻が迫っていたし、父親には休息が必要だとレジーナは見るからに案じていた。

そこで私はいとまを告げた——高齢短距離走者のスポーツ科学や、中年期にはほとんど走っていなかった人が高齢になってから国際的に活躍できるアスリートに変身する方法については、なにもわからないまま。それでも、高齢になってからの挑戦については、予想もしなかったほど明るい見通しがもてるような気分になっていた。アスリートとして活躍する超高齢者には、心のもちようが違うからだとか、ウオツカを飲むからだとか、そういう理由があるわけではない。だが、なみなみとグラスにウオツカを注いでくれた、あの気前のよさは、あきらかに役に立っているようだ。

スタニスワフ・コワルスキーはグラスを掲げた。そして私はアパートを出て、車に戻った。その途中、彼が最後に断言した力強い言葉が脳裏によみがえってきた。「私は死ぬまで、生きることをやめません」

第24章 限界に達する

世界マスターズ陸上競技選手権大会の開催日が近づくにつれ、ランナーとして新たな考え方を身に付けたはずだったのに、プレッシャーを感じるようになってきた。

相応の前進をしているような気はしたし、できるだけ賢く、多くのトレーニングをこなしながらも、ケガだけはしないように気をつけていた。最初はリハビリに苦心していたが、次第に身体を鍛えることに集中できるようになり、スピード、筋力、スタミナは間違いなく向上していた。入念に調整されたプログラムにまじめに取り組んできたと言いたいところではあるが、そうではなかった。自分にできることを、できるときにするだけだった。助言してもらったトレーニング法も、だいぶ組み入れた。完璧なトレーニングではなかったが、自分のライフスタイルでできる範囲で取り組んでいたし、少なくとも改善はしていた。長らく忘れていたトレーニング後の爽快感――もてる力をすべて出し切り、全身が汗とエンドルフィンで飽和状態になったときの感覚――もよみがえりつつあった。まだ世界選手権にふさわしい水準には遠く及ばないことは自覚していたが、できる限りのことはやっていたし、強くなっていた。高齢ランナーにとっては、それだけ実現できれば十分なレベルだった。

そんなときに、新型コロナウイルス感染症にかかった。

軽症だと思っていたのに、不調が長引き、一カ月近くスポーツから遠ざかることになった。トレーニングを再開できるほど回復した頃には、身体はすっかり弱り、幼児のようにむっちりしていた。筋肉の半分が消え、肺活量も半分になったような気がした。まるで、ゆっくりとタイヤがパンクしていくような感じだった。

長い目で見ればたいした後退ではない。そう、考えようとした。しかし、いくら自己憐憫を振り払っても、自分への信頼を取り戻すことはできなかった。あれほど頑張っていたトレーニングの成果がすべて消滅し、タイムを計ってみると、一年ほど前より遅くなっていた。

気にするな、と自分に言い聞かせた。大したことじゃない。生きていて、動けて、働けて、走れるんだから、おまえは幸運だ。それに、二カ月後にはフィンランドへの旅行も予約してある。これが特権でなくて、なんだ？

それでも、ランニングに本気で取り組む気にはなれなかった。無駄な努力のように思えて、すっかりハングリー精神を失っていた。自分がランナーとしてたいした実力をもっていないこと、そして、その限界がかなり目立つ形で露呈することになることについては、我慢できた。しかし、トレーニングに費やした時間、努力、さらに情熱が無駄になってしまったという事実には耐えられなかった。目的さえあれば、人間はたいていのことには耐えられる。でも、その目的がぜったいに達成できないとわかったら？

それでも、努力するふりだけは続けた。引き下がるには遅すぎる。しかし、もはや情熱に駆られてではなく、義務的に夢を追いかけていた。中途半端、それが私のデフォルトになっていた。そして、ときどき無理をして、身体を痛めつけた。そのあいだも、同じ疑問がずっと私の意気を消沈させていた。こんなことをして、なんになる？

ジョン・カーグは、生半可なことはしない。彼は四二歳、マサチューセッツ大学ローウェル校の哲学科主任教授で、実存主義に関して強烈な講義をすることで有名だ。「私の講義では学生が感極まって泣き出しますからね」と、彼は自慢する。そして「ニーチェに出会うまでは幸せだったんです」と、涙ながらに訴えた学生がいたと、誇らしげに話す。

彼は温厚な男だが、強いストレスを感じずに居心地よくすごせる「コンフォートゾーン」が、それほどいいものだとは考えていない。学生時代、彼はニーチェについて真剣に考え、休暇にスイス・アルプスを九週間かけて単独でハイキングした。ドイツの主要な実存主義者たちの足跡をたどりつつ、ひとりで熟考しているうちに、狂気のふちまで追いつめられた。あるとき、危うくアルプスの崖から身を投げる寸前まででいったとき、ニーチェの際限のない思考の論理的な帰結がふと理解できたような気がした。

だから、カーグが二〇代前半でランニングを始めたとき、生半可な気持ちなどみじんもなかったのは当然だ。彼は本気でトレーニングに取り組んだ。そして、いっそうハードに取り組んだ。そして、どんどん速く走れるようになった。スピードが上がるにつれ、自分に対する要求を高めた。世界チャンピオンにはなれなかったが、トライアスロンの大会では何度か優勝した。そして、彼の考えでは、まだ改善の余地があった。

数年もたつと、未熟な人生をコントロールする方法として始めた習慣が、人生そのものをコントロールするようになった。そして、時間、エネルギー、注意を飽くことなくランニングで消費するようになった。

ほかのことは二の次になり、ひたすらトレーニングの目標達成をめざした。あとになってから、彼はこのときの状態を「強迫的熱狂」だったと振り返っている。だが当時は、トレーニングがとてつもなく重要なものに思えた。あまりにも激しく走ると、肉体、精神、呼吸、意志、動き、環境のすべてが調和したような超越的な瞬間を感じることもあった。しかし、強迫的にトレーニングをすればするほど、こうした「フロー」の瞬間はまれになっていった。彼は目標に集中しすぎていたのである。

一回のトレーニングを終えると、すぐに次の計画を立てる。なにか予期せぬことが起これば、トレーニングの計画に影響が及ぶのではないかと警戒した。彼とランニングの目標のあいだに割り込めるものは、いっさい存在しなかった。万全の肉体を維持することが、安心を覚える毛布となった。ほかのことについて心配する余裕はすでに失っていた。

「最初の離婚は、ランニングのせいじゃない」と、彼は言う。「でも、結局、別れることになった」。二度目の離婚も同様だった。走っている最中に四歳の娘を見かけても、スピードを落としてハグしなかったので、娘に泣かれた。

四〇歳をすぎてからは少しペースを落としたが、気をゆるめることはなかった。まだ九～一二キロの距離を、一キロ四分二〇秒台のペースで走ることができた。そしてたいてい、彼はそのペースで走った。二〇二〇年二月の寒い朝、猛吹雪が吹き荒れるなか、彼はローウェルの大学のジムでトレッドミルを走っていた。九キロほど走ったところでマシンから落ち、床に倒れ込んだ。そして全身から刺激性のある妙な汗が出てきたかと思うと、突然の心停止におちいった。彼は一分以上、臨床的には死んでいたのである。

ＡＥＤを使って三〇〇〇ボルトの電気ショックを与え、「生き返らせてくれた」のが誰だったのか、覚えていない。覚えているのは、「何年かぶりに初めて、走ることを考えなかった」ということだ。

学術界にいる彼の崇拝者たちには、とても信じられない話かもしれない。ハンサムでカリスマ性があり、頭の回転が速いカーグは、一〇年半にわたってアメリカ哲学界のまばゆい星でありつづけた。よって、四六時中、研究のことについて考えているのが当然と思われていたことだろう。それに、涙を流しながら彼の講義に没頭していた学生たちにとって、カーグの教えの神髄はその情熱にあった。彼は哲学を無味乾燥としたものではなく、実生活の問題に対する実践的かつ具体的な反応として体現していたのだ。しかし、ニーチェ、カミュ、ショーペンハウアー、ハイデガー、ウィリアム・ジェイムズに対する哲学的情熱でさえも、トレーニングの目標達成への執着を上回ることはなかった。「私はランニングを、人生を受け入れるためではなく、人生から逃げるための手段として使っていたんだ」と、彼は述懐する。

ジムの床に横たわったまま、彼は「微動だにせずに」いた。そして、遠くから聞こえる救急隊員の声を不思議なほど冷静に聞いていた。あとでわかったのだが、彼は右冠動脈の先天性異常により心室頻拍を起こし、瀕死状態にあったのだ。しかし、そのとき彼が認識したのは、今回ばかりは現実を直視せざるをえないということだった。自分は永遠に生きられるわけではない。明日さえ、ないかもしれない。自分はこれまで私生活でも仕事でも、本当に大切なものから逃げてきた。それはなんのためだったのか？　たとえ生き延びたとしても、これまで無駄にしてきたことを、なかったことにはできない。どれほどトレーニングの目標に向かって努力しようと、現実は意に介さない。彼はただ、これまでずっとそれ以外のチャンスを逃してきたのだ。

ショックを受けたが、それもおかしな話だった。だってそれは、彼が長年、教えてきたことなのだから。

数百人もの哲学を学ぶ学生が、「不条理」について教えてくださってありがとうございますと、これまでずっとカーグに感謝してきた。不条理とは、フランスの哲学者アルベール・カミュが広めた言葉で、カーグの説明によれば、「生きる意味を求める人間の探求と、宇宙の無言の無関心とのあいだの完全な不協和音」であるそうだ。そしてカミュは、その不協和音の認識の邪魔をする自己欺瞞を避けるのが、もっともよい生き方だと考えた。そして著書『シーシュポスの神話』（一九四二年）や『反抗的人間』（一九五一年）のなかで、私たちはよくその逆をおこなっていると述べた。不条理から目をそらし、自分の人生に付随する意味はもっと深い現実に根差していると偽って考える習慣があるからだ、と。カミュはこれを〝哲学的自殺〟と呼んだ。実際のところは、ただ砂のなかに頭を埋めているだけなのだ。そして、カーグはようやく悟ったのである。自分はランニングに対する強迫観念に駆られて「哲学的自殺」をおこなっていたのだ、と。

〝私は毎学期、カミュを教えている〟と、カーグはのちにアメリカン・スカラーに寄稿した二〇二〇年のエッセイ「死ぬことと共にどう生きるか」に書き、このエッセイは幅広くシェアされた。〝しかし、あの冬の日、あやうく死にかけるまで、私はカミュのことをまったく理解していなかった――理解の入り口にさえ到達していなかった〟と。だが、生と死の境界線をさまよっているうちに、〝身をもって不条理を実感するようになった〟のである。

のちに、彼は私にこう話した。「永遠に生きたいかどうかは、関係ない。永遠には生きることはできないからね。八〇代まで健康でいたいかどうかも、関係ない。たぶん、それは無理だろうから。四〇歳のときに心臓発作に襲われたくないと思っていても、関係ない。そんな目にあうことだってあるのだから。自然はただ、そんなことは気にしていないんだよ」

　これは、とりわけ独創的な洞察ではない。しかし、それが真実であることに変わりはない。そしてカーグの体験からは、理論的な認識と本能的な否定、あるいは意図的な無自覚とをいとも簡単に結びつけてしまうことがよくわかる。彼の場合、ランニングをすることで無自覚におちいっていたわけだが、ほかにも落とし穴はある。彼がアメリカン・スカラーに寄稿したエッセイで指摘したように、現代世界には消費主義、エンタテインメント、SNS、政治や宗教の教義など、「ある種の魔法のように超越的な意味をもつ」と主張して、あの手この手で私たちを誘惑する勢力やシステムであふれている。そして「適切な走行距離を積みあげれば、適切な成績をおさめれば、適切な相手と結婚しさえすれば――あなたの世界は崩壊しない」という約束にしがみつくのだ。

　だが、こうした約束はウソだ。例外なく、誰の世界も結局は最後に崩壊する。それまでの人生は単に「死なずにいる空虚なプロセス」にすぎない。これは、おそろしく気が滅入る考え方だ。だが、こうした考えから気をそらしたいからと、幻想や強迫観念にとらわれている人には、「人生の最期にたどり着いたとき、真の意味で人生を生きてこなかったことに気づく」という事態に直面するリスクがある。

　いま、心臓発作に見舞われた日のことを振り返ると、カーグは運がよかったと思っている。それは生き延びたからではなく、思いがけずしばらくのあいだ、死に直面したからだ。そして、死と直面したからこそ、人生を直視できるようになったからだ。それまでは、ランニングを「気晴らし、逃避、解決策――混沌とした宇宙に秩序をもたらす方法」として利用していた。しかし、宇宙はつねにそうであるように、秩序化されることを拒んだ。そしてカーグは、長年、学生たちの心を揺さぶってきた過酷な実存的真実を見つめざるをえなくなったのだ。

彼のストーリーは、それで終わりではなかった。死と向きあわざるをえなくなった彼は、もっといい生き方、もっといい走り方があることに気づいた。さらに、どうでもいい目標を追い求めるために、「人生の大半を犠牲にしてきた」ことを理解した。彼の執拗な「逃げ」は、「私生活で恐れていたことから走って逃げる」うえでは役立ったが、それは同時に「強迫観念に駆られた行動を続けるのではなく、人生にはもっと時間を割くべきことがある」という事実に蓋をする行為でもあった。そしてそれ以来、「実存的切迫感」をもって生きるようにし、いまのところそれはうまくいっているように思える。

もし、あなたがいまのカーグと話をしたら、長年、大切にしてきたスポーツの夢が、死にかけたことで砕け散った人間にしては、じつに明るいという印象をもつだろう。しかし、彼が言うには、そこにはひとつの事実が隠れている。彼は成長せざるをえなかったのだ――ひとりの人間としても、ひとりのランナーとしても。

彼は心臓のバイパス手術を受け、六週間も経たないうちに、目標を大きく下げたとはいえ、ランニングを再開した。「久しぶりにジョギングしたときには、なんとか八〇〇mくらい走ったんだ。八分かかった。情けなくて、泣けてきたよ。すっかり意気消沈してね。妻からは『死なずにすんだんだから、それで十分、幸せでしょう?』と言われた。もっともだと思い、そう考えようと努力した」

彼はまだ頑張っている。最後に彼と話したとき、カーグは一度に八〜九キロほどを走り、調子がいいときには一キロ五分台のペースで走っていた。あなたが本書を読む頃には、もっと速くなっているかもしれない。彼はそう願っている。いまもランナーとして野心をもっているのだ。しかし、昔とは違うと、彼は強調する。走ることで、哲学的な意味での不条理から目をそらさないように注意しているのだ。いまでも、可能なかぎり最高のランナーになるために、ときに激しく努力している。しかし、気分次第でペースを落としたり、走るのを止めたりすることができるようにもなった。重要なのは〝走らなかったらどうなるのだろう〟という不安からではなく、明確な選択をして、日々、走りつづけることだと、彼は信じている。

ある尺度から見れば、彼は以前ほどのランナーではなくなった。だが、べつの尺度から見れば、彼はよりいっそうランナーらしくなった。なぜなら「もう逃げてはいない」からだ。心に衝撃を受けた哲学科の学生たちのように、彼はコンフォートゾーンの外に出ることを余儀なくされた。そして、もっと強くなったのである。「満足したのではなく、成長した」のだ。

彼はいま自分のことを「高齢アスリート」だと思っている。それは彼が年老いているとか、弱いからという理由からではない。自分が死ぬ運命にあることを自覚して走っているからだ。「われわれはミミズの餌だ。誰もが心停止に向かっている。いつかは心臓が止まるんだよ」

いまでも、スピードを出してよく走れたあとには、自尊心をくすぐられ、気分が高揚することがある。そして「フロー」という、とらえどころのない感覚にいまでも憧れている。そのとき、ランナーは自分を発見すると同時に、自分を失うのだ。しかし、昔のように強迫観念に駆られた走り方には戻らないよう、懸命に努力している。「もう、残りの人生は少ないかもしれない」し、人生は「貴重で、壊れやすく、はかない」ものだと、つねに自分に言い聞かせている。「昔はよく、『いますぐ外に行ってトレーニングしなければ』と思っていた。でも、しなくてはいけないことなんて、ないんだよ。しなければならないのは、死ぬことだけ。走るかどうかは、こっちで選べる。問題は、どうやってその選択をするかだ」

このような考えは、哲学を学んでいない、あるいはカーグの荒涼とした実存主義の思想を共有していない私たちにとって、なにか意味があるのだろうか？　意味があると、私は思う。なぜなら、高齢ランナーである私たちに残されている時間には限りがあるからだ。死ぬべき運命にあることは、学問的な抽象論ではない。すべての人生の中心にある事実だ。そして、歳を重ねれば重ねるほど、死が投げかける影は大きくなる。そんな影が見えないふりをしても無駄だ――とりわけ、自分の肉体が自然に衰えていっていることを察したときには。

だからといって、長期的なトレーニングやタイムの目標を立てたり、それを達成するために可能なかぎり努力したりするのが愚かだと言っているわけではない。「計画を立てるのはいいことだ」と、カーグは言う。「それが自分の選択である限りはね。本当にそうして時間をすごしたいと思っているのなら、それでいい」。たとえ多少の強迫観念に駆られていたとしても、明晰な思考で選択したのであれば、それなりの意味はある。たとえば私は一日二回、無意識のうちに歯を磨いている。そうしないと、どことなく居心地が悪いのだ。それでも結局はミミズの餌になるのだとしても、歯磨きを日課にしていれば、それまでの生活が歯のトラブルで支配されることにはならないだろう。同様に、毎日なにかしらの運動をしなければ気がすまないという無意識の強迫観念に駆られているとしても、日々の健康と幸福に間違いなく貢献しているのであれば、いい時間の使い方をしているのかもしれない。重要なのは、人生全体を自動操縦で生きることを避け、カーグが言うところの「実存的切迫感」を意識して生きることだ。

ランナーは、人文主義者デジデリウス・エラスムス、インドの宗教家・政治指導者マハトマ・ガンジー、預言者ムハンマドといった人物の名言を参考にするといいだろう。たとえば、「永遠に生きるように働きなさい。そして、明日、死ぬかのように生きなさい」。賢明な高齢ランナーたちは、衰えや忘却は避けられないことなど意に介さぬかのように、真剣にトレーニングや競技に取り組んでいる。しかし、彼らはまた、借り物の時間を生きていることを痛感している。毎日、老いと死に向かって引きずり込まれるような引力を感じているからだ。だからこそ、これが最後になるかもしれないという覚悟をもって、貴重なスポーツの機会に挑んでいるのだ。

カーグに言わせれば、この観点から見ると、気の毒なのは高齢ランナーではなく、若いランナーだ。スポーツの栄光という人生を決定づけるキャリアの終わりを迎えた若いアスリートたちは、もう二度と栄光に浴することのない人生の無意味さを痛感する。そして、もはや栄光をつかむという選択肢はなくなり、荒涼とした人生の無意味さに衝撃を受けるのだ。いっぽう高齢ランナーは、失敗や失望を繰り返し、無名のまま人生を終えることなど、とっくに受け入れている。それでも走りつづけるのは、そこになんらかの意味を見いだしたからだ。

さらに私たちは、能力を最大限に発揮して走ったとしても、いずれ残された時間がなくなること、ランナーとして偉業など達成できないことを自覚している。それでも、日常的にオリンピックレベルのタイムを叩きだす二〇代のエリート選手たちよりも、より豊かで、より輝かしいランニングを堪能することができるのだ。つまり加齢による弱さこそが、私たちに特権をもたらすのだ。

死神が、自分の意識の前面に割り込んでくるのを歓迎する人はいない。しかし、一瞬でも死神に遭遇すると、自分がなぜ生きたいのか、その理由を思い起こす。若いランナーは速く走るが、なにも考えずにただ走っていることが多い。いっぽう、肉体が衰えはじめても走りつづけることを選んだ私たちは、記憶力さえあれば、喜びと苦痛が幾重にも重なった経験を存分に味わうことができる。カーグが言うように、「自分のものにする」ことができるのだ。そして明確な目標に向かって積み重ねた努力が無益に終わったとしても、頑張った若者や高齢者の価値が下がるわけではないのだ。

「ランニングは老人のスポーツだ」と言ったとき、カーグの頭にはこうした考えがあったのかもしれない。自身の肉体のもろさを痛感してから、彼は地元のトレイルで出会う高齢ランナーに注目するようになった。そして、彼らの「粘り強く頑張る」力に感銘を受けた。「長距離走とは忍耐力だ。長いあいだ苦しい思いをすることになるからだ。そして、おそらく年配の人たちには、若くて健康な人たちとはちがい、病気に苦しんだ経験があるだろう。なにかを克服してきたのであれば、それが人生でやることだ」

そして、カーグはこう付け加える。自分のことを高齢アスリートだと認識するようになってから、ニーチェが言うところの〝アモール・ファティ〟（運命愛）をより深く感じるようになった、と。ニーチェはこの古典的な概念を発展させ、自分の運命を全面的に受け入れる方法を提案した。こうありたいと思う自分の人生や、人生でもっとも喜ばしいことや快適なことだけではなく、不快なこと、弱点、臭い、あやまち、失敗、そして加速する老化も含めて、すべてを愛するのだ。「私はひとりの高齢ランナーとして、〝アモール・ファティ〟はきわめて、きわめて重要な哲学的教訓だと思う」

だが、彼にとっていま、ランニングのロールモデルになっているのは、アルベール・カミュの代表作『シーシュポスの神話』に登場する主人公だ。ギリシャ神話では、シーシュポスは山の麓《ふもと》巨大な岩を押し上げ、山頂まで運びあげるよう命じられる。だが、ようやく頂上に達したその瞬間、巨岩は下まで転げ落ちる。そのため、彼はまた麓まで山を下り、最初の場所から巨石を押し上げるという苦行を永遠に続けなければならない。カミュにとって、この神話は人間の不条理を表現している。「シーシュポスには目的がある」と、カーグは説明する。「だが、宇宙はそんなことは知ったこっちゃない。ただ重力が、彼の妨害を続ける」

しかし、シーシュポスは、カミュが「反抗」と呼ぶ人生へのアプローチの可能性を表現していると考えることもできる。「これは諦めではない」と、カーグはエッセイ「死ぬことと共にどう生きるか」で綴っている。「と同時に、否認でもない。逃げだすことを拒否しているのだ。最後には失敗することを十分に承知したうえで、人生という巨石を押し上げようとする意志である」と。この考え方が、高齢ランナーにとっては特別な意味があると、カーグは信じている。

「哲学は死の練習であると、ソクラテスが言ったのは有名な話だが、ランニングにも似ているところがあると思う。ランニングは、人間として避けられない衰えにどう対応するかをシミュレーションするのに適している。歳をとるにつれて、身体が徐々に言うことを聞かなくなるのを痛感するからだ。朝、起きると関節が痛かったり、関節炎になったりする。だから、そうした人生の厳然たる事実に対して、自分の期待を調整しなければならなくなる。そして、アスリートはその行為が苦手だ」。それでも、カミュはよきアドバイスを授けていると、カーグは考えている。「カミュは、希望をもたずに生きよ、と言っているんだよ」

まるで私が泣き出すのを待っているかのように、彼が言葉をとめる。学生たちはこのあたりで、よく泣き出すという。でも、私はただこう考えている。たしかにそうだ——崩れ落ちそうな斜面を走るランナーみたいに！　と。「希望をもたずに生きよ」と、包容力のある笑みを浮かべて、カーグが続ける。「そしていずれにせよ、全力を尽くして生きる。巨石を押し上げることに全力を注ぐ。そうするしかないのだから。希望をもつと、人生が中途半端になる。死ぬ間際に、自分のこれまでの人生を振り返って、『これが私の人生だったのか？　夢遊状態で歩いていたような気がする……』と、言いたくはないはずだ。そうではなく『これが私の人生だ！』と、言いたいはずだ。あなたがなにをするにせよ、自分の人生を自分のものにするしかないのだ」

論点を明確にするために、彼はかつてジムでおこなっていたトレーニングのルーティンを引き合いに出す。あるエクササイズをして、それを「失敗するまで」繰り返す。ウエイトを増やそうが、反復運動を続けようが、目的は同じだ。限界まで頑張ること。あなたはもうできなくなるまで、それを続ける。ついに、筋肉に力が入らなくなり、ウエイトを動かせなくなる。あなたはこのルーティンを始める前から、失敗することがわかっている。そこが重要だ。このプロセスの一面はあらかじめ決まっているが、選択できる要素もある。どれほど自分をつぎ込むかを選ぶことができるのだ。カーグはあるコーチからよく、こう言われていたそうだ。「マットの上にすべてを置いてきなさい」――つまり、いっさい抑制してはならないのだ。そして、それは私たち一人ひとりにできることだ――ランナーだけではなく、死ぬべき運命のどの局面にある人でも。失敗の必然性を受け入れ、すべてを出し切るのだ。

カミュによれば、「私たちはシーシュポスが幸せであると想像すべきだ」、なぜなら「高みに向かう闘いそのものが、人の心を満たすのに十分であるから」だ。私自身、はるか昔の学生時代に初めてこの文章を目にしたとき、ずいぶん気取った考え方だと思い、切り捨てた。シーシュポスが幸せであるなら、彼は馬鹿だ。だって、気分よく快適だと思い込み、いくらでも気を散らしてすごすことができるのに、人間が置かれたわびしい状況を直視して日々をすごしたいなどと思う人間などいるだろうか？

ところが、きょう、生理学的な衰えという斜面を滑り落ちていくランナーとして、私はカミュの考え方がもつ力を感じている。一年が経過するたびに、明白な事実を否定するのがむずかしくなり、無意味になっていく。私たちは死を免れない。この先には死が待っていて、死ぬプロセスは始まっている。私はただ塵芥《ちりあくた》になるだけなのだ——もしかすると、愛情という名のさざなみを立てることくらいはできるかもしれないが。計画的で、知的で、先を見すえたトレーニングによって肉体の衰えを遅らせるべく、できることをするのは賢明だが、それよりも、絶望に対する防御を強化することを優先しなければならない。

繰り返すが、優秀な教授でなくてもこのことは理解できる。その証拠は、私たちの生活にあふれかえっている。高齢になってランニングに挑戦する人は、おそらくもう漠然とシーシュポスのように考えているのだろう。私たちは年々、いっそうの努力を重ねているが、どんどん報われなくなり、最後には負けることがわかっている。巨石はどんどん重くなる。手足は疲れやすくなる。ここから先はずっと上り坂で、最後には涙を流すことになるだろう。万事は定められている。だから、いますぐ降参するか、無意味に巨石を押し上げるか、どちらかを選択するしかないのだ。

なぜ悩むのか？　理由はない。「結局のところ、私たちはミミズの餌にすぎないのだから」と、カーグは言う。「それでも、時間を割いてできることは、押しつづけること、全力で続けることを選ぶことだ。言い換えれば、自分が関わっている瞬間にすべてをつぎ込むんだよ」

私の当時のトレーニング・ランでは、スピード練習も含めて、たいてい同じルートを通って村に戻っていた。轍のある道を上っていくと、甌穴《おうけつ》のある細い小道となり、その道がパブ前のゴール地点まで一直線に続く。距離は約二〇〇m、すべて上り坂なので、どんなペースで走るにせよ、最後には脚が火照り、肺が爆発しそうになるまで加速すべきだと、私はいつも感じていた（それにしても、近所の人にどう思われていたことか）。それでも、新型コロナウイルス感染症の流行が拡大するまでは、私はたいていここでのトレーニングを楽しんでいた。自宅からそれほど遠くなく、傾斜はありえないほど急でもなかったので、フィニッシュが近づいてくると、たいてい爽快な気分になった。そして、ゴールすると足を止めた。それに、その二〇〇mの大部分では、左手の墓地を眺めながら気をまぎらすことができるのもありがたかった。青々とした緑が広がり、傾斜があり、古い小さな村であるにせよ、驚くほど人がいなかった。ここを走っていると、よくエド・ウィットロックのことを思いだし、やる気が出たし、気持ちも慰められた（彼のように長く走り続けられれば、あと数十年はおもしろくて活動的な人生を送ることができるぞ……）。それに、いつの日か、自分の遺骨が埋葬される場所が地球のどこかにあるはずだとも考えた。「その場所は、この辺《あた》りになるのかな？」と、想像すると同時に、「誰かがおれの人生を振り返って、よく生きたと思ってくれるだろうか？」とも考えた。もう少し建設的に考えたこともある。自分が死ぬ日が訪れたら、人生を振り返って、よく生きたと思うだろうか？　こうした思考は、活字にすると陰気に思えるだろうし、気味が悪いかもしれない。だが、最後に三〇秒ほど、全速力で坂を駆け上がっていくとき、たいていこの手の考えが頭に浮かんだ。そして、たいてい、それは健全に感じられた。

しかし、新型コロナウイルス感染症に罹患したあとは、私は心身ともに弱っていた。そして、その数週間は、最後のダッシュに喜びを感じられなくなっていた。トレーニングを続けたところで、健康になっているとは思えなかったし、すっかり士気が下がっていた。そして私のなかに、弱気の虫が居座るようになった。困難な闘い？　おれには無理だ。努力？　いくらやっても足りないだろう。痛み？　これは痛すぎる。あの短い上り坂でさえ、耐えがたい苦行のように感じられた。

しかし、ジョン・カーグから話を聞いてから数日後、私は自分の困難について、もう少し建設的に考えるようになっていた。たしかに、気落ちする理由はたくさんあった。きっと、フィンランドの大会では失敗することになるだろう。痛い思いをしながら、ひどい負け方をするだろう。でも、マスターズのスポーツとはそういうものではないだろうか。いつだって負ける。記録、メダル、それなりのタイム……好きな目標を設定し、その達成のためにエネルギーと意志のすべてを注ぎ込むことはできる。しかし、どんな結果が出るにせよ、時間と生理学はそのすべてを嘲笑うだろう。マスターズに出場するアスリートは、たとえメダリストであろうと記録保持者であろうと、最後には年齢に負ける。私たちはどんどん遅くなり、弱くなり、萎《しお》れて、死ぬ。そしてどんな才能があって、スポーツの世界で生き延びてこようとも、その痕跡は、あっという間に無に帰すのだ。

そして、私はついに理解した。それこそが、高齢者ランニングの究極の美であるのだろう。どんなに努力しようと、結局はすべてが水泡に帰す。それをいったん理解しさえすれば、あなたは好きなだけ大胆な夢を見られるようになる。いずれにしろ失敗するのなら、どうして野心に限界を設ける必要がある？　私は金メダルどころか、銅メダルも獲得できないだろう。一緒にレースを走る最高のランナーたちに大差をつけられるだろう。恥ずかしいことに、私は負けるだろう。だが、それがなんだ？　長い目で見れば、私たちは誰もが敗者なのだから。

そして私のようなランナーには、才能が限られているという利点がある。同年代のトップランナーたちとの実力の差があまりにも大きければ、落胆するどころか、かえって気が楽になる。たとえ私がもっとも野心的なトレーニングの目標をすべて達成し、一〇キロを現在の自己ベストより四～五分速く走ることができたとしても、たとえ岩永義次が樹立した世界記録が実際より四～五分遅かったとしても、たとえ私が一年間エリート選手の指導を受け、フルタイムでトレーニングを積んだとしても、メダル獲得など望むべくもない。それなら、なぜ不安に思うのか？　大差で負けることは決まっている。唯一の問題は、ベストを尽くす準備ができているかどうかだ。

世界選手権まであと三週間と迫った六月のある朝、私は最後の上り坂を走り始めた。そして、もう準備ができていると漠然と感じた。それほど体調がいいわけではないが、もう具合は悪くはないし、新たなケガもしていない。だから、もう挑戦するしかない。自分になにが達成できるのかを不安に思うのをやめて、「すべての力を出し切れるかどうか」に集中しよう。始めるなら、いましかない。

私はストライドを広げ、一歩ずつ前へ、上へ上へと突き進み、重いウエイトをもっているかのように勢いよく両腕を振った。酸素が切れたときには、まだぬかるんだ道を走っていた。苦しい思いをして闘うことが重要なのだ。苦しい思いをすることを選んだのだから、苦しい思いをするのだ。足が音《ね》をあげるまで、努力する感覚を楽しみたい。

そして、私は全力を尽くした。

最後のストライドでは、力を抜いた。そうするしかなかった。あまりにハードに走ったので、もういっさい力が残っていなかった。立ちどまったときには、不快感と安堵感で泣きそうになった。全身の具合が悪く、両脚はぶるぶると震え、うめき声をあげたいという強い衝動に駆られた。その直後、全身が高揚感に包まれた。

至福を感じながら、ゴムになったような脚をぶらぶらと前後に動かし、自宅までの道のりを歩いた。大会では苦しい思いをするだろうし、屈辱にまみれるかもしれないが、その経験を楽しもうと決意した。私はランナーとしては、大したことはないのだろう。でも、マスターズ陸上競技に関するもっとも美しい秘密をようやく理解できたような気がした。栄光は勝つことにあるのではない。最後にはかならず負けるという必然に立ち向かうことなのだ。

そして、なんにせよ、とにかくやってのけることなのだ。

第25章

初の世界選手権出場

号砲が鳴り響いた。三一カ国から集まった一二八人のランナーがいっせいに走りだした。全員が引き締まった筋肉質の肉体の持ち主で、集中した表情を浮かべている。この日のために何年もトレーニングを積んできた彼らが前に疾走していく姿からは、溜め込んできたエネルギーが感じられた。これはグローブこそ着用していないものの、世界選手権のメダルをかけた闘いだ。そして、もっともタフな選手以外は、完走しても手ぶらで帰ることになる。

私はできるだけ適切なリズムを見つけようとしながら、彼らのうしろを懸命についていった。先頭集団はすぐに後続集団を引き離して見えなくなってしまったが、彼らの足跡に引っ張られるような気がした。レースではそういう人が多いだろうが、自分にとって適切なペースよりだいぶ速く走っている。でも、そうしなければ、ここに来た意味がない。

一〇キロはこの状態をキープする必要があるというのに、二〇〇mほど走ったころで、もう疑念が頭をもたげてきた。午後は炎天下となった。ターマックの舗道に反射する七月の陽射し。こんな状態がしばらく続くのかと思うと、吐き気がした。

気にするな。数々の困難を乗り越えて、ようやくここにたどり着いたんじゃないか。これ以上、ケガをしないように努力し、新型コロナウイルス感染症に感染しないように気をつけつつ、ようやくフィンランドに到着し、大会が開催される都市への経路を調べ、そしてきょう、町外れにあるこのエキシビション&スポーツセンターにやって来たのだ。二〇二二年世界マスターズ陸上競技選手権が開催されている、スタジアムではない競技場に。それに登録などレース前の手続きをすべてこなし、適切な時刻に、適切なイギリス人のウェア（Great Britain Mastersというロゴが入ったノースリーブのシャツと短パンに五〇ポンド支払った）を着て、ようやくスタートラインに立ったのである。ここまで来たら、あとは走るだけだ。

とはいえ、走るのがわりと楽に感じられる日もあれば、そうではない日もある。そして、きょうは「そうではない」日のようだった。レース前に私が練ったプランといえるものがあるとすれば、それはタンペレの景色を楽しみ、気をそらそうというものだった。だが、最初の一キロほどは、とくに見るべきものはほとんどなかった。ただ、車が駐まっていない駐車場に背の低い樹木が並び、それに沿って直線の道が延び、その先にはフェンスで区切られた自動車販売店のようなものが何軒か並んでいるだけ。そうした景色を頭のなかに入れてしまうと、あとはランニングのことしか考えられなくなった。どんな感じか。本来はどう感じるべきなのか。これからどんな感じになりそうか。そして、私の前では、闘志に満ちた才能あるランナーたちが力強く走っている。そして、私は慌てた。このままでは、ひとり、置いていかれてしまうぞ。

私は感謝の気持ちを思い起こし、自分を落ち着かせようとした。これがなんと大きな、馬鹿げた、得がたい特権であることか。ここできょう、走れるだけで、じつにありがたいことなのだ。そして、私と同年代で、こんなことをしようとは露ほども思わない数百万の人たちのことを考えた。それに、イギリスで日々の暮らしに苦労している人たちのことも考えた。私にせいぜいできることは、この幸運を楽しむことだ──そして、最後までやりとげることだ。

だが、感謝するだけではアスリートにはなれない。最初の一キロ地点で、すでに息があがっていた。二キロの地点（駐車場の端で折り返して戻ってきたところ）では、苦しくてどうにかなりそうだった。おまけに、自己憐憫と後悔で気分が悪くなっていた。なんてことをしてしまったんだ？　イギリスであれほど夢想していた夢や冒険が笑止千万に思えた。これはもう、自分の能力を超えている。でも、いまさら棄権するわけにはいかない。どうにかして最後までやるしかない。あとは、フィニッシュができるだけ早く訪れるのを願うばかりだ。

コースがわずかに上り坂となり、もっと大きな道に出た。左手には住宅が並んでいるようだが、鬱蒼と茂る庭木のせいで奥がよく見えない。いずれにしろ、身体の不快感が高まり、精神的な視野が狭まっていた。私のすぐ前には六人ほどのランナーがいて、長い列をつくっている。そして、私の背後にいるランナーの息遣いが聞こえた。でも、それだけだ。背後にも一〇人ほどのランナーがいるようだが、その大半はM65の年齢区分の人たちらしい。とにかく、私の前にはとんでもなく大勢のランナーがいることはわかっていたし、その大半はもう姿が見えなくなっていた。

このレースにはM35からM65まで、男性の年齢区分が七つあった。このあと、同じコースで、全年齢区分の女性と七〇歳以上の男性が走るが、それがどのくらいあとになるかは、私がいつゴールできるかで決まる。私は先頭集団から一キロ以上遅れてゴールするだろう。ビリだけはごめんだと切に願ってきたが、もう、そうなっても仕方がない。それでも、次のレースの先頭集団にだけは抜かれたくなかった。それに、私が遅いせいで、次のレースのスタートを遅くするようなことにもなってほしくない。そこで、私は力を振り絞り、ペースを上げた。

いっそうつらくなってきた。風はなく、日影もほとんどない。ただ太陽がじりじり照りつけるだけ。脚にはすでに力が入らなくなっていた。スピードのせい、暑さのせい、最近の走行距離の少なさのせい。そしておそらく、これまでの数時間、数日間の緊張のせいだろう。私はこのレースに対して、長いあいだ大きな不安を感じていた。体調や体力について、旅の手配について、本格的な国際大会というまったく馴染みのない世界でアスリートとしてふさわしい走りをするという挑戦について、考えれば考えるほど不安に駆られた。そしていま、それが裏目に出ていた。国内外で神経をすり減らした数週間を送った結果、貴重な心のエネルギーを浪費してしまったのだ。

とはいえ、タンペレですごした時間は、ランニング以外はじつに楽しいものだった。フィンランドの小さな工業都市で、八七カ国から集まった四六〇〇人以上のオーバーエイジのアスリートたちとすごしていれば、陽気な気分にならないはずがない。列車を降りた瞬間から、どの舗道にも、どのカフェにも、どの路面電車にも、マスターズの選手がいた。全員が、いかにも健康そうな輝くばかりの肉体をもち、子どものように興奮していた。トレーニングウェアに記された国名を見るだけで、世界がぬくもりのある場所に感じられた。パラグアイ、ジャマイカ、セルビア、タイ、モンゴル、ナミビア……。世界では戦争が続いていることを、みんな知らないのだろうか？　あるいは、新型コロナウイルス感染症の流行がまだ続いていることを？

とりわけ、陽気な交流が楽しかった。見知らぬ人のあいだで、つながりが生まれ、言語という分厚い壁を越えられることもあったし、過去のチャンピオンがライバルと温かい再会をする場面もあった。私自身は、チェコの投てき選手ヨゼフ、フィンランドの四〇〇m走者タイスト、アイルランドのハードル走者ジェラルディン、インドの長距離走者ナギーンなど、新しい知り合いができるたびに、豊かな気持ちになった。そして、実際に競技が始まると、強い生命力を実感した。

もしかすると、読者のみなさんは涙ぐむかもしれない。二〇二一年の大半を健康問題と闘っていたアンジェラ・コプソンが、W75の八〇〇m、一五〇〇m、五〇〇〇mで見事に金メダルを獲得し（そしてきょうの一〇キロ・ロードレースで四つ目の金メダルが期待されている）、ふたつの世界記録（八〇〇mは三分七秒一九、五〇〇〇mは二二分五三秒五五）を樹立した、と報告したら。もしそうなら、涙を拭いて、よく目をひらいてもらいたい。こうした驚異的な走りを見ていた人たちは、目の前でスポーツの歴史がつくられるのも目の当たりにしたのだ。世界記録保持者であるスコットランドのアラステア・ウォーカーが、M65の五〇〇〇mで半周差をつけて一六分四三秒四四で優勝し、これはM50とM55でもメダルを獲得できるタイムだった。ジェーン・ホーダー（金メダルを獲得した八人のイギリス人ハードル選手のひとり）がW65の三〇〇mハードルで五二秒三三の世界記録を樹立した。ドイツのハートミュット・クレーマーがM80の一〇〇mで一四・三一秒を叩きだし、この世界記録から一秒半以内に七人の八〇代の選手がひしめくなか、優勝した。また、インドの九四歳のバグワニ・デビ・ダガーがW90の一〇〇mで二四秒七四（一キロ四分強のペース）で優勝した。そして、オーストラリアのデイヴィッド・カーがM90の障害物競走（二〇〇〇mのべ一八台のハードルを跳び越え、五回、水壕も跳躍しなければならない）で一二分五〇秒四三で優勝した。

とりわけ素晴らしかったのは、フランスのスーパースター、ニコル・アレクシス（六二歳）がW60の一〇〇mと二〇〇mで世界記録（それぞれ一三秒二〇と二七秒七八）を樹立したことだろう。彼女がこのページで二〇二一年の東京オリンピックに出場していたら、最下位にはならないタイムだ。もちろん、これらはハイライトのほんの一握りにすぎない。二週間にわたって開催されたこのフェスティバルでは、文字通り何千もの人々が、ある年齢の〝大台〟に乗ることは、精力的に、ときには目を見はるほどアクティブに活動するうえでなんの障害にもならないことを、嬉々として証明していた。

これほどまでに稀有なスポーツの天才たちを目の当たりできたことを、光栄に思った。でも、おかげで力が湧いてきたとは思えなかった——いまのところは。どちらかといえば、その反対だ。メダリストや記録を塗り替えた選手たちは、世界トップクラスの本物のマスターズ・アスリートがなしえることを体現していた。そして、そうした形容詞が私に当てはまらないことは、残酷なまでに明白だった。とにかく、私は場違いなところにいた。そして、これから五、六キロも走れば、その事実は痛々しく、恥ずかしいほどに露呈するだろう。

次のキロ表示のことは考えないようにしたが、どうしても目で追ってしまう。ポジティブに考えようとする努力は、苦い後悔へと溶けていった。なんだって、おれはこれほど愚かで傲慢だったんだ？　ただエントリーするのではなく、なぜ、まずは世界選手権のレベルに達することに集中しなかったんだ？　本物のアスリートなら、レースの興奮に胸を躍らせるだろうに、おれときたら、ただこれを終わらせたいとばかり考えている——それに、まだまだ終わりは近づいていない。まったく、わざわざフィンランドまで来て、こんな感覚を味わうとは。それに、不思議でもあった。人生は気づかないうちにあっという間にすぎてしまうのに、この我慢できないほどの痛みを感じはじめた五分間は、永遠に続くように思えたのだ。

そうだ。痛みから気をそらすために、なにか試してみよう。そこで、タンペレに到着してから覚えたわずかなフィンランド語をかたっぱしから思い浮かべた。いい気晴らしになったが、すぐに語彙が切れてしまった。こんどは、ウィンブルドンでの一〇〇〇〇mで使った、走った距離を生きてきた年月に見立てた空想を繰り返そうとした。しかし、今回はうまくいかなかった。一キロのタイムがあまりにも遅くて、うまく空想に耽ることができなかったのだ。次に、こう考えた。よし、それなら、成人になってからの一年ごとに、大切な記憶を思いだしてみよう。そうすれば、しばらくは苦しみから気をそらせるかもしれない。

二キロと三キロの中間地点のあたりまでやって来た。比較でいえば、私が二〇代半ばだった頃だ。二五歳から一年ごとに、その年の出来事をありありと思いだせば、そして細かいところまでゆっくり思い出に浸れば、空想上の三〇代になる前に三キロ地点を通過できるかもしれない。そうなったら、そこから同じプロセスをまた一〇年分、続ければいい。一キロごとに一〇年、頭のなかに感情的に豊かな思い出をよみがえらせるのだ。六キロ地点をすぎるまではこれを続けよう。そのあとは新たな工夫が必要だろうが、もうその頃には、レースの半分以上が終わっている計算になる。

この工夫は少し気晴らしになったが、大した効果はなかった。昔のことをあざやかに思いだすことができなかったのだ。頭がぼんやりとして、似たような思い出がごっちゃになっていたのだ。そもそも、特定の日にちや場所と、興奮するような思い出をもう結びつけることができなかった。

その理由はすぐにわかった。私の過去自体が、現在よりずっとぼやけていたのだ。二〇代の頃は無気力で、しょっちゅう酒に酔っていて、借金があった。パーティーに出かければ二日酔いになり、女性との付き合いもいい加減だった。そして三〇代では、日常生活がランニングに支配されるようになった。強迫観念に駆られてトレーニングを繰り返し、あとはおむつを替えるのがせいぜい。四〇代から五〇代にかけては、仕事、仕事、仕事。ときおり、家庭の責任、成長する子ども、高齢になった親からの要求に応じなければならなかった。そして六〇代になると、ロックダウンが始まった。

そんな人生を送っている人も、多いのではないだろうか——多忙で、つねに時間が足りず、いつも次の用事をしなければと焦っている——そして、そのルーティンを破ることはめったにないし、いまという瞬間を大切に味わうこともない。そんな生き方をするのも、それほど悪くはないのかもしれない。少なくとも、用事はこなしている。しかし、そうした用事のひとつは、人生そのものだ。私がこの世ですごす時間の大半はもう過去のものとなり、自分に残された歳月を、またそんなふうにぼんやりとすごしていいのだろうか。

そこで、私は決意した、四キロ地点のあたりにカーブがあり、その先には少し静かな通りが続いていた。よし、ここからはできるだけ、〝いま、ここ〟を意識して生きることにしよう。このレースは、その努力を始めるのにいいスタートのように思えた。こんな経験をできる自分は幸運なのだから、あらゆる細部に感謝して、いまという瞬間を楽しまなければ。そしてしばらくは、思いつくかぎりポジティブなことを集中して考えた。私は六二歳という年齢で、フィンランドで開催された世界選手権に参加し、こうして走っている。それも、かなりのペースで走っている——だから痛いのだ。もしかすると、その気になれば、もっとペースを上げられるかもしれない。それに、いまは奇妙な魅力が詰まった都市にいる。北極圏から数百キロのところにあり、世界各地から集まってきた才能あるランナーたちに囲まれている。これで嬉しくならないほうがおかしい。ワクワクするのが当然だ。

考えれば考えるほど、すでに幸運なマスターズのアスリートの世界で、私はもっとも幸運なひとりであると思えるようになった。私よりも優秀で熱心な大勢のアスリートたちが、このフィンランドの地でスタートラインに立てなかったのだ。その理由には切実なものもあった。トニー・ボウマンはもう旅ができるほど元気ではなかったし、エレノア・パグもそうだった。トミー・ヒューズやジーン・ダイクスのようにケガのために出場を諦めた人もいた。アール・フィーは、故障と足の痛み、そして「年齢区分のトップの年齢ではメダルを獲得するのがむずかしい」という事実に落胆し、不本意ながら長旅を断念していた。また、アラン・カーター（レース当日は八五歳になっていたので、八五歳以上の年齢区分での出場を希望していたものの認められなかった）、チャールズ・アリー（年齢区分では有利だったが、前立腺がんの治療を受けていたため体力が回復していなかった）たちも長旅を諦めていた。そして、タンペレに到着してから運を使い果たした選手たちもいた。スティーブ・ピーターズとヴァージニア・ミッチェルは、四〇〇mの種目で棄権を余儀なくされた（ピーターズは、少なくともそれまでにM65の一〇〇mと二〇〇mで金メダルを獲得していたが）。誰の運もいつかは尽きるものだ。そして私の運は、どういうわけか、まだ尽きていなかった。

そう自分を励ましているうちに、一〇〇m、さらに二〇〇mほど脚を動かす元気が出てきた。しかし、走っているとポジティブな考えはすぐに消えてしまう。しばらくはペースを上げられるが、その結果、不快感が増し、〝ゴールまで走りつづける〟という狭い目標のことしか考えられなくなる。そして、それは事実上、ネガティブ思考を意味する。このすべてが終わるのを、とにかく切望するしかないのだ。いま、ここにある痛みを遮断し、なにも感じられなくなればいいのに。

私は混乱していた。いまという瞬間の感覚に浸るべきか、それとも厳しいサバイバルを優先すべきか？

私は周囲の環境に意識を集中させた。北から射す明るい日差し、赤い屋根の小さな戸建て住宅、樹木や草木が生い茂る生垣……不思議なことに、どこにも日陰がないように見えた。ここには誰が住んでいるのだろう？　この眠ったような通りの住人たちは、何千人もの年季の入ったアスリートたちが自分たちの町にやって来たことを、どう思っているのだろう？　この光景を、世界の大半の人たちは、私たちアスリートとは違った見方で見ているのかもしれない。通常の基準からすれば、選手権大会そのものが高齢者の自己満足の祭典だ。スティーブ・ピーターズに言わせれば、世界記録を打ち立てた人たちでさえ、「楽しんでいるただの高齢者」なのだ。歴史上もっとも恵まれた世代の数少ない幸運なメンバーが、おもに世界のより豊かな社会から集まってきて、レプリカのナショナルウェアを着てエリート・アスリートになりきって遊んでいるだけなのだ。

しかし、そう思いながらも、私はそうした見方を信じていないことに気づいた。そう、私たちは特権階級で、自分勝手で、ときに恥ずかしくなるほど自己中心的だ。私たちのケガや恥辱、その他の不安は、「第一世界の問題」としてきわめて合理的に片付けられるだろう。しかし、それは話の半分でしかない。第一世界の社会のもっとも単純な定義は、想像を絶する数の老人を生みだす社会であり、そのような社会においては、老人一人ひとりが問題の種であり、サポートが必要な重荷なのだ。しかし、マスターズは競技スポーツ活動を通じて、生理学的な時計の針を戻すことを責務としている。私たちは子どもじみた利己的な楽しみを追求しているが、同時に、孤立、偏狭、目的の欠如、そして、つかの間ではあるにせよ、老化による身体的自立の衰えからある程度、自分を救っているのだ。もし、私たちがスポーツをせず、家に閉じこもっていたら、本当に誰かの役に立つだろうか？　いずれにせよ、他人がどう思おうと関係ない、と私は自分に言い聞かせた。それもまた、私が高齢者のランニングについて学んだ重要な教訓のひとつだった。やりたいなら、やるしかない。他人がどう思おうと、それは他人の勝手だ。

とにかく、いまは走らなければならない。まだ、全体の半分にも達していない。どうして時間はこんなにのろのろとすぎているんだ？

　そのとき、前を走っていたランナーがズルをするのが見えた。小さな赤いコーンが、カーブを曲がるルートを示しているのに、彼はそのコーンを回りきらずに、近道をしたのだ。かろうじてタイムを一秒縮めることはできただろうが、自分の背後のランナーに見られることは承知のうえでやったのだ。

　私はとくに義憤に駆られはしなかった。彼は一、二mほど得をしたが、それで結果が変わるわけではない。私たちのどちらもメダルをもらって帰るわけではないのだから。ところが、妙なことに、がぜん、やる気が出た。私はこのレースで最大の敗者ではない。私は少なくとも、世界選手権大会で一〇キロをしっかり走ったことを自覚して、家に帰ることができる。だが彼は、九・九九九キロしか走らなかったという認識から逃れられないだろう。少しして、私は彼を追い越した。そして、逆に抜き返されるのを怖れて、ありがちなことだがペースを上げる必要に迫られた。次のカーブでようやく安全な距離を置けたと思ったとき、太腿とふくらはぎが焼けるような感覚に襲われた。私はそれを無視しようとした。そして、次の一キロの表示をおそらく見すごしてしまったことを気にしないようにした。動きに集中しろ、と自分に言い聞かせた。「背骨エンジン」を使えているか？　足先はリラックスしているか？　膝は上がっているか？　足首はしっかり曲がっているか？　これらの質問の答えのほとんどは「ノー」だったように思うが、質問をすること自体が役に立った。

私たちはいま、長くまっすぐ続く平坦な住宅街にいた。パーキオンカトゥという町だったと思うが、生け垣の向こうに見える家々を見る限り、どこにでもありそうな街並みだった。だいぶ先にキロ表示が見えたように思ったが、日影や曲がり角を探しても見つからない。私の視野は、鉄のように硬い舗装路の細い糸のような灰色の一本道へと狭まっていた。この道がどこまでも続くように思えた。何位でフィニッシュするか、タイムがどうなるかなど、もうどうだっていい。ただ生き残りたかった。とはいえ、ついさっきまでは、このレースでの成績を気にしていたことも、おぼろげながら覚えていた。そこで、もっとポジティブなことを考えようとした。そして、いま私のはるか先を走っている、自分より年上のランナーのことを想像した。走るのがつらくなっても、彼らはけっして立ち止まろうとか、ペースを落とそうとか思わないだろう。ケン・ジョーンズやジネット・ベダードのこと、デニス・ルクレールや中野陽子のことも考えた。いま、この瞬間にも、このコースを走る計略を立てながらウォーミングアップしているであろうアンジェラ・コプソンのことも考えた。彼女はこのコースで、今大会四個目のW75金メダルを（十分な根拠があって）狙っていた。そして、ジョン・ギルモアとエド・ウィットロックのことも考えた。彼らは私より数十歳も上の年齢で最後のレースに臨み、最後まで踏ん張った。「立ちあがれ、ギルモア」と、ジョン・ギルモアになったつもりで、私は自分に言い聞かせた。「レースで走って、おまえが負けるわけがない」

五キロ地点に差しかかり、私はレース中の中野陽子のようすを思いだした。無駄のない丁寧なステップ、整然とした腕振り、笑顔。「楽しんで」と、彼女から言われたっけ。「楽しめば、速く走れるはず」と。だから、私は顔に笑みを浮かべた。「スマイル、スマイル、スマイル」と、呼吸のリズムに合わせて頭のなかで唱えた。「感謝しろ」とも、付け加えた。そして実際、私は当初より感謝できるようになっていた。というのも、レースの前半を乗り切り、あと五キロ弱を残すだけとなったからだ。「楽しめよ、くそったれ！」

しかし、いっそう暑さが厳しくなり、口は乾き、胸は締めつけられ、胃は膨満感と吐き気に同時に襲われた。いちばん近いランナーたちは五〇mほど先にいる。膝と足が絶え間のない衝撃で痛んだ。いまできるのは、完走するまで痛みを遮断することだけだ。そこで、わがランニング・ヒーローであるエミール・ザトペックと、彼がフィンランドですごしたオリンピックの奇跡的な数週間について考えた。もう七〇年前のことだ。彼はこの大会で三つの金メダルを獲得したが、そのなかで最後の種目がマラソンだった。そして、彼がこの距離に挑戦するのは初めてのことだった。ところが、どういうわけか、フィンランドの平坦な場所にまっすぐ伸びる道――こんな道だ――で、ペースを上げ、オリンピック記録を更新しようと意を決した。「へばりそうになったら、スピードを上げろ」というのがザトペックのモットーだった。よし、見てろ。おれだって、なんとか加速してやる。

ストライドが少し広がったように思えた。前の集団との差も少し縮まったかもしれない。でも、それは続かなかった。六キロの地点では、もう嘔吐したかった。さもなければ、ばたんと横になりたかった。だから、ペースを落とすしかなかった。恥ずかしい話だが、これが現実だ。まだ六キロも走っていないのに、もう脚に力が入らない。

そろそろパーキオンカトゥの町を出るあたりだろうか。しばらくすると、交通量の多い幹線道路の舗道に出た。そろそろ七キロ地点の標識があるはずだと思ったが、それは希望的観測にすぎないかもしれない。

だから距離については考えないようにして、できるだけ力強く前進を続けた。とにかく進むんだ。ぜったいに立ち止まるな。

ついに、七キロ地点の標識が見えてきた。脚はもう、フルマラソンのうち三六キロほどを走ったような感覚だった。年下のトップランナーたちはすでにゴールしているだろう。M60の選手たちでさえ、最後のダッシュに向けて気を引き締めているはずだ。自分に誇りをもとうとする壮大な妄想は、吐き気と苛立ちの波に押し流されていた。もう、あとの望みは、恥をかかないことだけだ。それだって、目標ではある。だが、その目標を達成するには、なんらかの行動を起こさなければ。

頭のなかで、自分に向かって活を入れた。これは世界選手権なんだぞ！　おまえは国の代表なんだぞ！　とにかく、あと一五分間、歯を食いしばってこの痛みに耐えるしかない――死ぬほどの痛みではないのだから。

だが、頭のなかのもうひとつの声（分別があるほう）は、違う見方をしていた。なんだってこれ以上、頑張る必要がある？　このまま行けば、まず完走はできるだろう。おそらく最後尾に近いだろうが、ビリではない。それなら、細かいことにこだわっても無駄だ、ここで数秒縮められるかも――いや、あそこで数分稼げるかも――おまえがそんな努力をしたところで、誰も気にかけちゃいない。おまえ自身にだって、どうでもいいことだ。それならなぜ、苦しい思いをする必要がある？

そうか。それなら、もう少しペースを落とせばいい。誰にバレるわけでもない。誰も気にしちゃいない。どれほどゆっくり進むのか、速く進むのか、決めるのは自分だ。

だが、はたと考えなおした。これは、人生全般に当てはまる話ではないだろうか。私たちは夢を追いかけ、地位を獲得し、実績をあげ、幻想にしかすぎない安全な生活を得ようとする。そのために果敢に力を尽くすのだ——だが、人生という長い距離を走りおえたあとには、そのすべてが消滅する。もしかしたら、自分の心や誰かの心にさざなみを立て、揺らすことが少しはあるかもしれない。私たちがこの世ですごした痕跡のひとつふたつは、後世に残ることがあるのかもしれない。でも、長くは残らないだろう。二世代、せいぜい三世代後には、そうした痕跡も消えてしまうだろう。あなたがもっとも情熱を燃やし、奮闘した証もすべて消え、なくなってしまうのだ。誰にも知られないまま。誰の目にも留まらないまま。

そうやって考えていると、ペースを上げて走る不快感が気にならなくなった。道がやや下り坂になったことにも救われたのかもしれない。だが、頭のなかには、死に対する激しい怒りが渦巻いていた。ちくしょう。命とは、これほどはかないものなのか？　胸が苦しくなる思い出がどっとよみがえった。この世を去った愛する人たち。彼らの存在を感じると同時に、不在を実感した——家族、友人、隣人、同僚。そして、まるでアメリカ大統領の顔が岩に彫られたラシュモア山の風景のように、私の頭のなかにそびえている尊敬する先人たち。自分が死ぬこと自体を不安に思っているわけではない。自分よりも先に、周囲の世界が先に消えてしまうことがつらかった。共有した思い出、大切にしたこと。そのすべてがなくなってしまう。そうした事態に、これからもずっと直面しなければならないのだ。

いま走っていなければ、私はすべてを悲観し、呆然としていたかもしれない。だが、私は前を向き、舗道を強く蹴りつづけた。そして、蹴る力を強めているうちに、自分はいま、力強く生きているという実感を取り戻すことができた。痛い。だが、もっと痛くすることもできる。それなら、私は完全に無力ではない。おのれの肉体をこの痛みにさらしていられるうちは、人生の物語はまだ消滅していない。いまは、まだ。

そうやって人生の痛ましいまでのはかなさについて考えていたところ、エキシビション・アンド・スポーツセンターと、八キロ地点の標識が見えてきた。突然、全身の血管に希望がめぐった。あと駐車場を一周しなければならないが、もう残りのコースを目で確認することができた。そして、どういうわけか、確信した。全力を尽くせるぞ、と。

沿道に、観客の姿が見えてきた。何人かは、すでにフィニッシュしたランナーのようだ。それでも、その存在がありがたかった。さっきも、聞き覚えのあるイギリス人の声が「素晴らしい走りだ、リチャード」と叫ぶ声が聞こえていた（ありがとう、誰だかよくわからないけれど）。「あとは力強いフィニッシュを見せてくれ」

言うのは簡単だよ、と私は胸のうちででつぶやいた。とにかく、このままのろのろと進めばそれでいいという思いが頭をよぎっていたのだ。くそっ。おまえはベストを尽くすのか、尽くさないのか？

そこで、二〇～三〇m前を走るランナーを追いかけてみることにした。だが、脚にはもう力が入らない。ハムストリングはゴムのように伸びきっているし、膝のあたりが焼けつくように痛い。それでも、前のランナーとの差が徐々に縮まり、ついに、私は彼を追い抜いた。彼はM65の年齢区分のランナーだったので、M60での私の順位とは関係ない。それでも、そのまま必死に前進を続けた。そして次は、はるか、はるか前方にいるランナーに狙いを定めた。

だが、さすがに今度は追いつけそうになかった。残りはもう一二〇〇mほどしかなく、ふくらはぎが攣《つ》りはじめていた。痛みにたえつつ、懸命にリズムを刻んだ。いま、おれにとって最悪の事態とはなんだ？

死ぬことか？　ここで死んだら完走できないのは残念だが、このまま死ぬのは最悪のことではない。最悪なのは、ベストを尽くさなかったと、感じることだ。

そこで、前方の赤っぽいシャツを着たランナーに視線を集中させた。そして、自分を奮い立たせた。あのターゲットにどうにかして近づけ。こんなふうに考えるのは、人類として進化してきたことの証《あかし》なのかもしれないが、頭がぼんやりしていて、それ以上、理性的に考えることはできなかった。

あと、残り、六〇〇ｍほど。前のランナーとの差はちっとも縮まない。もう、これ以上、順位を変えることはできない（ゴール寸前で棄権する以外は）。それでも、とにかく全力を尽くすことにした。なぜなら……理由はよくわからない。ただ、理由はなんであれ、自分がそうしたいからだ。

どうにかしてペースを上げなければ。その前の週、スタジアムから見ていた中年のランナーたちが走っている光景が頭に浮かんだ。のびのびと、見事なまでになめらかな動きで、笑みを浮かべながら走るランナーたち。私は膝を高く上げ（当社比）、ストライドを広げ（これも当社比）、髪をうしろになびかせているところを想像した――アラン・カーターのように、あるいはジョー・ペイヴィーがポニーテールを弾ませているように。嬉しそうな子どものように走れ、と自分に言い聞かせた。

だが、いっこうにペースは上がらない。くねくねとした小道を抜けると、ついにＦＩＮＩＳＨと書かれたゲートが見えてきた。前方の赤っぽいシャツ姿のランナーが、そのゲートの向こうへと消えていった。彼もまた最後の力を振り絞ったのだ。そこで、私も最後の五〇ｍでスパートを試みた。山のガレ場で筋肉が悲鳴をあげるなか、必死で上っているところを想像していると、妙な感覚に包まれた。年老いたという感覚がまったくなくなったのだ。そりゃ、もうくたくただ。喉は干上がり、膝は痛いし、立ち止まりたくて仕方がない。でも、老いたという感覚はない。自分はそこそこのランナーだ。これまでそうだったように、その事実に変わりはない。ものすごく足が速いわけではないし、優雅でもない。レース中盤に妙なことをつらつらと考える癖があるし、レース終盤には自己憐憫におちいりがちだが、それでも、完走するだけの粘り強さはある。だから、べつに誇らしく思えるところはないのだが、それでも、そんな自分が嬉しく思えたのだ。

ラストスパートをしようと必死の私の走りは、他人から見れば、酔っ払いの千鳥足さながらだったことだろう。だが、頭のなかの自分は、じつにのびのびと走っていた——つかの間、中年の恐怖から解き放たれて。ついにフィニッシュラインを越えると、格納庫のように広々とした体育館のなかに足を踏み入れたように、ひんやりとした空気に包まれた。すると、子どもにしか経験できないたぐいの圧倒的な幸福感の波が押し寄せてきた。

次に起こったことは、うまく説明できそうにない。その至福感があまりにも濃厚だったので、めまいがしてきた。私はついに足を止め、腰を下ろし、水分を補給し、この試練がようやく終わったという事実をしみじみと味わった。そして、自分と同じような体験をしたばかりのほかのランナーたちと、輝くばかりの笑顔で喜びを分かちあった。前を走っていた赤っぽいシャツのランナーともハグをして、祝福を交わしあい、あのラストスパートはヤバかったぞと互いにからかいあった。彼はハリーという名のプエルトリコ人で、小柄でがっしりした体格をしていた。私より若く見える彼は、どうやらマスターズの世界選手権に初めて参加したらしい。彼と話せたことで、私はいっそうの幸福感を覚えた。その思いは、彼も同じだったらしい。彼は満面の笑みを浮かべ、二人一緒の写真を何度も自撮りした。次に会う機会があれば、そのときにはきっと友人として再会できるのだ――あのタンペレの大会で同じような試練を体感した人間など、ほかにいないのだから。

電光掲示板を見たところ、自分がM60の完走者二三人のなかで一九位だったことがわかった。ちなみにタイムは四五分四一秒で、中年のレクリエーションランナーとしてはまずまずだったが、世界タイトルを狙う選手としてはジョギングのペースというところだろう（それでも、その五週間前のノーサンプトンの一〇キロの大会で出したタイムより二分速く、その数年前、中年期のランニング・スランプから抜けだそうと必死だったときのタイムより六分ほど速かった）。私の年齢区分では八人が四〇分を切り、さらに九人が四五分を切っていた。その次にハリーが入り、それから八秒遅れで私という順位だった。M60のほかのイギリス人ランナーでは、ティーヴ・ドクシーが四三分四四秒で一五位、スティーヴン・ワトモフは三六分三八秒という驚異的なタイムを出したが、九秒差で銅メダルを逃していた。優勝したスペインのフランシスコ・ガルシアは三五分一三秒で、私に一〇分以上の差をつけていた。

ところが、その彼でさえ、同じくイギリスのアラステア・ウォーカーにはかなわなかった。M65で優勝した彼のタイムは三四分四四秒で、その三カ月前にグランジマウスで当人が樹立したM65の世界記録（三四分三二秒）にはわずかに及ばなかった。M65で二位に入った選手のタイムは、ウォーカーより五分以上遅かった。さらにウォーカーのタイムはM55の優勝者より速かったのだから、彼が桁違いの速さだと思ったのは、私だけではないだろう。以前はハーフマラソンを六六分で走っていたこと（彼は三八歳で一度ランニングをやめ、五八歳で再開した）、ふだんはインターバルやスピード練習を含めた週に二回の激しいトレーニングを含めて週に一一〇キロほど走っていること、そして余分な体脂肪を一グラムも身に付けていないようであることを考えれば、同じレースで自分が全力を尽くせたのは幸運だった。とにもかくにも、彼と一緒のレースで走ったことがあると、言えるようになったのだから。

私の成績に関していえば、あと一分遅いタイムでも、順位は変わらなかったことがわかった。その意味では、あれほど自分に発破をかけ、痛みに耐えてラストスパートしたのは、不毛な努力だった。それでも、あの努力が無駄に終わったとは思えなかった。自分はベストを尽くした――余計な努力をして縮めた数分こそが、あのレースで最高の結果なのかもしれない。

そして……このあとには、語るほどのことはなかった。私たちはあたりをうろうろし、お喋りをし、何度も写真を撮り、あとで写真をシェアしようと約束した。タフなレースだったなと幸せそうに不満を並べ、次のレースを走りはじめた女性七〇歳以上のランナーに対して、建闘を祈りながらも、自分はもう走らなくていいという安堵感を覚えた。

ランナーの大半は完走し、市の中心部にあるラティーナのメインスタジアムに戻ることができた。その後、何人かで食事をしたものの、私はまだ胃の調子が悪かった。それから町はずれにある民泊している宿に戻る途中で、エスラプイストン公園を歩いてみることにした。タンペレの二大湖の南端に面しているスタジアムの裏手にある公園だ。

もう午後一〇時になろうとしていたが、まだ暗くはなかった。このままでは、湖をまったく見ずにフィンランドを去ることになる。そう思い、カバノキやノルウェーカエデの街路樹が続く道を進み、湖畔をめざした。そして丸太の上に腰を下ろし、長いあいだじっと座り、静かな湖の風景を楽しんだ。これがピュハリャリだ、と私は思った。聖なる湖。ここが世界でもっとも平穏な場所に思えた。

対岸は遠く、樹木が鬱蒼と茂り、細い工場の煙突が不規則な間隔で並び、教会の塔がひとつ見えた。はるか沖では、フェリーが音もなくタンペレに向かって輝く湖面を少しずつ進んでいる。私は至福感のあまり、動くこともできなかった。そのとき、ふいに、フェリーの航跡と思われる大波がぬかるむ岸に打ち寄せ、大きな音を立てた。荒れた湖面から、嵐のようにわっと蚊の群れが舞いあがり、私は慌てて逃げだした。

突然、疲労感に襲われ、首を刺した蚊に恨み言を並べながら私はシティーセンターへの道を探した。そして、きょうのレースを鬱々と振り返った。レース中盤でもう少し気合を入れて走っていれば、タイムを八秒縮めて一八位になれたのでは？　四五分を切るべきだったのでは？（レース後には、もう少し頑張れたのにと思えるものだ）。それから、こう思いなおした。おまえ、イカレてるんじゃないか？　少しリラックスして、完走できたことを喜べばいいじゃないか。疲れ切った元ランナーになりかけていたのに、こうしていっぱしのマスターズの選手になれたのだから、上等だ。おまえは六二歳で、この一週間、世界各地からやって来た、似たようなランナー気質の仲間たちと、初対面であるにもかかわらず、素晴らしい時間をすごすことができた。そして、世界選手権で一九位になった。感謝して、満足すれば、それでいい。

だから、私はそうした。それでも、ランナーの性《さが》で、こう考えずにはいられなかった。これから、どの程度、向上できるだろう？　これほどカネがかかる旅はもう無理だとしても、世界選手権の水準に少しでも近づけないものだろうか。もしかすると、あと一～二年、賢いトレーニングを真剣に続ければ、あと数分、タイムを縮められるかもしれない。そうすれば、自分の年齢区分での順位は上がるだろう。いまから準備を始めれば、M60よりもM65の年齢区分で順位を上げられるだろう。

こんなふうに考えるのは、マスターズ選手に特有の勘違い、いわゆる「マスターズの誤謬《ごびゅう》」なのだろう。上の年齢区分に入ったときには、もっとケガのリスクが高くなるし、加齢により体力も低下する。さらに、いまのライバルたちも同じような計画を立てて、自分と同じ年齢区分に入ってくるのだから。だが、この誤謬があるからこそ、私たちには生きがいができる。そう思い込むことで、将来が楽しみになるからだ。未来に向けて希望をもてていれば、人は毎日を力強く生きることができる。自分の目標がどこにあるのかさえ、私にはわかっていなかった。それでも、今日より向上している明日の自分がすでに楽しみになっていた。下降線をたどるためではなく、向上するための計画を練るのだ。

路面電車の停留場に着いたが、もう目的地に行く路線は終電をすぎていた。眠気が強く、ほかの公共機関の手段を調べる気になれなかったので、宿まで歩くことにした。それにレース後の夜の余韻をもう少し長く味わっていたかった——それが跡形もなく消えてしまう前に。

宿まではほとんど、街路樹のある二車線道路の舗道を歩いた。走っている車は一台も見なかったように思う。タンペレの町は眠っていて、なんだか妙な感じがした。たしかに、もう深夜にはなっていたが、それでもタンペレの町はヘルシンキから二四〇キロほどしか離れていないし、七月だったのでまだ暗くもなっていなかったからだ。

遠くに見える雲の層の切れ間がうっすらと藍色を帯びていたものの、あたりには不思議なほど柔らかい乳白色の光が満ちていた。いまが深夜であることを示すものは、夢のような静寂だけだった。

私はゆっくりと歩いた。この旅を終わらせたくなかったし、いずれにしろ、足が痛くて速く歩けなかった。町の中心部から離れるにつれ、白夜の魔力を強烈に感じた。低層の四角い鉄筋コンクリート造のアパート群はパステルカラーに塗られていて、冷戦をテーマにしたSF映画に出てきそうな雰囲気をかもしだしていた。姿が見えないカモメたちは時間帯などおかまいなしに鳴きわめき、あたりにはスイカズラのような香りが漂っていた。ふと気づくと、住宅街の路地の角から、驚いたように目を丸くして、巨大な灰色のノウサギがじっとこちらを見つめていた。

なんと奇妙で、驚きに満ちた、素晴らしい世界だろう。そして、それに気づかずにいるのは、なんと簡単なことだろう。だが、その夜の私は、世界の素晴らしさに気づいたし、その理由にも思いがいたった。きょうのレースを走ることで、私はささやかながら自分を変え、そこには重要な意味があったからだ。自分のなかに眠るアスリートを目覚めさせただけではない。私は自分のなかに眠る子どもを目覚めさせたのだ。無知なまでに怖いもの知らずで、無邪気なまでにわがままで、おのれの才能を超える大きな夢をもち、この先の角を曲がったところに待ち受けているものを信じる希望に満ちている自分を。

私はメダルを獲得しなかったし、栄誉にも浴さなかった。今後も、そんな経験をすることはないだろう。私は相変わらず、足の遅い、歳をとった、レクリエーションランナーだ。だが、今夜はきっと、色彩豊かな夢を見るだろう。

謝辞

本書の執筆に関しては、大勢のみなさんの力を借りた。すべての名前を列挙しようものならとんでもなく長い謝辞になってしまうので、手短かに。まずは、本書に登場する人たち全員に心から御礼申しあげる。外見を見ただけではわからない、一人ひとりの体験や深い思いを、貴重な時間を割いて教えてくれた。なかでもとくに、ニール・バクスター、アンジェラ・キクガワ、ニック・ローダー、アレックス・ロタス、ケン・ストーンに深謝する。彼らは立場を超えて、励ましやフィードバックを授け、導いてくれた。

また、次の方々に感謝する。サマンサ・アマンド、リン・アッターベリ、ジェフ・バティスタ、ケン・ベダード、ジョン・ブリジャー、ユーゴ・カラーロ、アメリー・クレマン＝フレ、デニス・ダリー、キャロル・ディキンソン、アン・ドックリー、モーガン・ダン＝キャンベル、アドハラナンド・フィン、ジュゼッペ・ガンビーノ、アンドリュー・ヘイグ、チャールズとセアラとリチャード・ヒル、マーモット・ヒルミ、ジョージ・A・ハーシュ、アーチー・ジェンキンズ、アイリーン・ジョーンズ、シェリー・キーリング、ビート・クネヒトル、アンナ・クドルノヴァー、ブレット・ラーナーとミーカ・トカリアリン、モル・マッコースランド、アンナ・ミシアク＝テレンコッチ、トニー・ミッチェル、ダニエラ・ネグル、チャールズとルル・ニュージェント、ジム・ペルマン、イリ・プシェニチカ、イェルン・リットヴェガー、ヴァレリュ・ロゼトニック、ヒラリー・シラジ、ポール・シントン＝ヒューイット、ペトル・スークップ、ハルマンダー・シン、アンジェイ・シュカンデラ、エワ・ウルバンチク＝ピスコースカ、アンディ・ヴァーンズ、ボフ・ウォーリー、カースティ・ウッドブリッジ、ジグムント・ヴォルサ、ズザナ・ハメロワ、J・クロウリーとイアン・トンプソン。最後の三人は、悲しいことに、この本が出版される前に逝去した。

また、私より先にこれらのテーマについて執筆してきた多くの作家やジャーナリストの労作からも学びを得た。これもまた枚挙にいとまがないが、とくに二冊の素晴らしい本、『なにがオルガを走らせるのか？（What Makes Olga Run?）』（ブルース・グリアソン著、未訳）、『ランニングが歴史をつくったとき（When Running Made History）』（ロジャー・ロビンソン著、未訳）に感謝を。

また、私のエージェントであるA・H・ヒースのヴィクトリア・ホッブスの揺るぎないサポート、そしてイエロー・ジャージとペンギン・ランダムハウスのティム・ブロートン、ジョー・ピッカリング、エリー・スティールとリアノン・ロイには、長い旅路の各段階で本書を導いてくれた。そしてグレアム・コスターにはとりわけ御礼申しあげる。彼がインスピレーションに満ちた、忍耐強い編集で協力してくれなければ、本書はもっと長々しく、まとまりも読みやすさもない内容になっていただろう。よって、残された欠点はすべて著者自身の責任である。

最後に、家族の愛と寛容さにあらためて感謝を。クレア、イソベルとエドワード。それにアンとデイヴィッド。読者はもうおわかりだと思うが、それに値するようなことはなにもしていないのに、私はとんでもない幸運に恵まれている。

解説

金哲彦

本書は、自然とランニングをこよなく愛する、私より少し年上のイギリス人ジャーナリスト リチャード・アスクウィズ氏によって書かれた長編ノンフィクションである。

トレイルランニング（著者はフェルランニングと呼んでいる）に親しむ落ち着いた序章からはじまり、やがてマスターズ陸上で活躍する世界中の高齢者アスリートの生きざまと記録へのチャレンジの核心に迫った多種多様な輝きのストーリーが、栗木さつきさんの翻訳でさらに輝きを増した文章となり引き込まれていく。

また、文章のいたるところに散りばめられた綿密な取材による科学的エビデンスに裏付けされたトレーニング理論も、初心者からオリンピッククラスの現役アスリートにまで役立つ知識が満載である。

さらに、高齢者に限らずすべてのランナーに必要な正しいランニングフォームの知識や体の使いかたのノウハウ、故障のメカニズムと予防法などの情報も得ることができるだろう。

「ランニング」に加え、もう一つ本書の重要なテーマは私たちにとってシリアスかつ深刻な「老い」である。

その「老い」についても第3章「パークランにしたしむ人たち」では、「けっこうな年寄りが走ると、死んでしまうんじゃないかと、心配する連中がいる。だがね、私くらいの年齢になると、朝から晩まで、いつ死んでもおかしくないいんだよ。それなら、走ったっていいじゃないか」と一蹴され、そのときの会話が目に浮かび心が和んだ。

そして、次のような古典的見識から引用し「老い」を掘り下げるのもアスクウィズ氏の特徴だ。「ドイツの心理学者・哲学者カール・グルースの言葉としてよく引用される「歳をとるから遊ばなくなるのではなく、遊ばなくなるから歳をとるのだ」という考え方を、彼女は見事に体現している」「西洋医学の父ヒポクラテスの二五〇〇年前の言葉を引用するのを好む。いわく、「使えば発達し、使わなければ衰弱する」」

第4章「分かれ道」では運動を取り入れるライフスタイルが明らかに老化を遅らせる（スローエイジング）ことが科学的根拠を含めて提示され、ゴールドゾーン（アスリート的な運動習慣）、グリーンゾーン（運動習慣がある）、レッドゾーン（運動習慣がない）で区分けされた3つのライフスタイルの違いを単純明快に示してくれる。

また、本書は新型コロナウィルス禍のパンデミック下で世界中のランニング大会が中止になったとき、海外のシニアランナーたちがどんな状況になり行動したかについても具体例をあげて教えてくれる。たとえば、ボストン・マラソンを女性として初めて走り、女性ランナーの地位向上の先駆けとなったレジェンド、キャサリン・スウィッツァー夫妻がロックダウンのなか気分転換のため走ろうと外に出たとき、近所の親切な人から「外に出ちゃいけません。もう八〇歳なんですから」といわれたエピソードには思わず笑った。

私は元競技者ではあるが本書に登場するような世界記録にチャレンジするスーパーシニアアスリート（たとえば弓削田眞理子さんなど）ではない。しかし、還暦サブスリーを目指してハードトレーニングにチャレンジした経験者として「そうだよな〜」と頷ける多くの共感と、もっと早く読んでいれば少しでも失敗を防げたかもしれないと思えるような示唆と教訓に学ばせてもらった。

日本のランニング界ではお馴染みだが、高齢になってからランニングをはじめ年代別でいくつかの世界記録をもつレジェンドランナー中野陽子さんのエピソードも世界の読者向けに詳しく紹介されているのも嬉しい。走ることは「感謝」「冒険」「発見」という高齢になって開花したランナーから発せられるキーワードは珠玉だ。

第18章「一〇〇〇〇m走に挑戦する」では著者自身がいよいよマスターズ陸上にチャレンジすることになる。六〇歳を過ぎて真剣勝負で感じた次のような言葉は私たちランナーの心に響く。

「年齢や能力の差も露呈してきた。しかし、それは私たちを結びつけるものを強調したにすぎない。私たちはランナーであり、いま、走っている。自分には限界があることを隠さずに、勇猛果敢な表情を浮かべている。それこそが、このスポーツの美点のひとつだ。自分がむきだしになり、偽ることも、隠すこともできない。ただ、ありのままの自分になり、ベストを尽くす。そして、それを認識すると——どの人生のどの分野においても——気持ちが平穏になり、強くなれる」

高齢者たちがマスターズ陸上に情熱を傾ける理由は、誰にでも訪れる死を前にして残り少なくなった人生を少しでも輝かせるためなのだ。そのために必要なのは「闘争心」。それは、競技で他人と競い合う闘争心でもあるが、老いた自分と向き合う「闘争心」でもある。

第24章「限界に達する」は若者と高齢者の比較からニーチェ哲学まで広い裾野の知識が引用されストーリーが展開される。たとえば、

「哲学は死の練習であると、ソクラテスが言ったのは有名な話だが、ランニングにも似ているところがあると思う。ランニングは、人間として避けられない衰えにどう対応するかをシミュレーションするのに適している。歳をとるにつれて、身体が徐々に言うことを聞かなくなるのを痛感するからだ」

など哲学的観点からランニングと人生の共通点が紐解かれ、心の奥底に深く刺さる必読の章である。

本書を最後まで読み終えて、じわじわと込み上げてくるものを感じた。

還暦を過ぎこれからは老化していくだけと諦めるのではなく、次は何にチャレンジしてみようかとワクワクする自分もいることに気づかせてくれた。

最後にひとつ付け加えておきたい。本書の編集担当が激しいアップダウンのトレイルを縦横無尽に走り、フルマラソンのサブスリーをさらりとやってのける福島舞さんであることを。机に座り原稿に向き合うだけでなく、本書に書かれている様々なランニングのエッセンスを自ら実証実験もできる稀有な編集者だ。本書の編集担当としてこれ以上ふさわしい人はいないだろう。

訳者あとがき

栗木さつき

歳とったな。そう感じている方は多いだろう。本書の著者リチャード・アスクウィズも日々、老いを実感していた。若い頃はフェルランニング（イギリス発祥の丘陵地帯を走るスポーツ）に夢中で、本格的なトレーニングに励んでいた。ところがだんだん以前のような走りができなくなり、六〇代を迎えた頃には、このまま坂道を転げ落ちるようにして年老い、走る体力も気力も失ってしまうのではないかと自信を喪失していた。しかし、世界に目を向ければ、八〇歳や九〇歳をすぎてもランニングを楽しみ、記録を樹立しているランナーは大勢いる。彼らの驚異的な走りには、どんな秘密があるのだろう？　そう思った著者は「高齢になってもなぜ走れるのか？」という疑問を解き明かすことにした。本書はその内容をまとめたものだが、その過程で、著者はさまざまなトレーニング理論に触れていく。よって、本格的にトレーニングに取り組んでいる読者は、いまの自分に足りないトレーニング法を知ることができるかもしれない。また、著者自身、本書の執筆を通じて新たな目標を立て、チャレンジしていくので、本書は著者が再生していくストーリーでもあり、読後は静かな感動を覚え、力が湧きあがってくることだろう。

著者は数々の著名なマスターズの選手へのインタビューをおこない、選手たちから生い立ちやトレーニング法などの話を聞いている。6章のジネット・ベダード（ニューヨークシティ・マラソンの華となった八〇代後半の女性)、ケン・ジョーンズ(一九八一年の第一回から欠かさずロンドン・マラソンに出場している八〇代後半の男性)、9章のエド・ウィットロック(毎日、墓地のなかをひたすら走り続ける独自のトレーニングを重ね、七二歳のときに史上初めて七〇代でのフルマラソン三時間切り《サブスリー》を、やはり史上初となる八五歳でのフルマラソン四時間切り《サブフォー》を達成)、弓削田《ゆげた》眞理子(六〇歳以上の女性で初めてフルマラソンのサブスリーを達成)、10章のトミー・ヒューズ(元マラソンのオリンピック代表選手で六〇代でのフルマラソン二時間半切りに挑み続けている)、12章のアラン・カーター(マスターズ陸上のハードル走で何度も優勝している)、20章の中野陽子(七〇歳でマラソンを始め、八一歳のときに東京マラソンでW80の世界記録を樹立)、22章のジョン・ギルモア(マスターズ陸上で一〇〇を超える世界記録を樹立し、九五歳のときに人工膀胱を装着し、あまり目が見えない状態で大会に出場し、M95の金メダルを二個獲得)、23章のスタニスワフ・コワルスキー(一〇〇歳を超えてからマスターズの世界記録を樹立)の話からは、彼らが山あり谷ありの人生を送ってきたこと、そして高齢になってからマスターズ陸上に生きがいを見いだし、前向きにトレーニングを続けていることがわかる。なかでも忘れられないのが、22章に登場するアイダ・キーリングだ。貧困家庭で育った黒人女性のアイダは幼い頃から苦難の人生を歩んできたが、六七歳のとき、あることがきっかけで生まれて初めてランニングをしたところ、その魅力にとりつかれ、一〇〇歳を超えても陸上大会に出場を続けた。著者のインタビューを受けた当時、彼女は一〇五歳で、はつらつとした笑顔が魅力的な女性だったという。彼女の「年齢に屈してはならないの。自分の身体なんだから、自分で大切にしないと。前を向いて、やるしかない。頭も心も、強くしなければ。年齢なんか、置いてけぼりにしてやるのよ」という言葉の、なんと力強いことか。

ここでマスターズ陸上について、ざっと説明しておこう。公益社団法人日本マスターズ陸上競技連合のホームページによれば、男女共に満一八歳以上であれば、競技成績に関係なく、生涯楽しく同年代の人々と競技ができ、競技クラスは五歳刻みであるため、五年毎にクラス別の最若手となり記録更新・上位入賞のチャンスがあるそうだ。日本マスターズには満一八歳から入会でき、入会すれば全日本大会に出場できるうえ、アジア・世界大会へは三五歳以上であれば出場できるという。競技クラスは五歳刻みなので、たとえば「M80」は「男性八〇～八四歳」、「W80」は「女性八〇～八四歳」を意味する。近年では一〇五歳以上のクラスもできていて、超高齢者がマスターズ陸上で活躍していることがよくわかる。

また種目としては、日本マスターズ陸上の男子では六〇m、一〇〇m、二〇〇m、四〇〇m、八〇〇m、一五〇〇m、三〇〇〇m、五〇〇〇m、一〇〇〇〇m、八〇mH（ハードル走、七〇歳以上）、一〇〇mH（五〇～六九歳）、一一〇mH（四九歳以下）、二〇〇mH（八〇～八九歳）、三〇〇mH（六〇～七九歳）、四〇〇mH（五九歳以下）、二〇〇〇m障害（六〇～七九歳）、三〇〇〇m障害（五九歳以下）、三〇〇〇m競歩、五〇〇〇m競歩、クラス別四×一〇〇mリレー、四×四〇〇mリレー、走高跳、棒高跳、走幅跳、三段跳、立五段跳、砲丸投、円盤投、ハンマー投、やり投、重量投、十種競技、五種競技、投てき五種競技がある。また道路競技では、五キロ競歩、一〇キロ競歩、二〇キロ競歩、三五キロ競歩、五〇キロ競歩、五キロ、一〇キロ、二〇キロ、ハーフマラソン、マラソンがある。日本マスターズ陸上の競技規則（二〇二四年）に関する詳細は次のリンクを参照されたい。

https://japan-masters.or.jp/site_data/files/CompetitionRules2024.pdf

また、世界マスターズの競技種目については次のリンクを参照されたい。
https://world-masters-athletics.org/wp-content/uploads/2017/12/2019-11-Rule-3-Extract-from-WMA-Rules-of-Competition-pp6-7.pdf

マスターズの選手には、若い頃、スポーツをする余裕がなかった人が多く、彼らが高齢になってから初めて走りはじめ、いわば第二の人生で才能を開花させ、人生を謳歌していることを知り、著者はこう考えるようになる。「高齢になってからも、人はもちろん苦しみや悲しみに直面する。その現実を否定するのは軽薄だろう。しかし、加齢がもたらす自由もまた現実なのだ。高齢になるということは、もう自分を偽る必要がないということだ。本来の自分よりタフなふりをする必要も、もっと値打ちがあるようなふりをする必要もない。そうではなく、私たちはありのままの自分になる。(中略) 残された時間には限りがあると受け入れること。そして残された人生は、精一杯生きるためにあると自覚することだ」(22章)。「加齢がもたらす自由」を選手たちが満喫していることは、本書冒頭に掲載されている写真を見ればよくわかる。

また、彼らが共通して語るのは「やめないこと」の大切さだ。だから著者も、こう考えるようになる。「やめないこと。走り続けること――たとえ一時的に中断することがあっても、また走りはじめるのだ。どんどん足が遅くなって、ウォーキングとジョギングを交互にするようになっても、片足の前にもう片方の足を踏みだすのだ。どんなに時間がかかろうと、それをまた翌日も繰り返す。ときには、つらく感じられる日もあるだろう。でも、走り終えたあとに、後悔することはぜったいにない」。

著者は四〇年のキャリアをもつジャーナリストで、六冊の著書があり、フェルランニングの世界を描いた『空高く走る（Feet in the Clouds）』（未訳）は、ブリティッシュ・スポーツ・ブック・アワードの新人賞を受賞した。イギリスを代表するスポーツライターで、最新刊『アンブレイカブル――伯爵夫人とナチスと世界でもっとも危険な競馬（Unbreakable: the Countess, the Nazis and the World's Most Dangerous Horse Race）』（未訳）は二〇二〇年のテレグラフ・スポーツ・ブック・アワードの最優秀伝記賞に輝いている。

訳者は四九歳の頃に村上春樹氏の『走ることについて語るときに僕の語ること』（文藝春秋）を読んで感銘を受け、重い身体を引きずるようにしてジョギングを始めた。また、同時期にＮＨＫ ＢＳで始まったランニングの番組「ラン×スマ　街の風になれ」を毎回視聴するようになり、プロ・ランニングコーチの金哲彦氏が番組で紹介するランニングフォームやトレーニング法を参考にし、金氏が初心者向けに書かれたランニングの本を買って勉強し、五〇歳のときに初めてフルマラソンを完走することができた。二〇二四年の現在でも「ランスマ倶楽部」（二〇一二年から番組名変更）を欠かさず視聴している。その金氏に今回、解説を執筆していただけたことを心から光栄に思い、深謝する。今夏、パリで開催されたオリンピックではマラソンなど男子陸上長距離の解説を担当なさった金氏が一般の人たちにランニングの素晴らしさを広めていらしたように、本書は高齢者スポーツの素晴らしさを多くの方に知っていただくきっかけになるだろう。

訳出にあたっては、トレイルランニングの大会で何度も表彰台に立たれ、アメリカでは一〇〇マイル（約一六〇キロ）のレースにも出場し、今年に入ってからはフルマラソンで一カ月半のあいだに三回もサブスリーを達成した青土社の編集者、福島舞氏から数々の助言を頂戴した。マラソンとトレイルランニング、両方の世界に通じている福島氏からサポートしていただき、このうえなく心強かった。また同じく青土社の編集者、篠原一平氏からは日本語の的確な表現を含め、数々のご指摘を賜った。さらに、ランニングを愛する翻訳者の児島修氏からは本書を訳出する機会を頂戴した。お三方に篤く御礼申しあげる。

人はみな、歳をとり、体力も衰える。けれど、本書に登場するアイダ・キーリングらのように、人生にどんな苦難があろうとも、高齢になってから新たな人生の扉を開け、自分のなかに眠っていた可能性を掘り起こすことはできる。本書が読者のみなさんの心に希望の火を灯すことを願っている。

| 著者

リチャード・アスクウィズ（Richard Askwith）

40年以上のキャリアを持つジャーナリスト。著書に、英国スポーツブックアワードの新人賞部門を受賞し、ウィリアムヒル賞とボードマン・タスカー賞の最終選考に残ったFeet in the Cloudsなど6冊の本があり、現在英国で最も著名なランニングに関するライターの一人。最新作『Unbreakable: the Countess, the Nazis and the World's Most Dangerous Horse Race』は、2020年のテレグラフ・スポーツブック賞を受賞した。

| 訳者

栗木さつき（くりき・さつき）

翻訳家。慶應義塾大学経済学部卒業。主な訳書に、スコット・ジュレク『NORTH 北へ アパラチアン・トレイルを踏破して見つけた僕の道』、フローレンス・ウィリアムズ『NATURE FIX 自然が最高の脳をつくる』（いずれもNHK出版）などがある。金哲彦氏が書かれた初心者向けのランニング本を参考にして、50歳のときに初めてフルマラソンを完走し、その後は制限時間を気にしつつ、東京マラソン、つくばマラソン、富士山マラソンなどをスローペースで完走。本書を訳出して感銘を受け、できるかぎり長くジョギングを続けていきたいと思っている。

| 解説

金 哲彦（きん・てつひこ）

1964年福岡県北九州市生まれ。早大時代、箱根駅伝では山上りの五区で活躍、卒業後はリクルートに入社。選手、コーチ、監督を歴任し、オリンピック選手などの一流選手を育成。2002年にNPOのクラブチーム「ニッポンランナーズ」を創設。現在は、NHK BS「ランスマ倶楽部」にレギュラー出演、プロコーチ、解説者としても活躍、著書多数。

80歳、まだ走れる

2024年 9 月 25 日　第一刷印刷
2024年 10 月 10 日　第一刷発行

著　者　リチャード・アスクウィズ
訳　者　栗木さつき

発行者　清水一人
発行所　青土社

〒101-0051　東京都千代田区神田神保町 1-29　市瀬ビル
［電話］03-3291-9831（編集）　03-3294-7829（営業）
［振替］00190-7-192955

印刷・製本　シナノ
装丁　ANSWER4

ISBN978-4-7917-7677-1　Printed in Japan